생각하는 수학 ⑯

수학교육에서의

엑셀활용 III

매크로와 VBA

김향숙 · 정성곤 · 이세룡 · 정주영 · 박진석 · 도석수 · 강승희 · 박혜정 지음
인제대학교 창의력교육센터
부산광역시교육청

KM 경문사

머리말

21세기 지식정보사회의 패러다임에 내재되어 있는 핵심 가치 중의 하나는 단순히 지식을 전수받아 보급하는 차원을 넘어서 누가 핵심 지식을 어떻게 창출해 낼 것인가라는 것이다. 이러한 시대적 요청에 따라, 지식정보시대를 앞당기는 근본토대 중의 하나는 교육에 있다고 믿는 사람이 많다.

종종 교실 내 활동은 실제 문제 상황의 소우주가 되지 못하고 있으며 많은 교수학습활동은 진정한 현실 문제해결의 맥락과 연결되어 있지 않다. 이것은 학생들이 교실에서 그들이 배운 것을 실제 문제 상황에 적용하는 것을 어렵게 만들며, 또한 학생들은 종종 왜 학교에서 배우는 지식이 어떻게 가치가 있는지에 대한 의문 없이 강의내용상의 사실, 개념 그리고 원리를 기억하기를 강요받는다.

물론 주어진 지식을 암기하여 기억에 저장하는 것과 같은 학습 또한 중요한 학습의 한 형태이다. 그러나 지식이 폭주하는 현 시대에서 더욱 중요하며 우리의 교육에서 더 강조해야 할 부분은 학습자와 교수자가 실제로 문제를 발견할 수 있도록 하고, 복잡하고 역동적인 문제구조와 문제해결활동에 관해 창조적으로 생각하도록 하고, 문제해결에 적합한 정보를 조직화하고, 그리고, 일련의 의사결정 활동이 실제문제해결로 도달되도록 해야 한다는 것이다. 즉, 이제는 지식전달을 지양하고 지식창출이라는 새로운 화두에 부응할 수 있도록 교수학습활동상의 무엇이 어떻게 혁신되어야 할 것인가에 대하여 고민해야만 한다.

현재를 포함한 미래는 CQ(창의력 지수)의 시대가 될 것으로 예견하고 있는 가운데 변화와 혁신의 사회 속에서 무엇보다도 지식창출의 기반이 되는 창의력이 21세기의 경제프론티어의 자질에 으뜸임을 부인할 수 없다. 지식 및 생산물을 산출하고 그것을 가치화할 수 있는 힘이 바로 창의력에서 비롯되기 때문이다.

발족한지 3년째 접어든 인제대학교 창의력교육센터가 부산광역시교육청의 지원으로 개발한 '생각하는 수학'시리즈 18권 중의 하나로 이 책이 만들어 지게 되었다. '생각하는 수학'시리즈는 Mathematica, 엑셀, GSP, Flash, 종이접기, 문제일반화, 통계, 발문, PBL, 퍼즐, 기하 다시보기 등의 다양한 주제를 다루면서 탈교과서 위주의 수학을 위한 교수학습 자료제공에 목적을 두고 있으며, 특히 이 시리즈들은 수학교실에서 학생과 교사가 하나 되어 체험을 통해 좀 더 즐거워하며 수학을 하고, 또 수학을 보고, 느끼고, 만지게 함으로써 교실 수업을 살아 있게 하는데 뜻을 두고 개발되었으며, 앞으로도 개발되어 질 것이다.

이 책은 수학교육에서의 엑셀활용(생각하는 수학 3), 엑셀을 이용한 함수의 이해(생각하는 수학 8)및 수학교육에서의 엑셀활용 2(생각하는 수학 13)와 같은 주제로 하여 매크로와 VBA를 사용하여 고등학교 수학 내용을 중심으로

제1장 간단한 매크로 작성

제2장 프로시저

제3장 셀

제4장 제어문

제5장 자료형과 변수, 상수, 연산자

제6장 사용자 정의 폼과 컨트롤

제7장 학습자료 제작

으로 구성되었으며, 학습자료 제작에서는 다항함수의 그래프, 삼각함수의 그래프, 확률과 통계 및 수열에 관한 내용을 다루었다.

부족하고 어설픈 내용들을 계속 수정하면서 보완할 생각이므로 독자들의 많은 조언을 부탁드리며, 창의력교육센터 연구원들은 앞으로도 우리나라 창의력 교육 기반 조성에 도움이 되는 더 좋은 교재를 개발하는데 노력을 다할 것을 약속드리며, 특히 지면을 빌어 우리나라교육의 미래가 창의력교육에 달려 있음을 믿고 적극도와 주신 부산광역시교육청 설동근 교육감, 중등교육과 관계자 분들, 인제대학교 백낙환 이사장님과 교직원 분들께 진심으로 감사를 드린다.

끝으로 이 책이 나오기까지 애쓰신 창의력교육센터 연구원과 좋은 의견을 주신 교사 분들께 감사를 전한다.

2007년 1월

신어산 자락에서

인제대학교 창의력교육센터장 김향숙

차례

Chapter 01

간단한 매크로 작성

1.1 매크로와 VBA

우리가 흔히 엑셀 비주얼베이직(Excel Visual Basic)이라고 부르는 것은 오래 전부터 사용되던 매크로(Macro)의 발전된 형태인 VBA(Visual Basic for Application)를 의미한다. 매크로와 VBA는 간혹 같은 것으로 이해되기도 하지만 엄밀히 말해 이 둘에는 서로 차이가 있다. 매크로란 일련의 반복되는 작업을 묶어서 일괄로 처리하는 것을 말하며, 이를 발전시킨 VBA는 엑셀뿐만 아니라 엑세스, 워드, 파워포인트, 아웃룩 등의 호스트 응용프로그램을 위한 비주얼베이직 언어의 일종인 프로그래밍 언어이다. 즉, 매크로가 일정하게 주어진 작업만을 반복할 수 있는 데에 비해 VBA는 보다 폭넓은 작업을 위한 많은 유연성을 가진 프로그래밍 언어인 것이다.

VBA는 독립형 언어인 VB(Visual Basic)나 인터넷 프로그래밍에서 사용하는 스크립트 언어인 VBS(VBScript ; JavaScript와 같은 기능을 수행하나 인터넷 익스플로러에서만 해석됨)와 많은 부분이 일치하기 때문에 VBA를 잘 익혀두면 VB나 VBS도 아주 쉽게 익힐 수 있을 것이다.

엑셀에는 [매크로 기록기]라는 것이 준비되어있기 때문에 이를 구동하고 일련의 작업을 수행하면 수행한 모든 작업이 마치 녹음기에 녹음하듯 VBA코드로 작성된다. 이 매크로 기록기를 잘 이용한다면 앞으로 배우게 될 VBA프로그래밍을 아주 빠르게 배울 수 있을 것이다.

이제 간단한 매크로를 만들어보자.

1.2 간단한 매크로 만들기

새 매크로를 만들 때에는 메뉴의 【도구 ⇒ 매크로 ⇒ 새 매크로 기록】 또는 양식 도구모음, Visual Basic 도구모음 등 여러 가지 방법이 있지만 보통 Vaual Basic 도구모음에서 만드는 것이 가장 편리하다. 이 책에서는 Visual Basic 도구모음을 이용하여 매크로를 만들겠다. 먼저 메뉴의 【보기 ⇒ 도구모음 ⇒ Visual Basic】 을 실행하여 Visual Basic도구모음을 불러내자.

Visual Basic 도구모음에는 다음과 같은 도구모음이 있다.

아이콘	이 름	설 명
	매크로 실행	만들어진 매크로 또는 Sub 프로시저를 실행한다.
	매크로 기록	누르면 매크로 기록이 시작된다. 매크로를 기록하는 동안에는 기록중지 버튼(■)으로 바꾸어진다.
보안...	보안	매크로와 Sub 프로시저에 대한 보안을 지정하며 보안이 높음으로 지정되어 있으면 매크로를 실행할 수 없다.
	Vsual Basic Editor	Sub 프로시저를 작성하는 곳, 보통 VB편집기라 한다.
	컨트롤 도구 상자	명령버튼, 라벨, 텍스트, 스크롤바 등 다양한 컨트롤 도구 상자를 다룰 수 있는 도구 상자이다.
	디자인모드	컨트롤 도구를 편집하거나 속성을 지정할 수 있게 한다.

매크로를 이용하여 간단한 자료를 만들어 보자.

예제 1.2.1 1부터 100까지 연속된 자연수를 A열에 만들어 보자.

① 【Visual Basic】도구상자의 두 번째 버튼 『매크로 기록』를 누르면 매크로 기록 대화 상자가 나타난다.

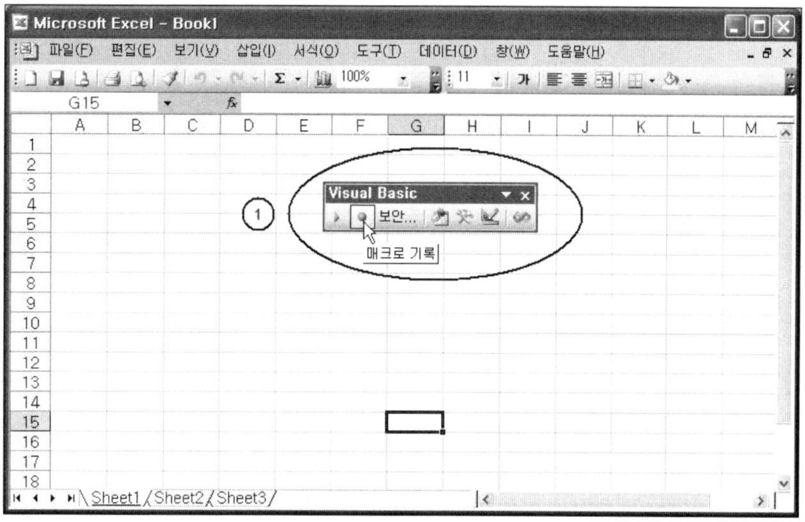

② 매크로 기록 대화상자에서는 새롭게 만들 매크로의 이름과 바로 가기 키(단축키)를 지정할 수 있다. 다음 그림과 같이 매크로의 이름은 "자연수만들기", 바로 가기 키는 "Ctrl+Q"으로 지정하고 확인 단추를 누르자. 그러면 【Visual Basic】대화상자의 매크로 기록 단추가 기록중지 단추로 바꾸어진다.

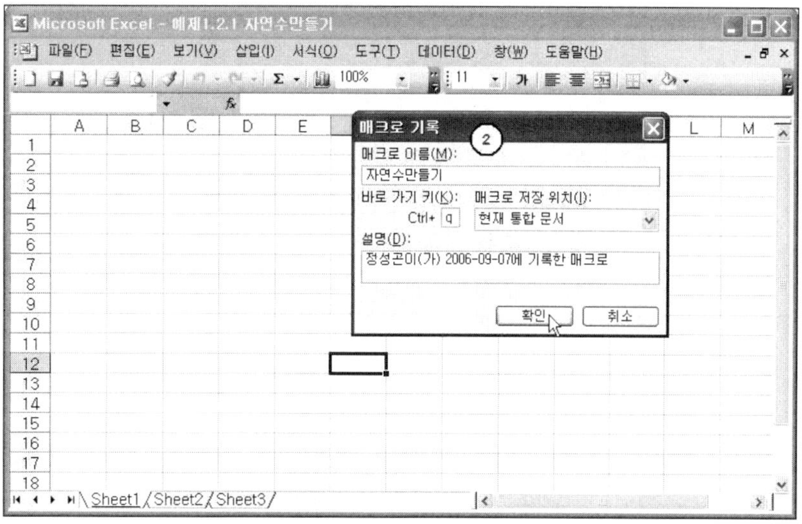

③ 셀 A1에 1을 입력한 후 셀 A1이 선택된 상태에서 메뉴의 【편집 ⇒ 채우기 ⇒ 연속 데이터】를 선택하여 연속데이터 대화상자를 불러내자.

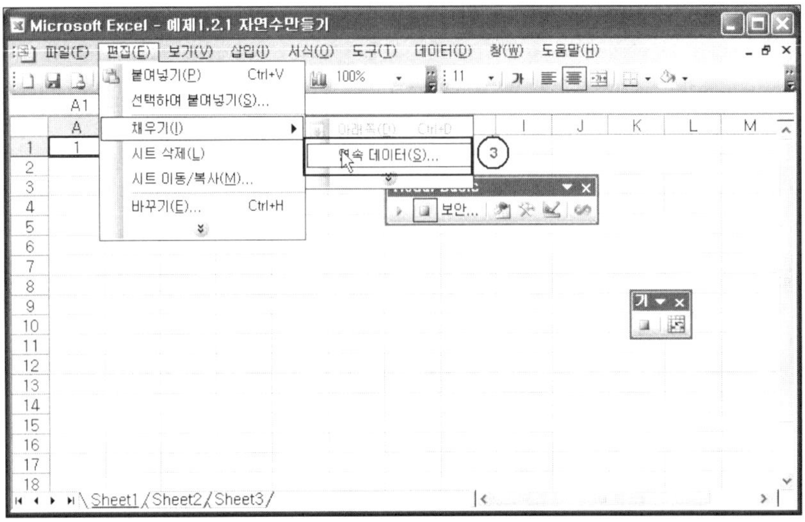

④ 연속데이터 대화상자에서 방향, 유형, 단계 값, 종료 값 등을 다음과 같이 지정하자.

방향	유형	단계 값	종료 값
열	선형	1	100

⑤ 확인 버튼을 누르면 1부터 100까지의 자연수가 A열에 나타나는 것을 확인할 수 있다. Visual Basic 도구상자의 기록 중지 버튼을 눌러 매크로 만드는 것을 마치자.

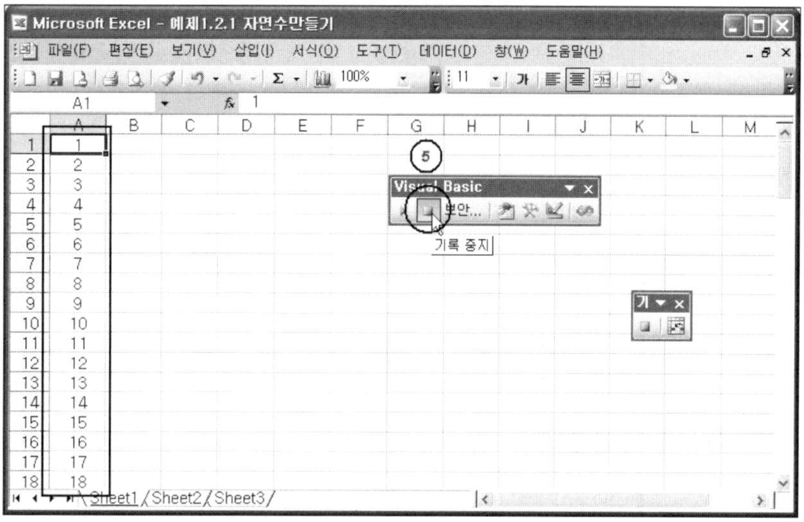

⑥ 1부터 100까지 연속된 자연수를 A열에 만들었으니 이번에는 모든 자연수를 없애는 매크로를 만들어 보자. 자연수를 만드는 것에 비해 간단하게 만들 수 있다. Visual Basic 도구상자의 매크로 기록 버튼을 먼저 누른 후 매크로 기록 대화상자에서 매크로 이름과 바로 가기 키를 "자연수지우기", "Ctrl+W"를 지정하고 확인 단추를 누르자.

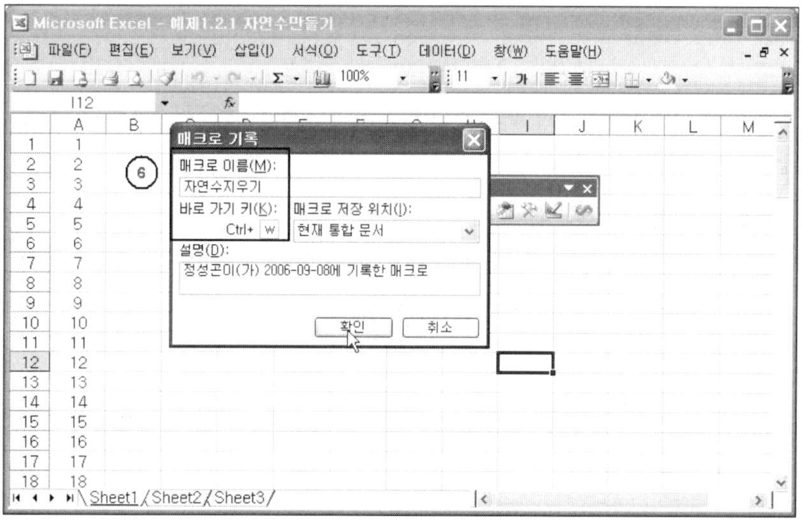

⑦ A열 모두를 선택한 후 내용을 지우자. 내용을 지우기 위해서는 여러 가지 방법이 있지만 가장 간단한 것은 A열을 선택한 후 키보드의 Del 키를 누르면 된다.

⑧ 만든 매크로를 실행하기 위해서는 위에서 지정한 바로 가기 키(단축키)를 활용한다. Ctrl+Q, Ctrl+W를 누르면 A열에 100까지의 자연수가 만들고 없어지는 것을 확인 할 수 있다.

매크로이름

매크로 이름은 반드시 한글 또는 영문자로 시작하여야 하며 최대 255자까지 가능하다. 숫자나, 언더바(_)는 매크로 이름 중간에 사용할 수 있으나 공백, ?, % 등 기호나 특수문자는 사용할 수 없다. 매크로의 이름을 지정하지 않으면 자동으로 Macro1, Macro2, …로 지정된다.

바로 가기 키

바로 가기 키는 매크로를 실행할 수 있는 단축키로서 Ctrl 을 기본으로 하여 알파벳 a부터 z까지 조합하여 만들 수 있다. 하지만, 보통 사용하는 "복사하기", "붙여넣기"에 해당하는 단축키(Ctrl + c, Ctrl + v)와 같은 것을 사용하면 "복사하기", "붙여넣기"를 할 수 없다. 따라서, 엑셀에서 사용되어지는 기본적인 단축키와는 다른 것으로 조합하여야 혼란없이 쉽게 사용할 수 있을 것이다.

참고

매크로가 포함된 엑셀파일을 실행시킬 때, 다음과 같은 메시지가 등장할 때가 있다.

매크로에 대한 보안 수준이 "높음"으로 지정되어 있기 때문에 이와 같은 메시지가 등장하는 것이며 또, 매크로가 실행이 되지 않는다. 보안 수준을 "보통" 또는 "낮음"으로 바꾸어 주면 매크로를 실행할 수 있다. 보안 수준을 바꾸려면 Visual Basic 도구상자의 보안 단추를 누르면 보안 대화상자가 나타나며 이 보안 대화상자에서 보안 수준 탭의 "보통"항목을 선택하고 확인 단추를 누른다.

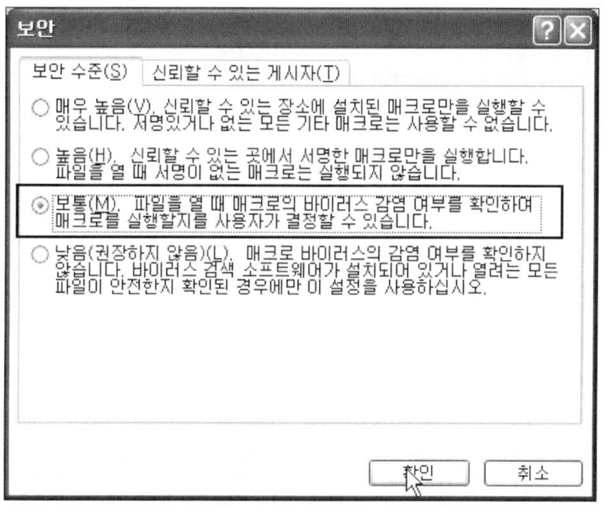

엑셀프로그램을 완전히 닫은 후 매크로가 저장된 엑셀파일을 다시 실행하면 다음과 같은 보안 경고 대화상자가 나타나며 "매크로 포함" 항목을 선택하면 매크로를 실행할 수 있다.

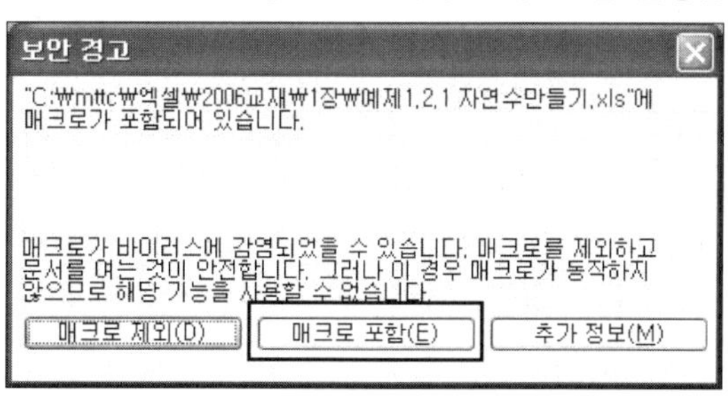

예제 1.2.2 첫째항이 1, 공차가 3인 등차수열 100번째 항까지 만들기

연속데이터 대화상자의 "단계값" 항목의 값에 공차를 적당하게 바꾸어 만들면 된다. 다음과 같이 만들어 보자.

① Visual Basic 대화상자의 매크로 기록 버튼을 누른 후 매크로 기록 대화상자에 매크로 이름을 "등차수열만들기"로 지정하고 바로 가기 키는 별도로 지정하지 않고 확인 버튼을 누르자.

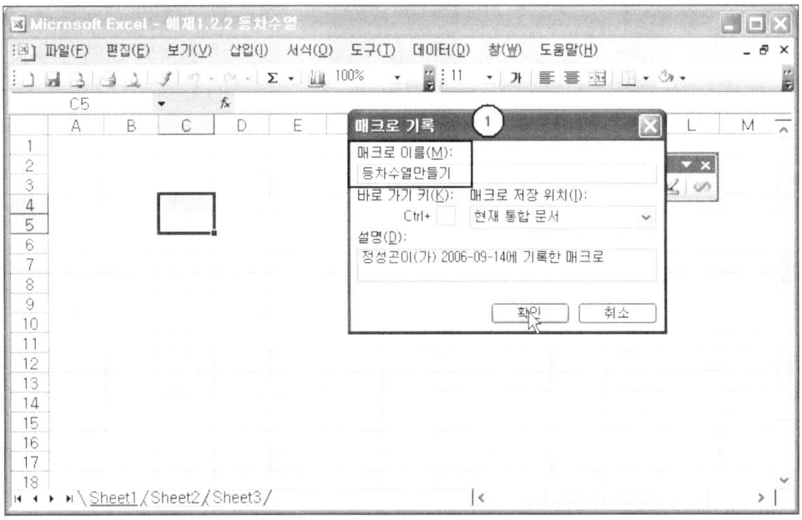

② 셀 A1에 등차수열의 첫째항을 입력한 후 메뉴의 【편집 ⇒ 채우기 ⇒ 연속데이터】를 선택하여 연속데이터 대화상자를 불러내자. 연속데이터 대화상자의 각각의 항목에 다음과 같은 값을 부여하자.

항목	방향	유형	단계 값	종료값
값	열	선형	3	198

유형 항목의 "선형"이 등차수열을 나타내며 "단계 값"은 공차를 의미한다. 첫째항이 1이고 공차가 3인 등차수열의 100번째 항은 198이므로 종료값을 198로 지정한다. 확인 버튼을 누르면 A열에 등차수열의 100번째 항까지 나타나는 것을 확인 할 수 있다. Visual Basic 도구모음에서 기록 중지 버튼을 눌러 매크로 기록을 끝내자.

③ 등차수열을 없애는 매크로를 만들자. Visual Basic 도구모음의 매크로 기록 버튼을 눌러 매크로 기록 대화상자를 불러내자. 매크로 기록 대화상자에서 매크로 이름을 "등차수열지우기"로 지정하고 바로 가기 키는 생략하자. 확인 버튼을 누르자.

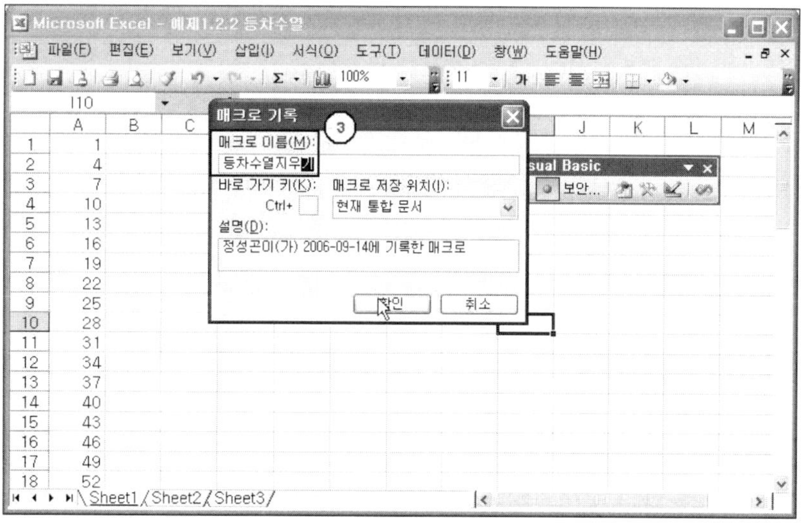

④ A열을 선택한 후 Del 키를 눌러 등차수열의 모든 항을 지우고 Visual Basic 도구모음의 기록 중지 버튼을 눌러 매크로 기록을 끝내자.

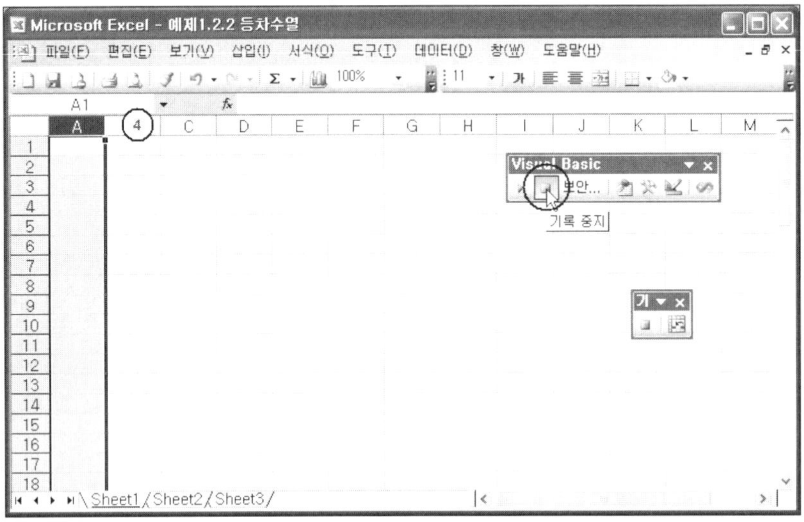

⑤ 예제1.2.1에서는 바로 가기 키를 지정하여 매크로를 실행하였지만 이번 예제에서는 임의의 도형을 만들어 그 도형에 매크로를 실행할 수 있도록 하자. 그리기 도구 모음의 【도형 ⇒ 기본도형】에서 임의의 도형을 선택하여 다음 그림과 같이 적당한 위치에 두 개의 도형을 만들자. 만약 그리기 도구 모음이 없으면 메뉴의 【보기 ⇒ 도구모음 ⇒ 그리기】를 선택하면 다음 그림과 같이 그리기 도구 모음 나타낼 수 있다.

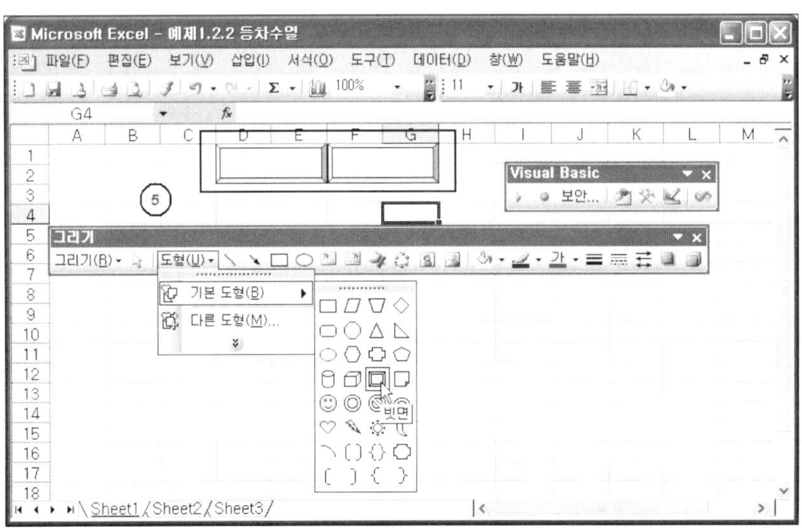

⑥ 두 개의 도형에 매크로를 실행할 수 있도록 하자. 한 도형을 선택한 상태에서 오른쪽 마우스 버튼을 다음 그림과 같이 팝업 메뉴가 나타난다. 매크로 지정(N)항목을 선택하자.

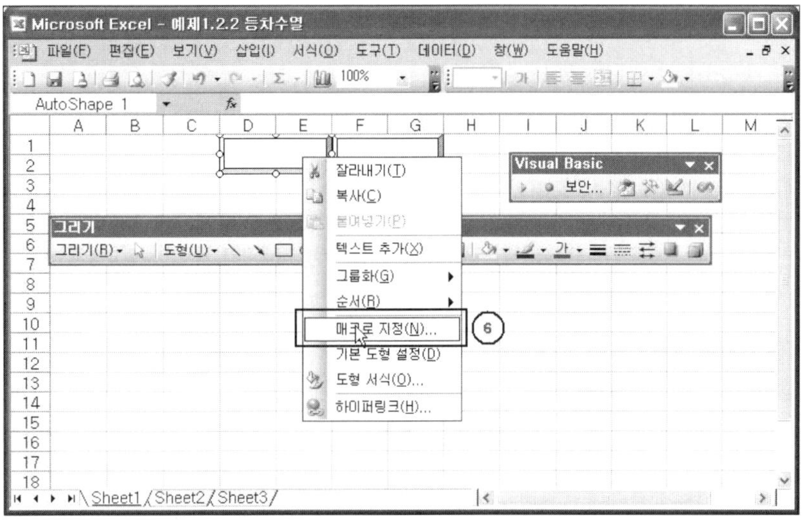

⑦ 매크로 지정 대화상자에서 등차수열을 만드는 매크로(등차수열만들기)를 선택하여 확인 버튼을 누르면 첫 도형에 등차수열을 만드는 매크로를 지정할 수 있다.

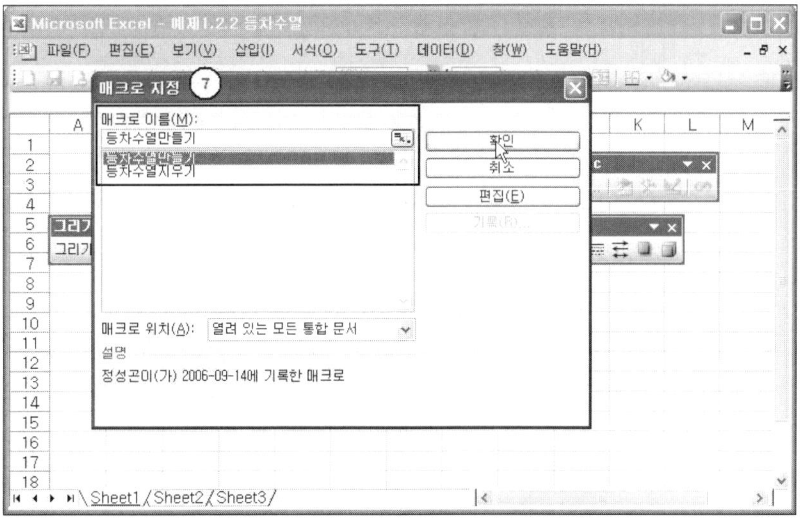

⑧ 도형에 매크로가 지정되었을 때 마우스 포인트를 도형에 가져가면 마우스 포인트가 손모양으로 바꾸어져서 매크로가 지정되어 있다는 것을 확인할 수 있다. 나머지 도형에도 등차수열을 없애는 매크로를 지정하여 두 도형을 서로 번갈아 눌러보면 등차수열이 생겼다가 없어지는 모습을 관찰할 수 있다.

예제 1.2.3 첫째항이 1, 공비가 2인 등비수열 만들기

① Visual Basic 도구모음의 매크로 기록 버튼을 눌러 "등비수열 만들기"매크로를 만들자. "바로 가기 키"를 생략하자.

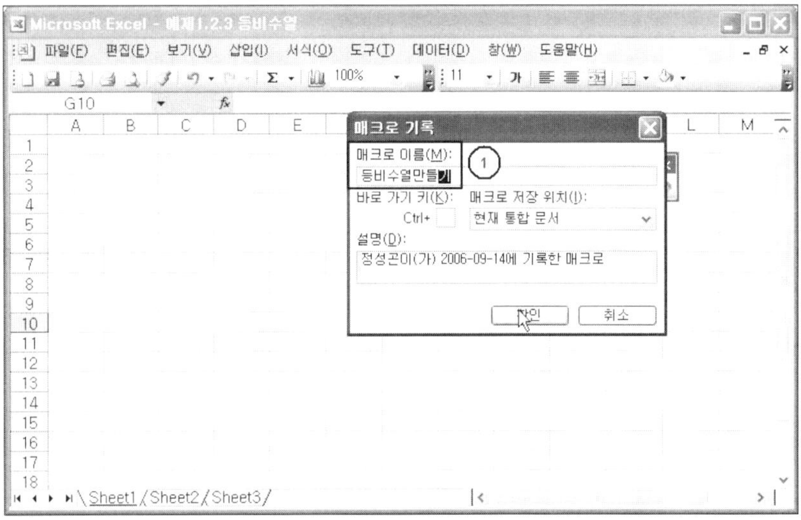

② 셀 A1에 등비수열의 첫째항1을 입력한 후 연속데이터 대화상자에서 다음과 같이 각각의 항목에 값을 지정하고 확인 버튼을 누르면 1부터 공비가 2인 등비수열이 17번째 65536까지 A열에 나타난다.

항목	방향	유형	단계 값	종료값
값	열	급수	2	100000

유형 항목 중 "급수"는 등비수열을 나타내며 "단계값"은 공비를 의미한다. 종료값을 100000으로 지정하면 1부터 100000까지의 숫자 중 첫째항이 1, 공비가 2인 등비수열의 모든 항을 구하자라는 것이다. 만약 첫째항이 1, 공비가 0

과 1 사이의 값, 종료값이 0.00001이면 1부터 0.00001까지의 등비수열의 모든 항을 구한다.

③ 기록 중지 버튼을 눌러 등비수열 만드는 매크로를 끝내고 다시 등비수열을 없애는 매크로를 앞의 예제와 같은 방법으로 만들자. 물론 "바로 가기 키"는 생략하자.

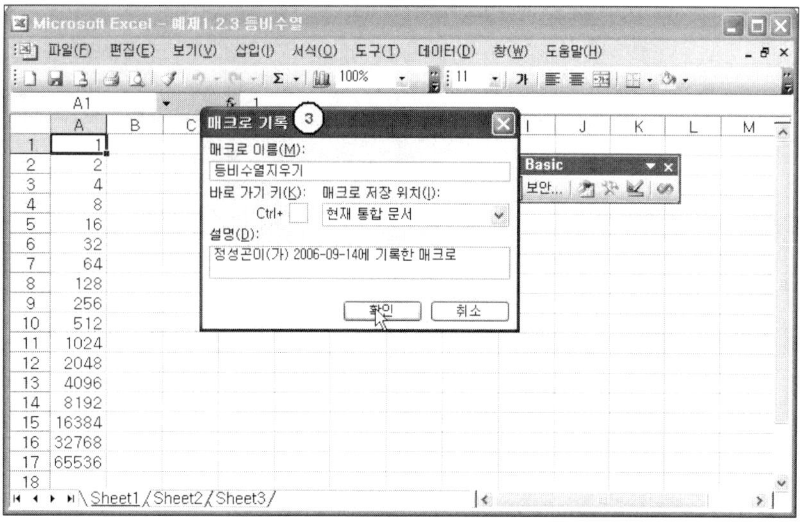

④ 앞의 두 예제에서는 “바로 가기 키”와 도형에 매크로를 지정하여 매크로를 실행하였지만 이번에는 다른 방법으로 매크로를 실행하여 보자. Visual Basic 도구 모음의 “매크로 실행”버튼을 눌러 매크로 대화상자를 불러내자.

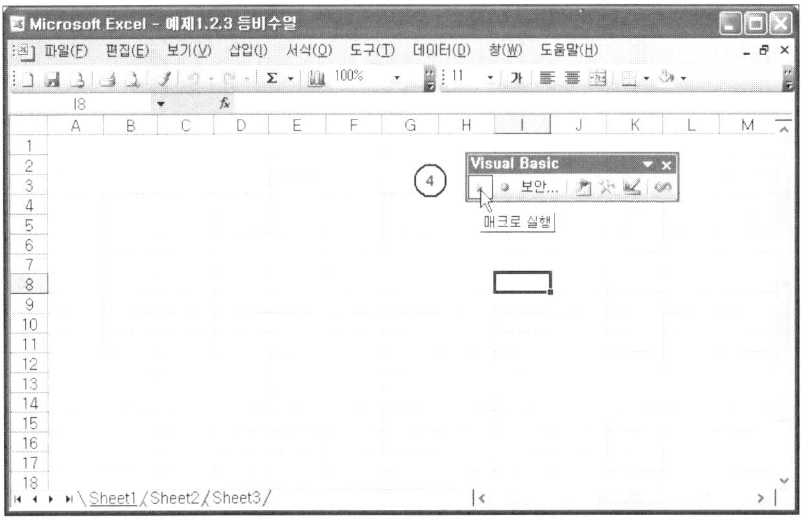

⑤ 매크로 대화상자에서 실행할 매크로 이름을 선택한 뒤 오른쪽의 실행 버튼을 누르면 다음 그림의 왼쪽 부분처럼 등비수열이 만들어진다.

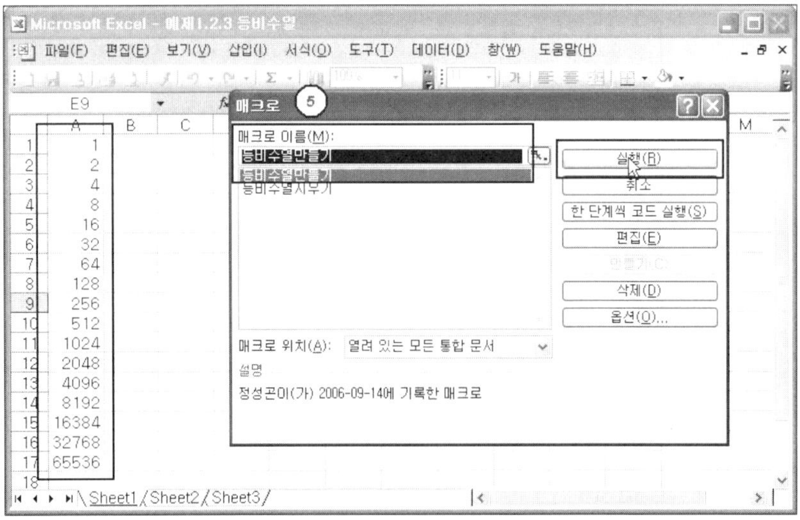

⑥ 만들어진 등비수열을 지우려면 다시 "매크로 실행"버튼을 누른 후 실행할 매크로를 선택하여 실행 버튼을 누르면 만들어진 등비수열이 사라지는 것을 확인 할 수 있다.

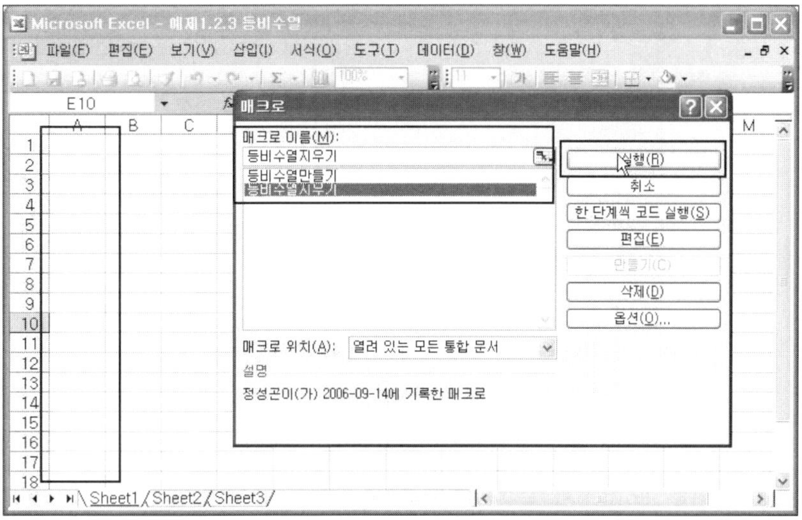

예제 1.2.4 첫째항이 8, 공비가 $\frac{1}{2}$인 등비수열 만들기

앞의 예제와 같은 방법으로 등비수열을 만들어보자.

① 매크로 기록 버튼을 누른 후 "등비수열만들기2" 매크로를 만들자. 물론 바로 가기 키는 생략하자.

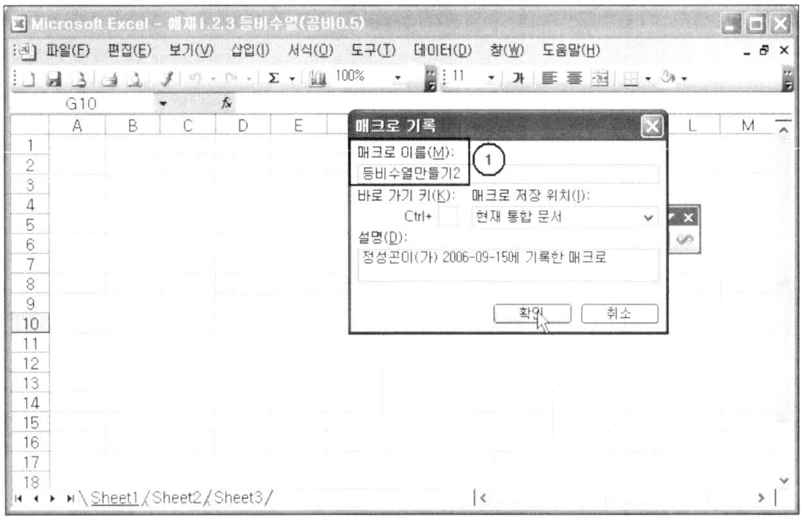

② 셀 A1에 등비수열의 첫째항 8을 입력한 후 메뉴의 【편집 ⇒ 채우기 ⇒ 연속데이터】를 눌러 연속데이터 대화상자를 불러내자. 연속데이터 대화상자에서 각각의 항목에 대한 값을 다음과 같이 부여하자.

항목	방향	유형	단계 값	종료값
값	열	급수	0.5	0.000001

단계값이 1보다 작을 때에는 종료값보다 작지 않을 때까지 등비수열의 항을 모두 구하게 된다.

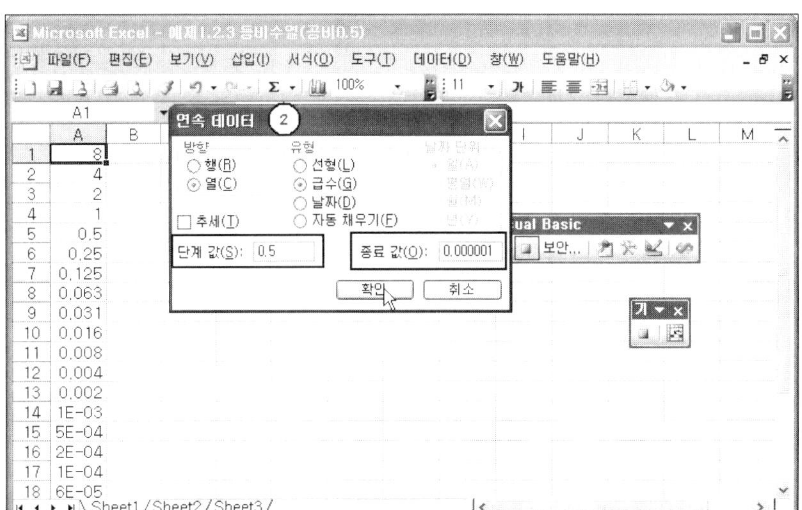

③ 기록 중지 버튼을 눌러 매크로 작업을 마친 후 다시 등비수열을 없애는 매크로를 만들자. 매크로 기록 버튼을 누른 후 "등비수열지우기" 매크로이름을 지정하고 바로 가기 키는 생략하자.

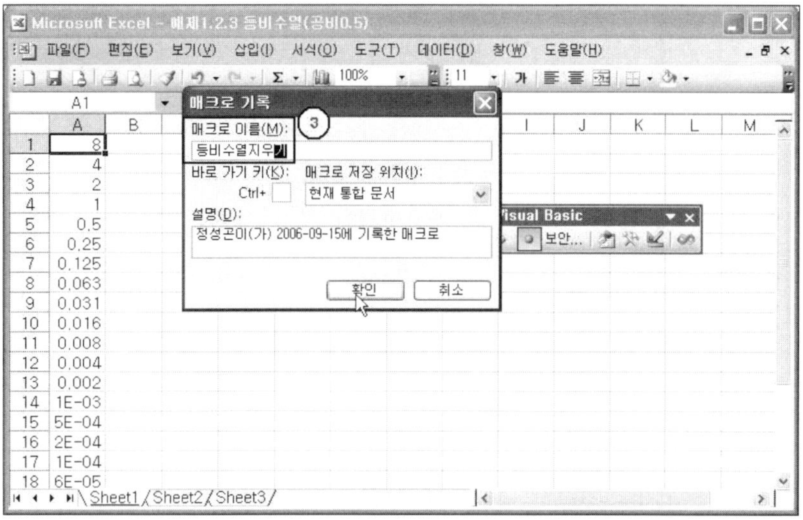

위의 그림에서 셀 A14부터의 값이 "1E-03", "5E-04" 등 이와 같이 나타나있는데 셀의 가로의 길이가 한정되어 모든 값을 표현할 수 없어서 간단하게 표현되어 있는 것이다. "1E-03"의 의미는 10^{-3}, "5E-04"의 의미는 5×10^{-4}이다. A열의 가로의 길이를 넓혀주면 보다 정확한 값으로 나타낼 수 있다. 오른쪽 그림과 같이 A열의 가로의 길이를 넓게 하려면 A열과 B열 사이의 경계선을 마우스로 놓아주면 마우스 포인트가 바꾸어지며 오른쪽으로 드래그하면 된다.

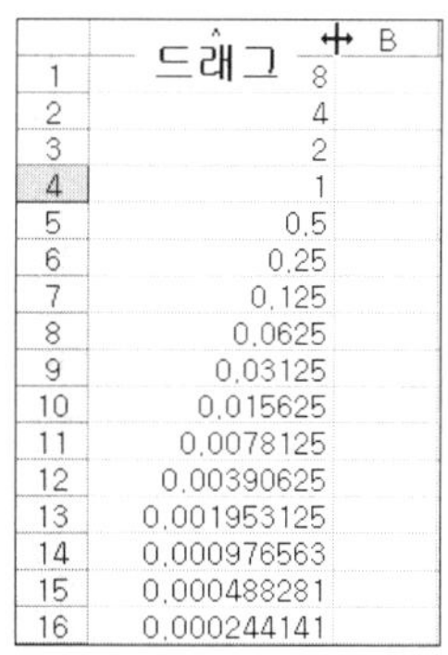

④ A열을 선택하여 "Del"키를 눌러 모든 값을 없앤 후 기록 중지 버튼을 눌러 매크로를 끝내자. 앞의 예제와는 또 다른 방법으로 매크로를 실행하여 보자. 양식 도구모음에서 단추를 선택하자. (만약, 엑셀 화면에서 양식 도구모음이 없으면 메뉴의 【보기 ⇒ 도구모음 ⇒ 양식】을 선택하면 양식 도구모음이 나타난다.)

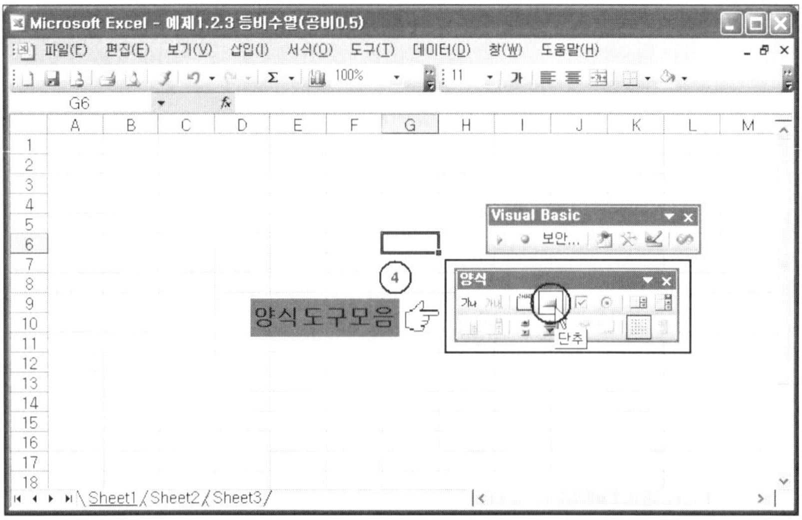

⑤ 양식 도구모음의 단추 버튼을 누르면 마우스 포인트가 "+" 모양으로 바뀌어지며 적당한 셀에 마우스를 드래그하여 버튼을 만들어주면 버튼의 이름이 자동적으로 "Button1"지정되며 바로 매크로 지정 대화상자가 다음 그림과 같이 나타난다. 여기에서 "등비수열만들기2" 매크로를 선택하여 확인 버튼을 누르면 Button1에 매크로가 지정된다.

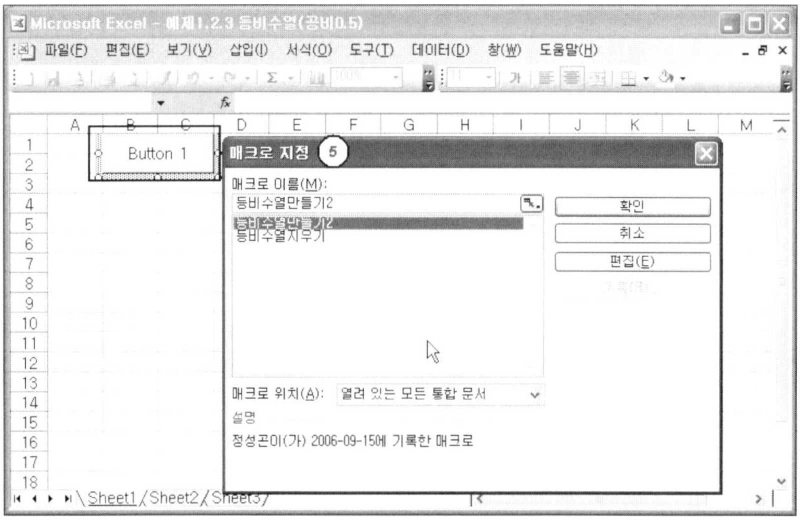

⑥ 같은 방법으로 버튼을 한 개 더 만들어 "등비수열지우기" 매크로를 다음 그림과 같이 지정하자.

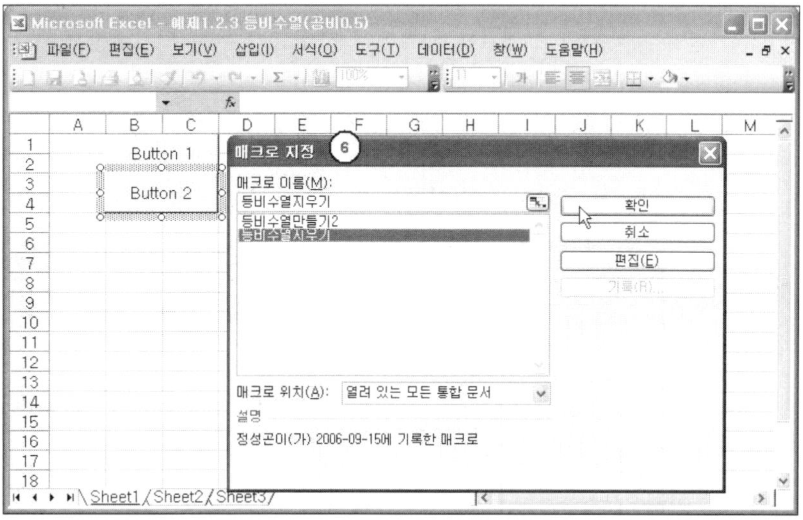

⑦ 두 개의 버튼 Button1, Button2을 누르면 등비수열이 A열에 만들어졌다가 없어지는 것을 확인 할 수 있다.

앞의 예제 1.2.1에서 예제 1.2.4까지는 매크로를 만든 뒤 매크로를 실행하는 방법을 다양하게 설명하고 있다. 매크로를 실행하는 방법은 다음과 같이 정리할 수 있다.

매크로를 실행하는 방법

작성된 매크로를 실행하는 방법으로 첫째, "바로 가기 키"를 지정하는 방법, 둘째, 도형에 "매크로를 지정"하는 방법, 셋째, Visual Basic 도구모음의 "매크로"버튼을 이용하는 방법, 마지막으로 양식 도구모음의 "단추"를 이용하는 방법 등이 있다. 어떤 방법이든 매크로를 실행하여도 상관은 없으나 도형에 매크로를 지정하는 것이 조금은 복잡할 수도 있으나 사용하기에는 가장 간편할 것이다.

함수의 그래프를 차트에 나타내고 없애는 매크로를 만들어 보자.

예제 1.2.5 함수 $y=x^2$의 그래프를 차트에 나타내고 지우는 매크로를 만들기

① A열에 함수의 정의역, B열의 함수의 치역을 만들자. 먼저 A열에 -5부터 5까지 1씩 증가하는 정의역을 만들고 B열에는 함수값을 수식을 이용하여 만들자.

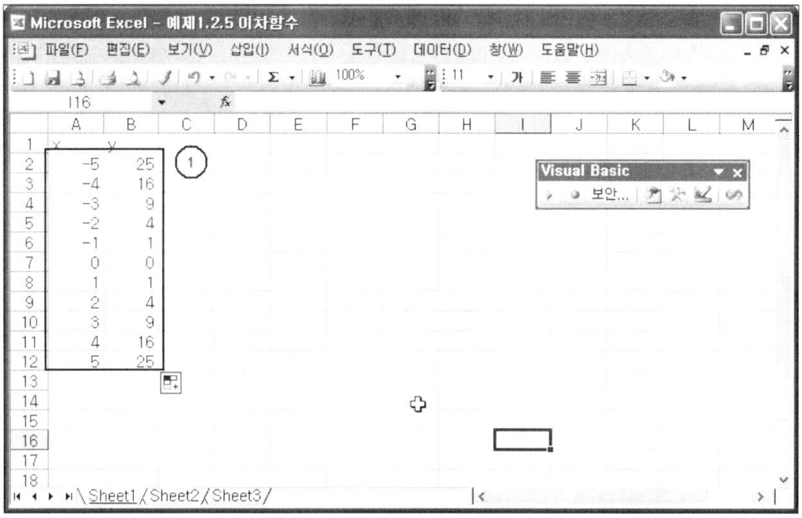

위의 그림의 B열에 함수값을 만들 때에는 수식을 활용한다. 먼저, 셀 B2에 수식 "=A2^2"을 입력한 뒤 셀 B2를 선택한 상태에는 채우기 핸들을 더블클릭을 하면 모든 함수값을 구할 수 있다.

② 표준도구모음의 차트마법사를 이용하여 이차함수의 그래프를 좌표평면에 나타내면 다음 그림과 같이 나타난다.(차트마법사를 이용하여 함수의 그래프를 나타내는 것은 생각하는 수학 시리즈의 「수학교육에서의 엑셀활용」, 「엑셀을 이용한 함수의 이해 I」책을 참고하면 자세하게 설명되어 있다. 이 책에서는 간단하게 부록에서 설명하겠다.)

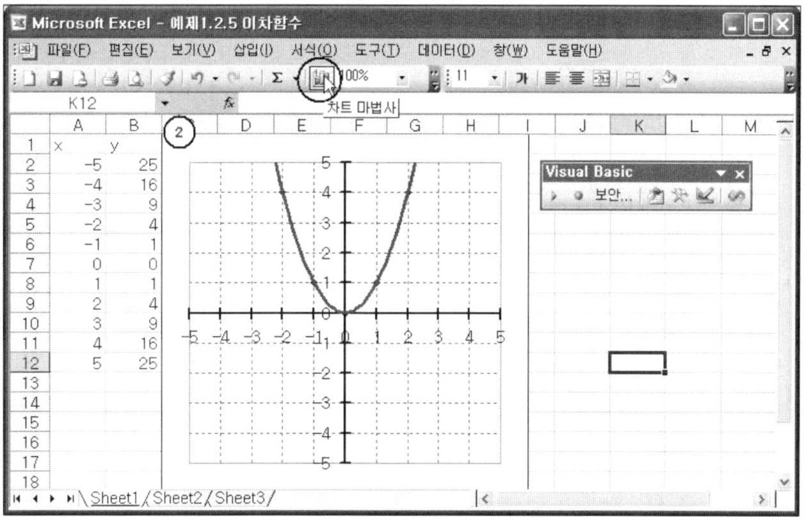

③ 좌표평면에서 함수의 그래프를 없애는 매크로를 작성하여 보자. 함수의 그래프를 없애기 위해서는 좌표평면의 함수의 없애는 것이 아니라 함수의 정의역과 치역을 지워서 좌표평면의 함수의 그래프를 없애는 것이다. 매크로 기록 버튼을 누른 후 매크로 이름 "함수없애기"를 지정하고 확인 단추를 누르자. 바로 가기 키를 생략한다.

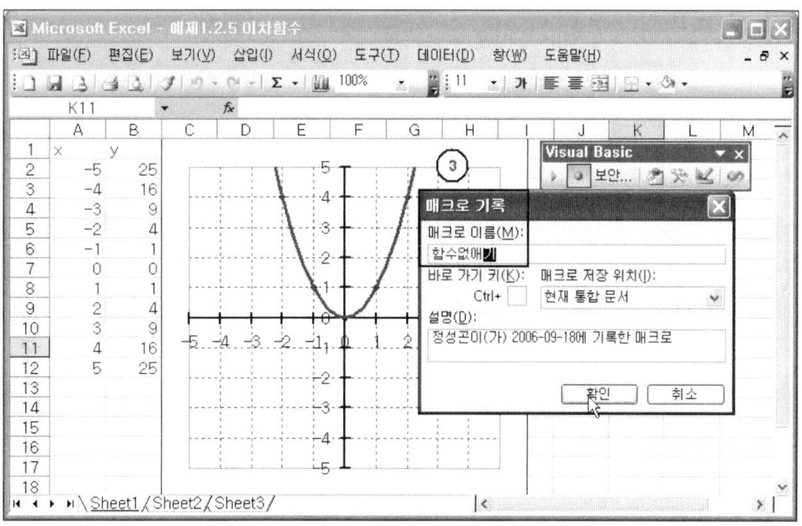

④ 함수의 정의역과 치역이 주어진 셀 A2부터 B12까지 선택한 뒤 "Del"키를 누르면 정의역과 치역이 없어지며 또한, 좌표평면에서 함수의 그래프가 사라진다. 기록 중지 버튼을 눌러 매크로를 종료하자.

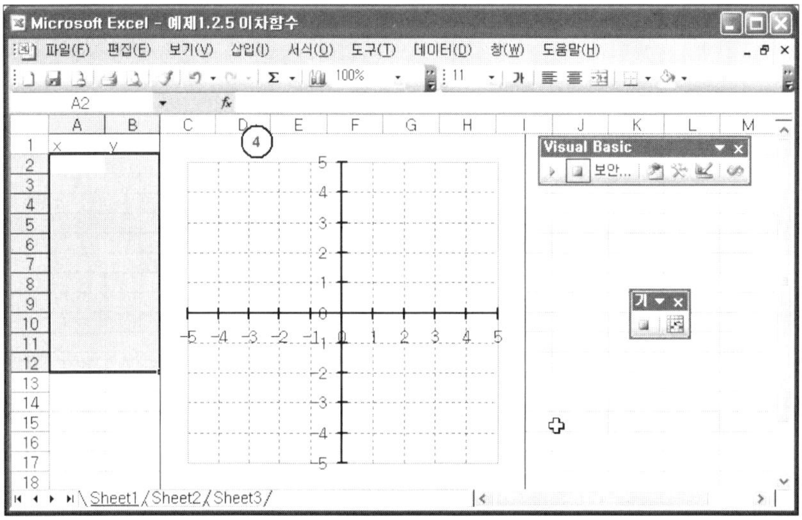

⑤ 함수의 그래프를 만드는 매크로를 작성하자. 매크로 기록 버튼을 누른 후 매크로의 이름을 "함수만들기"로 지정하고 확인 단추를 누르자. 바로 가기 키는 생략하자.

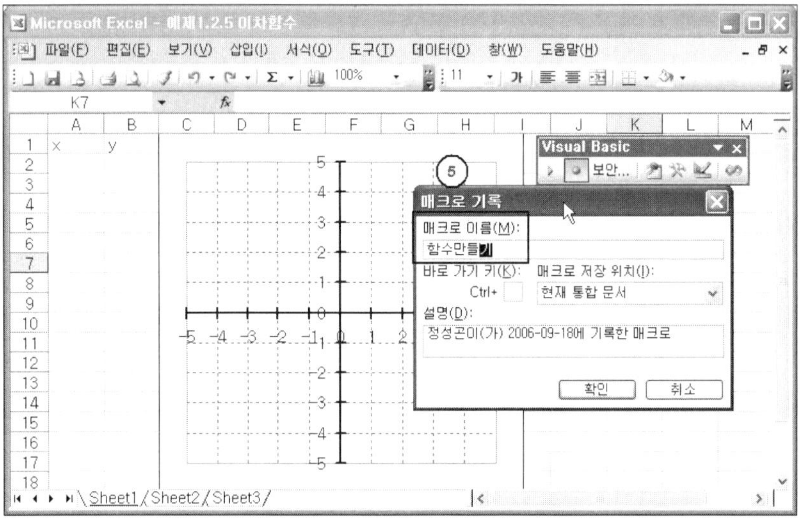

⑥ A열에 함수의 정의역을 -5부터 5까지 입력하고 B열에는 그 함수 값을 수식에 의해서 만들면 만드는 순간 함수의 그래프가 만들어 지는 것을 확인할 수 있다. 기록 중지 버튼을 눌러 매크로 작성을 종료하자.

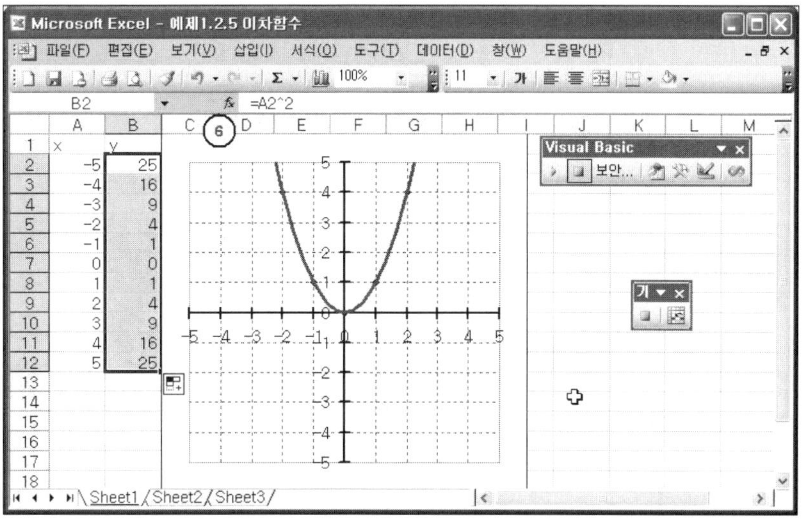

⑦ 임의의 두 도형을 만들어 도형에 각각의 매크로를 지정하여 매크로를 실행하면 좌표평면에 매크로가 만들었다가 없어지는 것을 확인 할 수 있다.

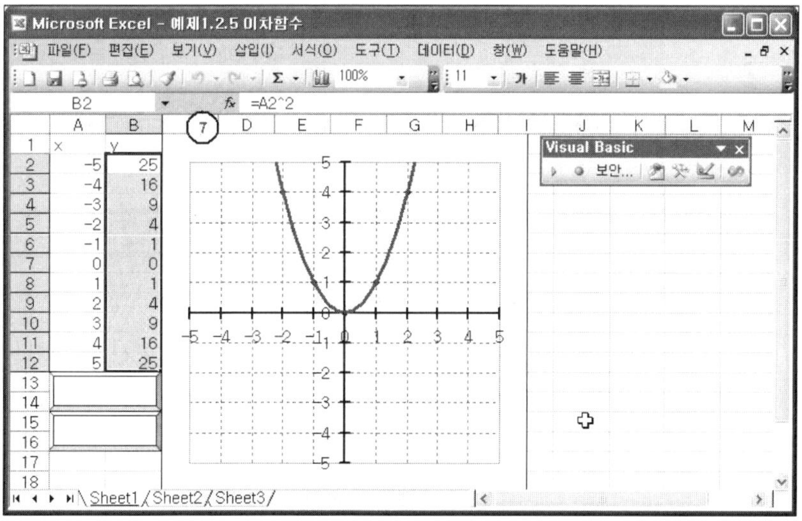

⑧ 두 도형이 어떤 매크로를 뜻하는지 명확하게 하기 위해서는 도형에 함수의 그래프를 만들고 지운다는 것을 밝힐 필요가 있다. 이렇게 하기 위해서는 대개 두 도형에 문자를 입력하여 누구나 알 수 있게 하는 것이 가장 좋을 것이다. 마우스 포인트를 도형 위에 갖다 놓은 후 오른쪽 마우스 버튼을 누르면 오른쪽 그림과 같이 팝업 메뉴가 나타나며 텍스트 추가 항목을 선택하면 도형에 텍스트를 추가할 수 있게 활성화된다. 각각의 도형에 “y=x^2”, “지우기”로 입력한 후 두 도형을 누르면 함수의 그래프가 좌표평면에 나타나거나 없어지는 것을 확인 할 수 있다.

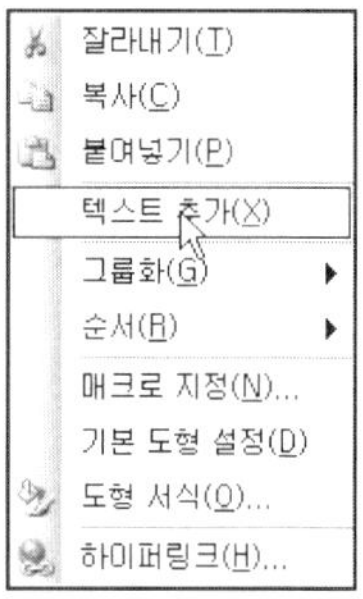

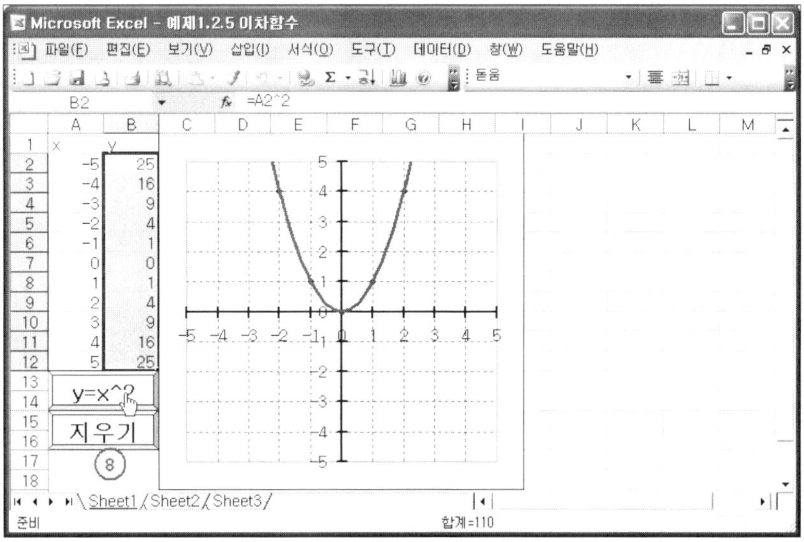

⑨ 도형의 문자의 서식과 위치, 도형의 색을 결정할 때에는 오른쪽 마우스 버튼에 의한 팝업 메뉴의 도형서식을 선택해서 도형서식 대화상자에서 결정하면 된다.

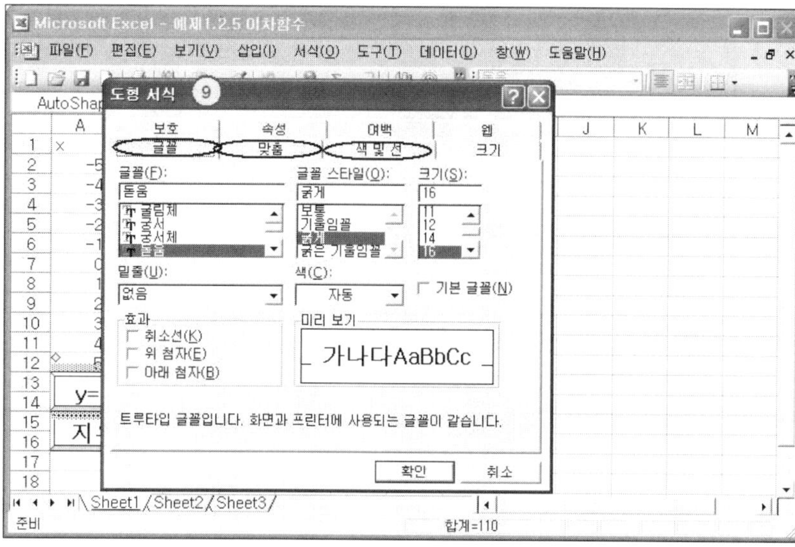

1.3 VB편집기(Visual Basic Editor)

앞의 예제들에서 만든 여러 가지 매크로는 동일한 작업을 반복하는 것으로 이 매크로들은 하나의 언어(Visual Basic)와 같은 형태인 코드로서 저장되어있으며 이 코드를 다룰 수 있는 곳을 **Visual Basic Editor**라 하면 간단히 **VB편집기**라 한다. VB편집기에 대하여 간단히 알아보자.

1.3.1 VB편집기

① VB편집기 불러오기

Visual Basic 도구모음의 Visual Basic Editor(VB편집기)를 누르면 VB편집기 화면이 나타난다. 아래 그림은 예제 1.2.5의 파일이 열린 상태에서 Visual Basic Editor를 누른 것이다.

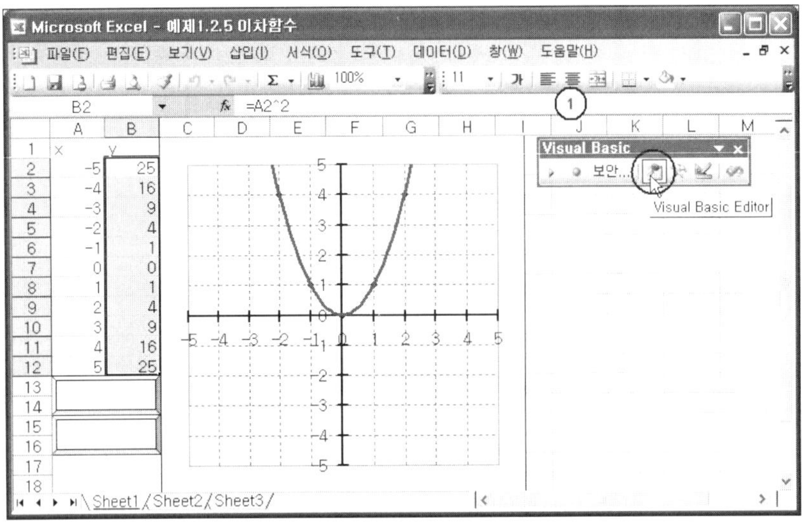

② VB편집기의 구성

VB편집기는 VB코드를 작성 및 실행하고 오류를 수정하기 편리하게 여러 개의 창으로 구성되어 있다. VB편집기는 기본적으로 ⓐ 제목 표시줄, 메뉴와 도구 모음, ⓑ 프로젝트 탐색기, ⓒ 속성 창, ⓓ 코드 창 등 다음 그림과 같이 화면이 구성되어 있으면, 경우에 따라서 나타나지 않는 창이 있을 수 있다.

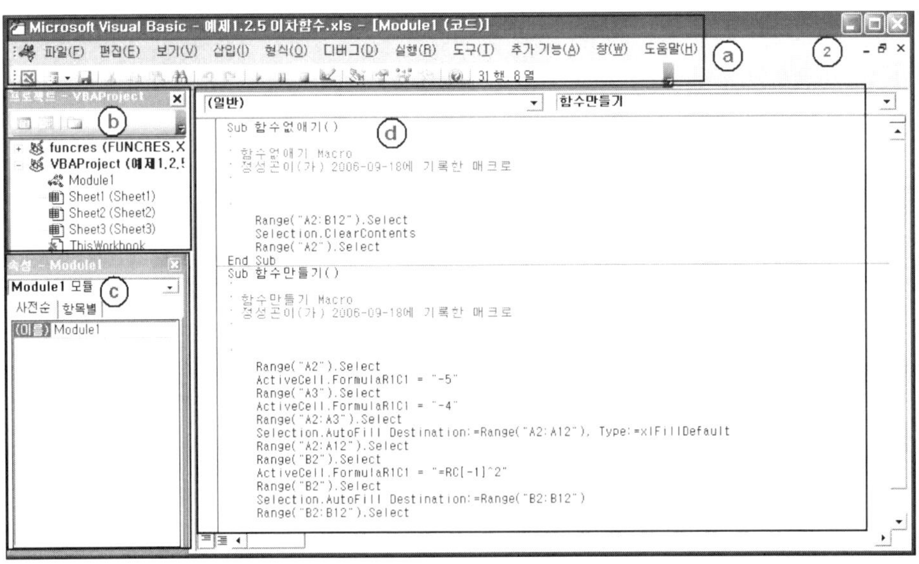

③ 코드 창에는 다음 그림과 같이 개체박스와 프로시저 박스가 있으며 주로 이벤트 프로시저라 부르는 프로시저에 사용된다.

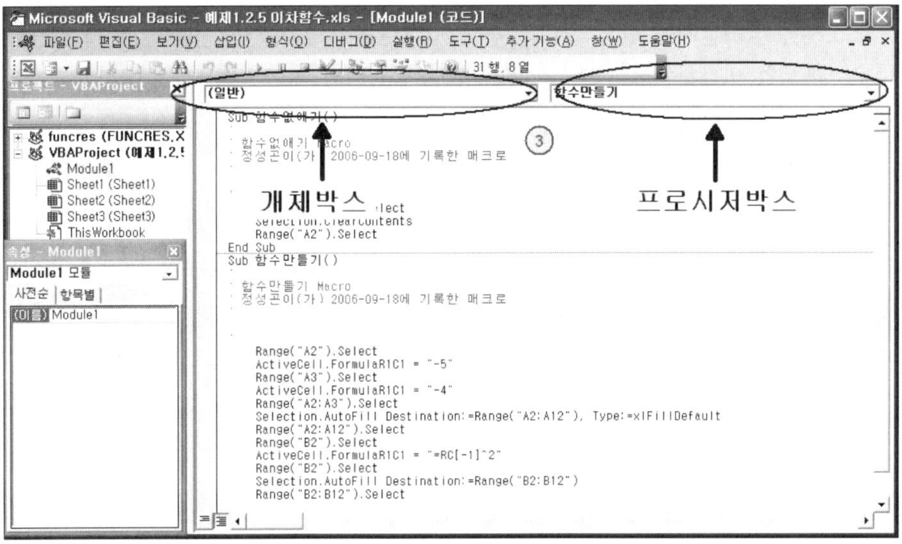

이벤트 프로시저란 컨트롤에 의해서 만들어지는 Sub 프로시저이다.

④ 코드 창의 코드 형식은 다음과 같다.

```
Sub 제목()…ⓐ
      '설명…ⓑ

      내용…ⓒ

End Sub…ⓐ
```

ⓐ 하나의 매크로는 Sub 제목()으로 시작하여 End Sub로 끝난다. 만약, 2개 이상의 매크로가 있으면 각각의 매크로 사이에 구분선으로 표시되어 있다.

ⓑ 각각의 매크로에는 '설명 부분은 하나의 매크로를 만들 때마다 기록되는 부분으로 각각의 매크로의 제목과 만든 날짜가 기록되어진다. 또, 바로 가기 키를 지정하면 이 부분에 나타난다. 이 부분은 매크로가 실행되는 것과는 무관하다.

ⓒ 실제 매크로가 어떻게 실행되어지는지 기록된 부분이다.

VB편집기의 구성

ⓐ 제목 표시줄, 메뉴와 도구 모음

제목 표시줄에는 현재 열려 있는 파일의 이름이 나타나며, 메뉴 표시줄이나 도구 모음은 엑셀과 비슷하지만, 코드 작성과 편집에 관련된 것만 나타난다.

ⓑ 프로젝트 탐색기

열린 파일과 각 파일에 속해 있는 모든 항목을 계층 구조로 표시한다. 열려 있는 파일의 이름, 파일을 구성하고 있는 시트명, 매크로가 기록되어 있는 Module(모듈), 여러 가지 컨트롤이 있는 사용자 정의 폼이 있다. 이 Module에 더블클릭을 하면 기록된 매크로가 오른쪽 코드 창에 나타난다.(프로젝트 탐색기가 보이지 않으면 메뉴의 【보기 ⇒ 프로젝트 탐색기】 또는 단축키 Ctrl + R를 누르면 나타난다.) 워크시트 화면에서 매크로 기록 버튼으로 만들어진 매크로는 항상 프로젝트 탐색기의 모듈에 코드(Sub 프로시저)가 입력되어 있다.

ⓒ 속성 창

프로젝트 탐색기에서 특정개체를 선택하면 선택한 개체의 속성과 값이 나타난다. 만약, 프로젝트 탐색기의 Sheet1를 선택하면 Sheet1에 대한 속성이 나타난다.(속성 창이 보이지 않으면 메뉴의 【보기 ⇒ 속성】 또는 단축키 F4 를 누르면 나타난다.)

ⓓ 코드 창

매크로 기록으로 매크로가 기록되거나 VBA코드 작성 시, 코드를 직접 입력하는 창으로 현재 열려있는 파일을 구성하는 모든 개체마다 별도의 창을 열 수 있습니다. 선택한 개체의 코드 내용을 확인하려면 프로젝트 탐색기에서 각각의 개체를 더블클릭한다.

1.3.2 매크로 코드

앞의 예제에서 만든 매크로의 코드의 내용을 간단히 알아보자. 먼저, 예제1.2.1의 코드를 확인하여 보자.

예제1.2.1의 파일을 열어둔 상태에서 Visual Basic 도구모음의 VB편집기(Visual Basic Editot)를 누르면 매크로의 코드를 확인할 수 있다. “자연수만들기” 매크로의 내용이 다음과 같이 입력되어있다.

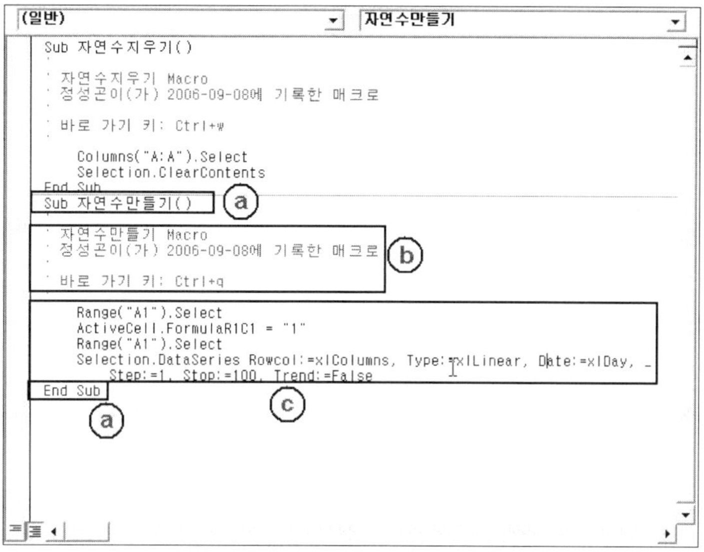

ⓐ Sub 자연수지우기()와 End Sub

첫줄에 기록된 Sub 자연수지우기()는 이름이 자연수지우기라는 매크로의 시작을 나타내며 마지막 줄에 기록된 End Sub가 이 매크로의 끝을 나타난다. 이와 같은 것을 VBA에서는 서브 프로시저(Sub Procedure)라는 용어를 사용한다.

ⓑ 매크로에 대한 간단한 기록으로 매크로 제목과 만든이와 만든 날짜, 바로 가기 키 등이 기본적으로 제공된다. 항상 '(작은 따옴표)가 맨 앞에 나타난다. ⓒ 부분에서도 임의로 '(작은 따옴표)를 넣어 VBA에 간단한 설명문을 넣을 수 있으며 이 작은 따옴표가 있는 줄의 내용은 VBA 실행과는 무관하다.

ⓒ 매크로의 모든 과정이 기록된 부분이다. 매크로 기록 단추를 누른 뒤 모든 과정이 이곳에 저장되어 진다. 간단히 그 내용을 살펴보면 다음과 같다.

Range("A1").Select ⇒ 셀 A1을 선택한다.

ActiveCell.FormulaR1C1="1" ⇒ 선택된 셀에 1을 입력한다.

Range("A1").Select ⇒ 셀 A1을 선택한다.

Selection.DataSeries Rowcol:=XlColumns, Type:=XlLinear, _

Date:=xlDay, Step:=1, Stop:=100, Trend:=False

⇒ 연속데이터에서 방향은 열, 유형은 선형, 날짜는 일, 단계 값은 1, 종료값은 100, 추세(Trend)는 반영하지 않는다.(한 줄에 내용을 모두 입력할 수 없으면 위와 같이 두 줄 사이에 언더바(_)로서 연결되어 있다는 것을 표시한다.)

세 번째와 네 번째 줄 사이의 내용은 연속데이터 대화상자로서 만든 부분이다. ⓐ, ⓑ, ⓒ를 묶어 하나의 Sub 프로시저라고 하며 위의 그림에서는 두 개의 Sub 프로시저가 있으며 두 Sub 프로시저를 구분하기 위해 구분선이 나타나있다.

연습문제 1

1.1 매크로를 실행하는 방법은 여러 가지가 있다. 매크로의 실행방법을 열거하여 보시오.

1.2 VB편집기의 구성은 어떻게 이루어져 있는지 말해보시오.

1.3 연속데이터 대화상자를 이용하여 첫째항이 2, 공차가 2인 등차수열의 100번째 항까지 구하는 매크로를 만들어 보시오. 또, 이 매크로의 코드가 다음과 같은지 확인하시오.

```
Sub Macro1()
'
' Macro1 Macro
' 창의력이(가) 2006-12-20에 기록한 매크로
'
' 바로 가기 키: Ctrl+a
'
        Range("A1").Select
        ActiveCell.FormulaR1C1 = "2"
        Range("A1").Select
        Selection.DataSeries Rowcol:=xlColumns, Type:=xlLinear, _
                Date:=xlDay, Step:=2, Stop:=200, Trend:=False
End Sub
```

Chapter 02

프로시저

프로시저란 특정 기능을 실행할 수 있도록 변수, 상수 등을 선언하는 선언문과 실제 작업을 처리하는 코드의 집합체로서 하나의 간단한 프로그램이라 할 수 있다. 프로시저에는 Sub 프로시저와 Function 프로시저가 있다.

2.1 Function 프로시저

Function 프로시저는 사용자 정의 함수를 만들 수 있다. 두 프로시저 중 먼저, Function 프로시저에 의한 사용자 정의 함수를 만들어 보자.

예제 2.1.1 세 수의 합

① 세 수의 합을 구하는 사용자 만의 사용자 정의 함수를 만들자. Visual Basic 도구모음의 VB편집기(Visual Basic Editor) 단추를 눌러 VB편집기를 실행하자. 어떠한 매크로도 만들어 있지 않은 상태에서는 아래 그림과 같이 VB편집기의 프로젝트 탐색기에는 Sheet1, Sheet2, Sheet3, This Workbook 만 있을 뿐이고 Module은 없다.

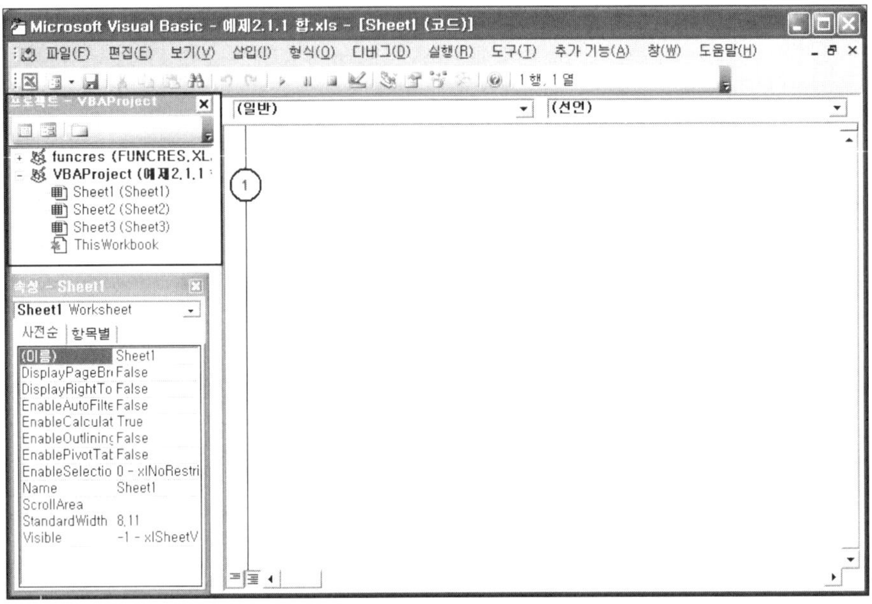

② 프로젝트 창에 Module을 삽입하기 위해서는 메뉴의 【삽입 ⇒ 모듈】을 선택하면 아래 그림과 같이 프로젝트 창에 Module1이 삽입되며 오른쪽 코드 창은 Module1에 대한 코드 입력 상태가 된다.

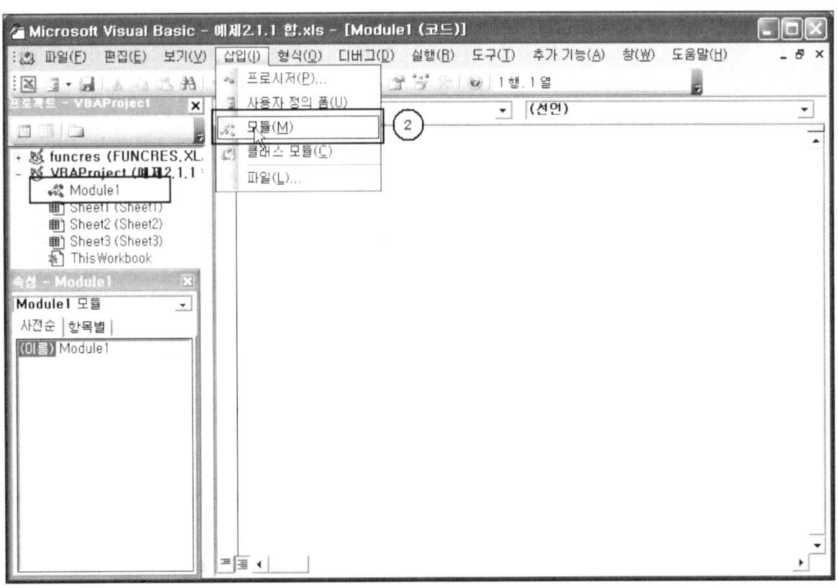

③ 코드 창에 다음 그림의 ⓐ 부분과 같이 "Function 합(x,y,z)"라고 Function 프로시저의 시작과 그 이름을 입력한 후 Enter↵키를 누르면 "End Function"이라는 Function 프로시저의 끝을 나타내는 부분이 자동으로 나타난다.

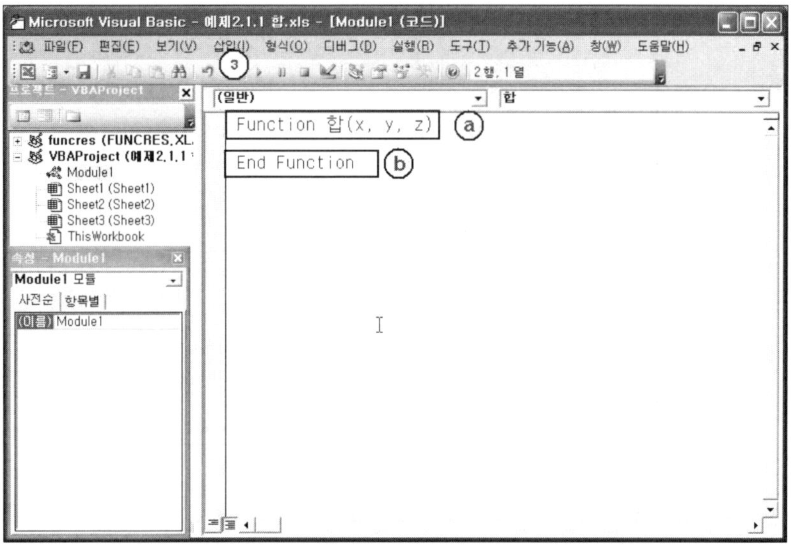

Function 프로시저 형식

```
Function 이름(인수1, 인수2, 인수3, …)
                실행문들(VBA 코드)
    End Function
```

Function 프로시저에서는 인수를 지정해 주어야 한다. 위의 그림에서는 "x", "y", "z"라는 세 개의 인수를 사용하였고 이 인수의 개수에 따라 사용자 정의 함수의 대화상자에 인수의 개수가 결정된다.

④ "Function 합"과 "End Function" 사이에 다음 그림과 같이 "합=x+y+z"를 입력하여 Module1에 대한 코드 작성을 마무리 하고 엑셀 창으로 돌아가자. 엑셀 창으로 돌아가기 위해서는 표준 도구 모음의 맨 앞에 있는 엑셀 아이콘을 누르면 된다.

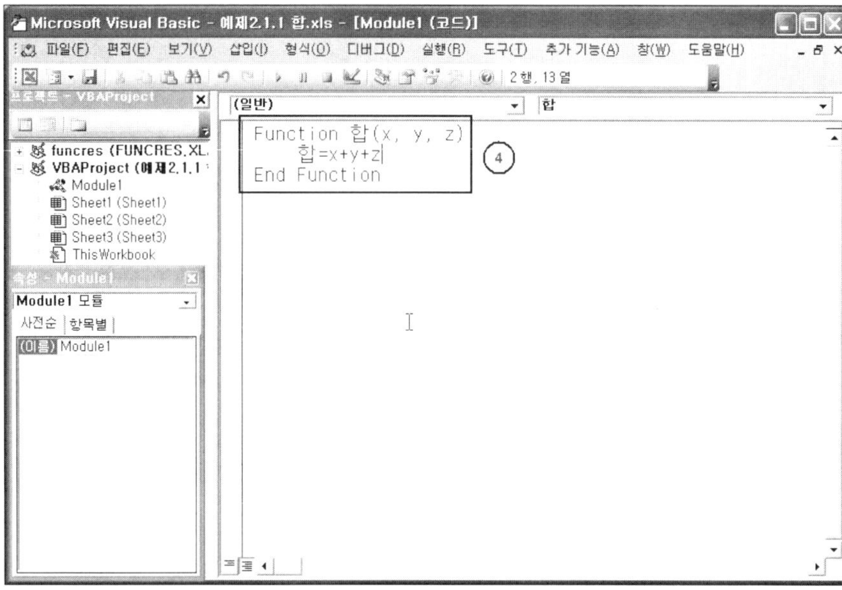

⑤ 엑셀 창의 임의의 셀에 세 수 입력한 뒤 함수 마법사를 실행하자. (여기서는 셀 A1, B1, C1에 값 “10”, “20”, “30”을 입력하였다.)

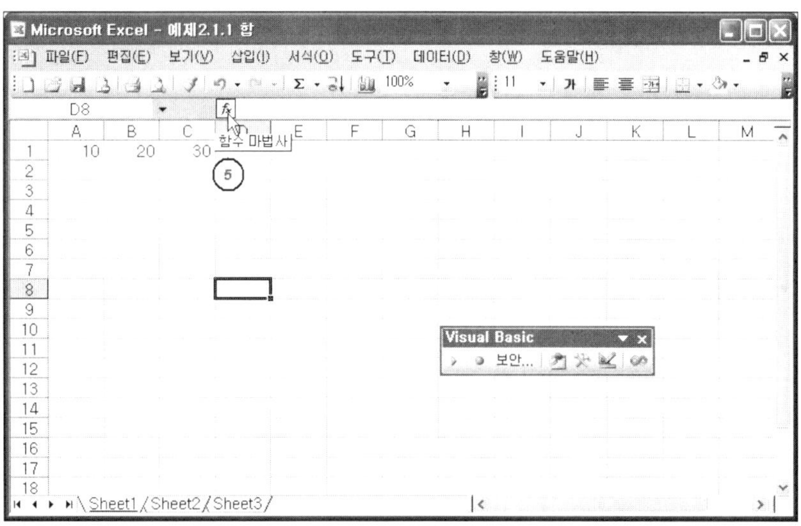

⑥ 셀 A2를 선택한 상태에서 함수 마법사 대화상자의 “범주 선택”에서 사용자 정의를 선택하면 다음 그림과 같이 Function 프로시저에 의해서 새롭게 만든 사용자 정의 함수 “합”이 나타난다.

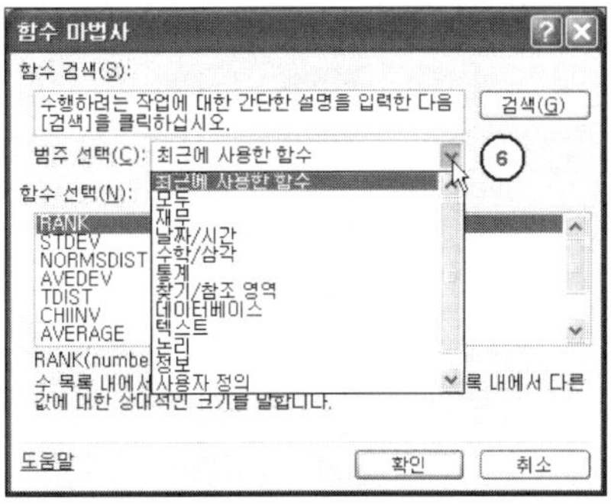

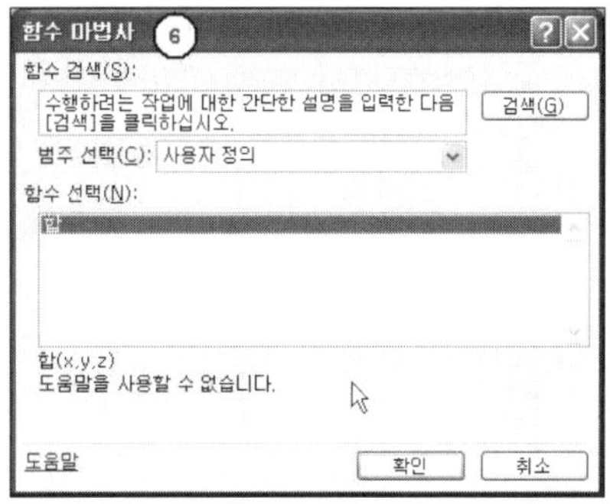

⑦ 사용자 정의 함수 대화상자에 세 인수 "X", "Y", "Z"에 셀 주소 "a1", "b1", "c1"을 입력하면 그 합이 60이라는 것을 대화상자에 확인할 수 있으며 확인 버튼을 누르면 셀 A2에 합의 값 "60"이 나타난다.(셀 주소를 입력할 때, 대소문자는 구별 없이 입력하여도 엑셀에서 스스로 대문자로 전환하여 나타낸다.)

참고

위의 예제처럼 함수 마법사 대화상자에서 셀 주소를 직접 입력하여도 상관은 없으나 보통 셀 주소를 직접 입력하지 않고 각 인수의 맨 오른쪽에 있는 인수상자를 이용하여 입력하기도 한다. 그 방법은 다음과 같다.

먼저, 각 인수의 입력란의 맨 오른쪽 인수상자를 이용하여 입력하여 보자. 다음 그림과 같이 ⓐ부분의 버튼을 누르자.

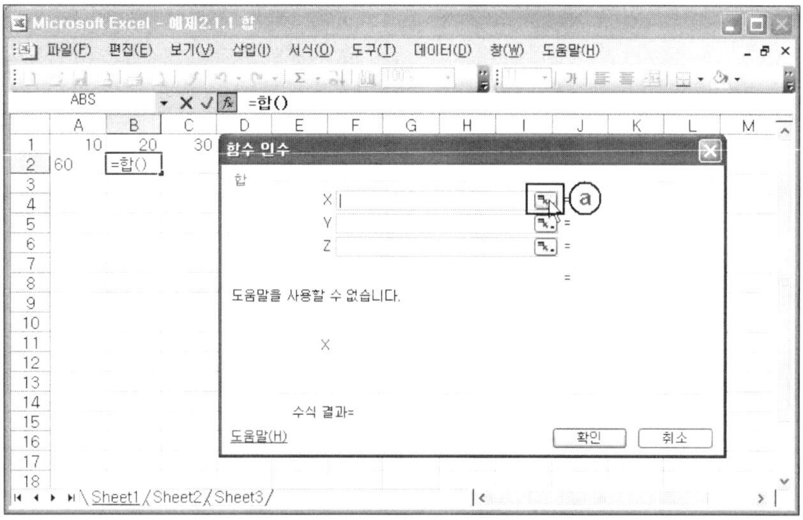

그러면 대화상자가 인수 "X"만을 입력할 수 있는 상태로 대화상자가 변하며 마우스로 인수 "X"의 값이 입력된 셀 "A1"를 누르면(ⓑ) 대화상자에 셀 주소가 자동으로 "A1"으로 입력된다. 셀 주소가 입력된 뒤 ⓒ부분의 인수상자를 누르면 다시 함수마법사 대화상자로 돌아간다.

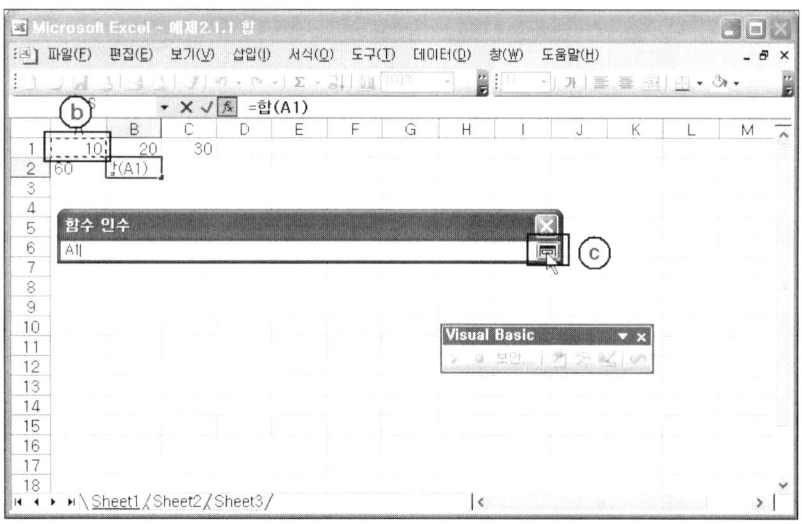

같은 방법으로 나머지 두 인수의 값에 해당되는 셀의 주소를 입력하면 다음 그림과 같다.

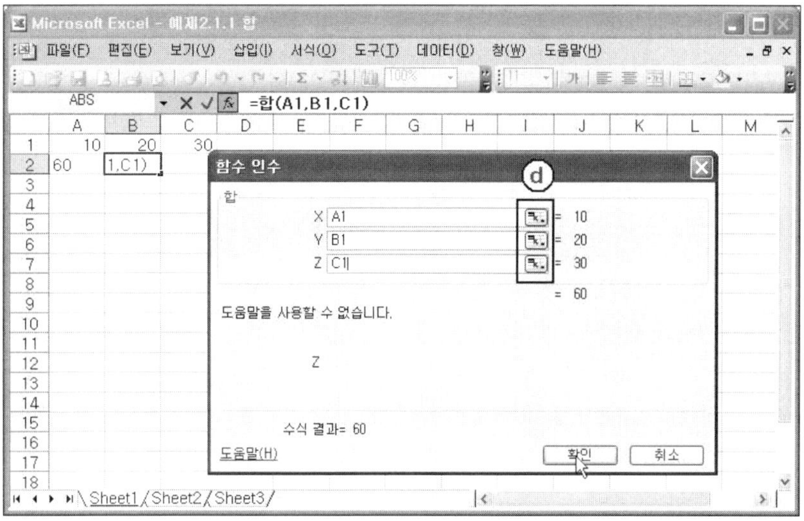

이와 같이 셀 주소를 입력하는 것이 조금 복잡해 보일 수 있으나 경우에 따라서는 아주 편리하므로 이와 같이 입력하는 습관을 들이는 것이 좋을 것이다.

예제 2.1.2 임의의 두 양수에 대한 산술평균, 기하평균, 조화평균

① VB편집기의 프로젝트 탐색기에 Module을 삽입하고 다음과 같이 두 수에 대한 산술평균을 구하는 간단한 실행문을 입력하자.

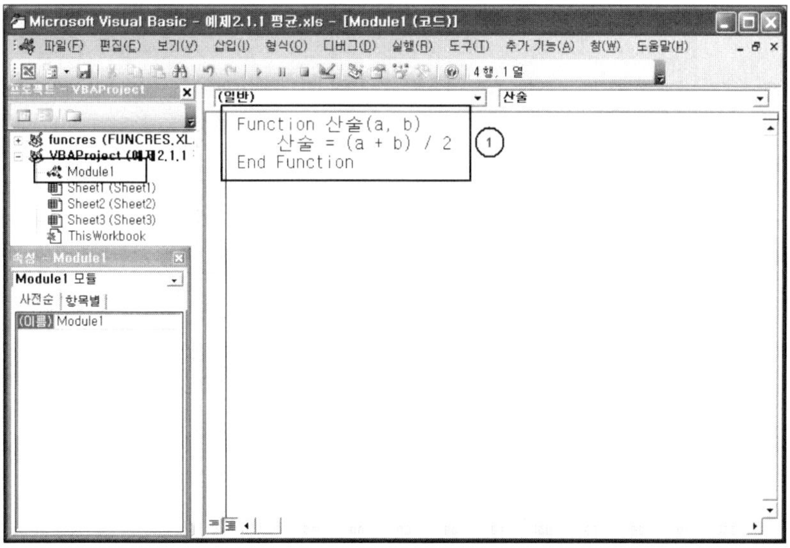

② 산술평균 프로시저 아래에 기하평균 프로시저를 만들기 위해 "Function 기하(a,b)"를 입력한 후 Enter↵ 키를 누르면 End Function이 생기면서 두 프로시저 사이에 구분선이 자동적으로 생긴다. 이 구분선에 의해서 두 개 이상의 프로시저가 있다는 것을 의미한다.

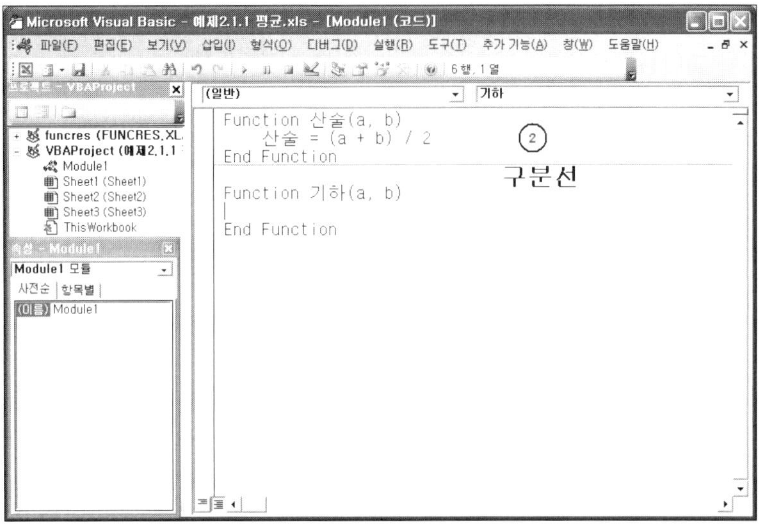

③ 기하평균 프로시저에 실행문을 입력하고 조화평균 프로시저도 다음 그림과 같이 만들자. 기하평균 프로시저에 $\sqrt{ab}$ 의 값을 "sqr(a*b)"으로 입력하였다. 엑셀 워크시트에서의 함수는 "SQRT"이지만 VBA에서는 "sqr"로 근호의 값을 사용한다.

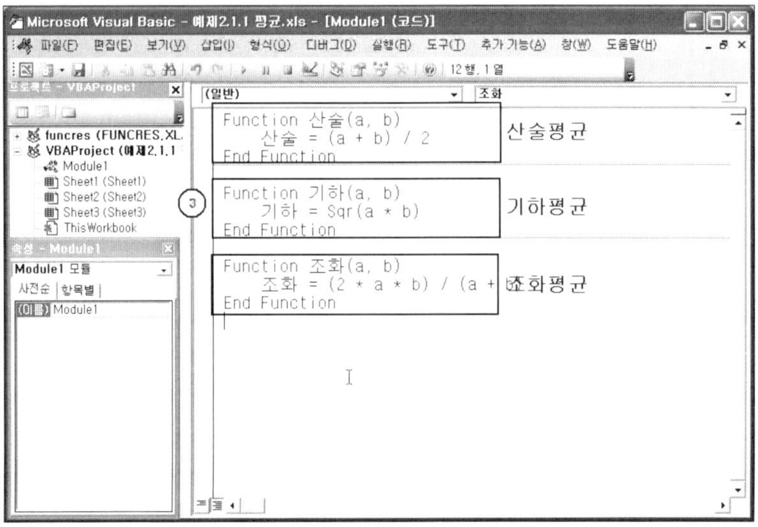

④ 셀 A3을 선택한 상태에서 함수 마법사의 "사용자 정의"의 산술을 선택하고 확인을 누른다.

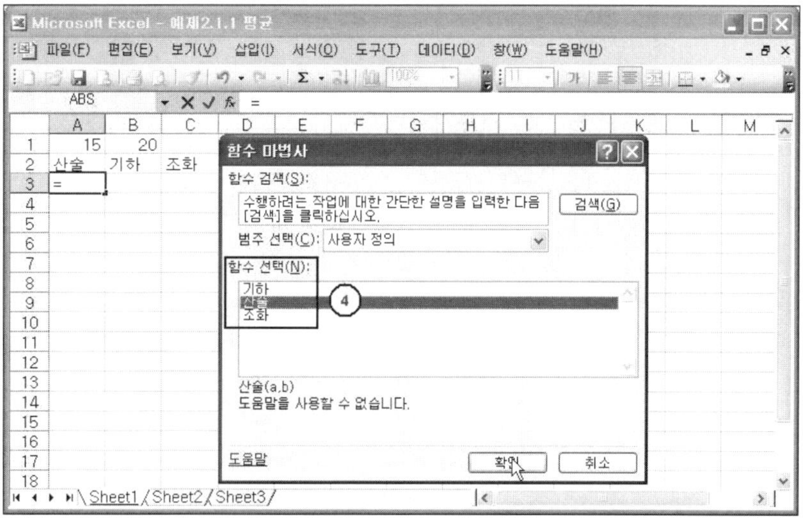

⑤ 산술평균 대화상자에서 두 인수의 값에 각각 셀 주소 "A1", "B1"을 입력하면 두 수에 대한 산술평균이 나타난다.

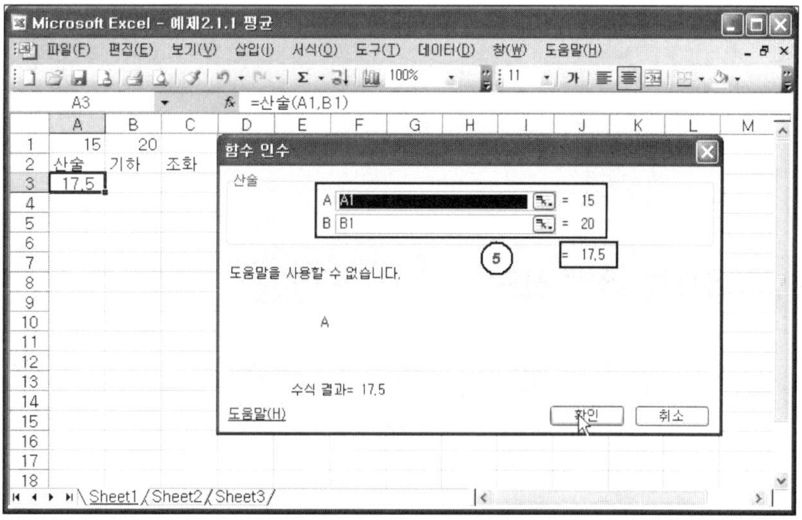

⑥ 나머지 기하평균, 조화평균을 셀 "B3", "C3"에 만들면 다음 그림과 같다.

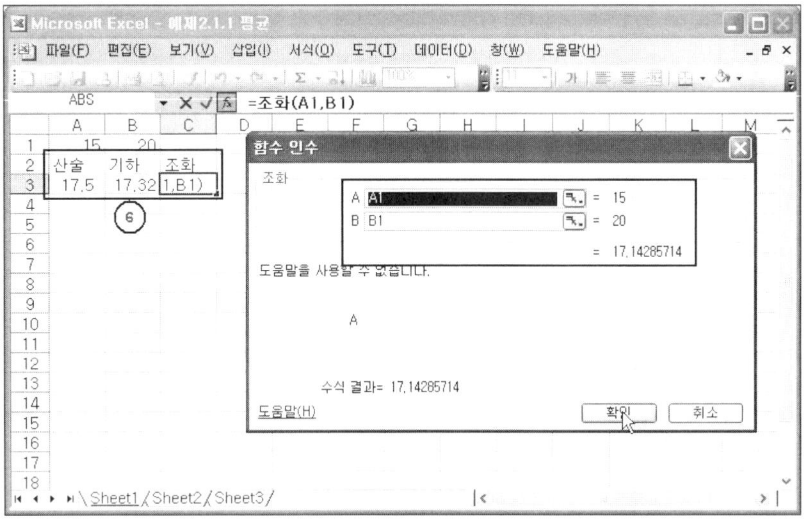

두 셀 "A1", "B1"에 다른 양의 값을 대입하면 새로운 값에 대한 산술·기하·조화평균의 값이 바꾸어지면서 그 값들 사이의 대소관계를 확인할 수 있다.

Function 프로시저는 사용자 정의 함수를 만드는 프로시저로서 코드를 만드는 곳은 프로젝트 탐색기의 모듈(Module)에서 만들어야만 한다. 만약, Sheet1, Sheet2, … 등에서 만들면 사용자 정의 함수를 실행할 수 없다.

2.2 Sub 프로시저

Sub 프로시저는 매크로 기록에 의해서 기록되는 코드가 사용되며 매크로에 의하여 만들 수 있으며 또한, VB편집기의 코드 창에 직접 여러 가지 명령문을 사용한 코드를 입력하여 만들 수도 있다.

예제 2.2.1 등차수열의 합

첫째항이 1, 공차가 3인 등차수열의 제 n번째 항까지의 합을 구하는 Sub 프로시저를 만들어 보자.

① 코드창에 다음 그림과 같이 실행문을 입력하자.

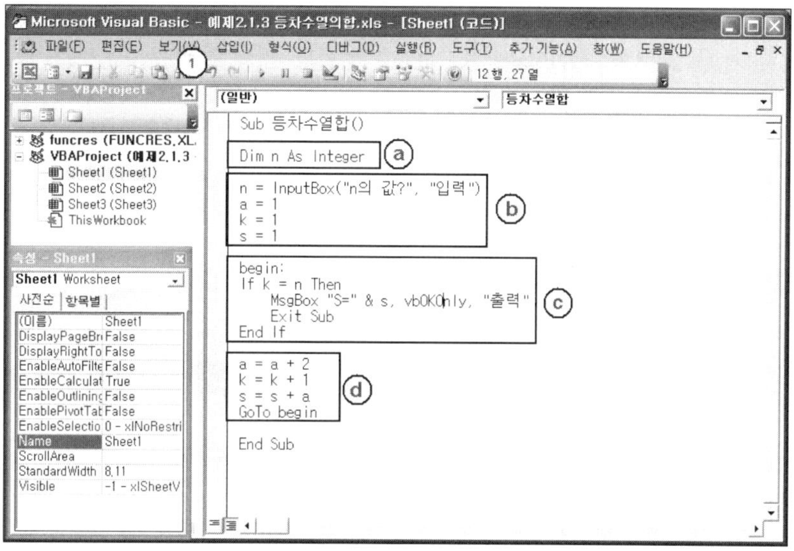

ⓐ n이라는 문자를 정수형(Integer)의 변수로 선언한다는 것을 의미한다. 만약 문자 n에 대하여 정수형(Integer)의 변수로 선언하지 않으면 이 Sub 프로시저는 실행이 되지 않는다. 그 이유는 n의 값을 정수형의 변수로 선언하지 않으면 VBA는 n의 값을 변수가 아닌 문자로서 인식하기 때문이다.

ⓑ "n=InputBox("n의 값?", "입력")"은 InputBox를 사용하여 n이라는 문자에 사용자가 원하는 값을 입력하자는 것이다. 만약, InputBox를 사용하지 않고 "n=100"으로 입력하면 항상 100번째 항까지의 등차수열의 합만을 구할 수 있다. 따라서, 임의의 항까지 합을 구하기 위해서는 이와 같은 InputBox를 이용하면 된다.

"a=1", "k=1", "s=1"은 각각의 문자에 값을 입력한다는 것을 의미하는 것으로 a는 주어진 수열의 첫째항이며, s는 첫째항까지의 합을 뜻한다. 또, k는 진행되는 수열의 항이 첫 번째 항이라는 것을 의미한다.

ⓒ 처음부분에 "begin:"으로 시작되며 ⓓ부분의 마지막에 GoTo문과 연결되어 있다. 만약 k의 값이 n과 일치하면 MsgBox(메세지박스)에 구하고자하는 등차수열의 합을 나타내며, "Exit Sub"는 이 Sub프로시저를 끝내자는 것을 의미한다. k의 값이 n과 일치하지 않으면 If문을 끝내고 ⓒ부분을 실행하자는 것이다.

ⓓ "a=a+2"는 앞의 항 a에 공차 2를 더하라는 의미이며, "k=k+1"는 항을 증가시키라는 의미이다. 또, "s=s+a"는 바로 앞의 항까지의 합에 다음 항 a를 더하라는 의미이다. "GoTo begin"은 실행문의 "begin:"으로 주어진 부분부터 다시 실행하라는 의미이다. GoTo문을 사용하여 일종의 반복문을 만들고 있다.

② 만들어진 실행문은 실행하기 위해서는 VB편집기의 표준도구모음에서 "Sub/사용자 정의 폼 실행"단추를 누른다.

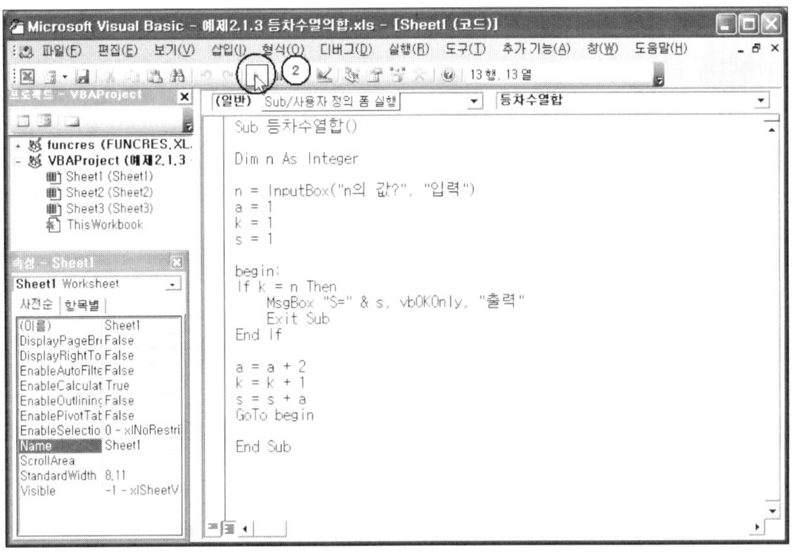

③ "Sub/사용자 정의 폼 실행"단추를 누르는 순간 VB편집기에서 엑셀의 워크시트 화면으로 바꾸어지며 n의 값을 입력할 수 있는 InputBox가 나타난다. 여기에 100을 입력하고 확인 버튼을 누르자.

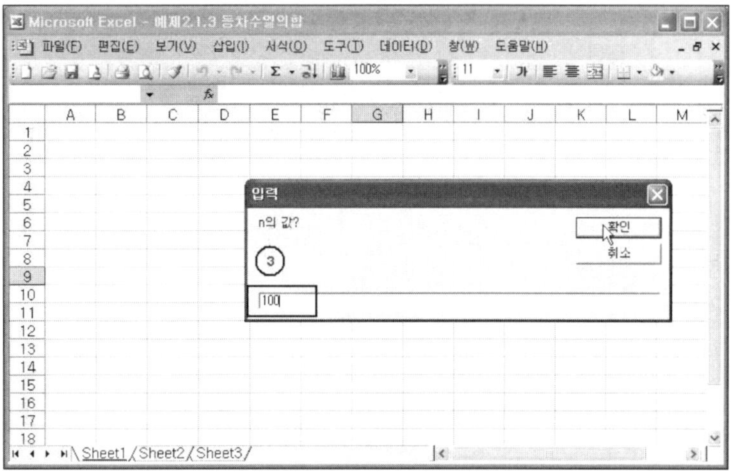

④ InputBox의 확인 버튼을 누르면 주어진 수열의 100번째 항까지의 합이 "10000"이라는 것을 MsgBox를 통해 나타내어 준다.

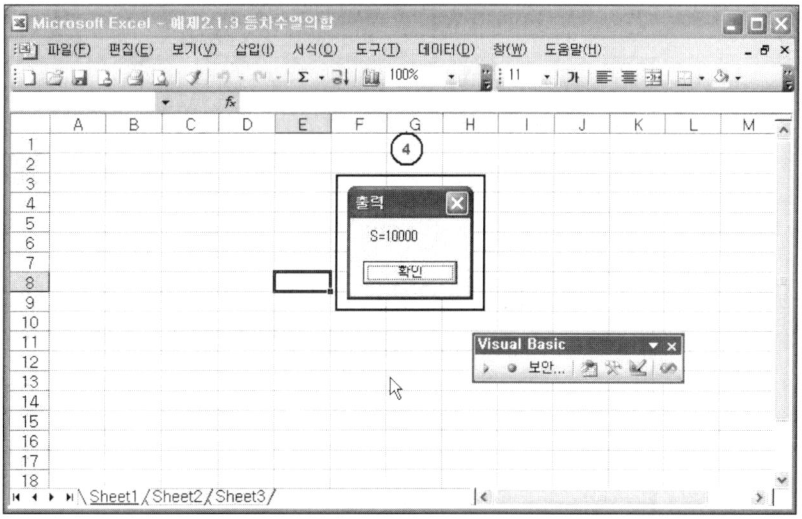

⑤ VB편집기의 "Sub/사용자 정의 폼 실행"단추가 아닌 엑셀의 워크시트 화면에서 Sub 프로시저를 실행하려면 매크로를 실행하면 된다. Visual Basic 도구모음의 "매크로실행" 단추를 누르면 매크로 대화상자가 나타나며 매크로를 지정하여 실행하면 등차수열의 합을 구할 수 있다.

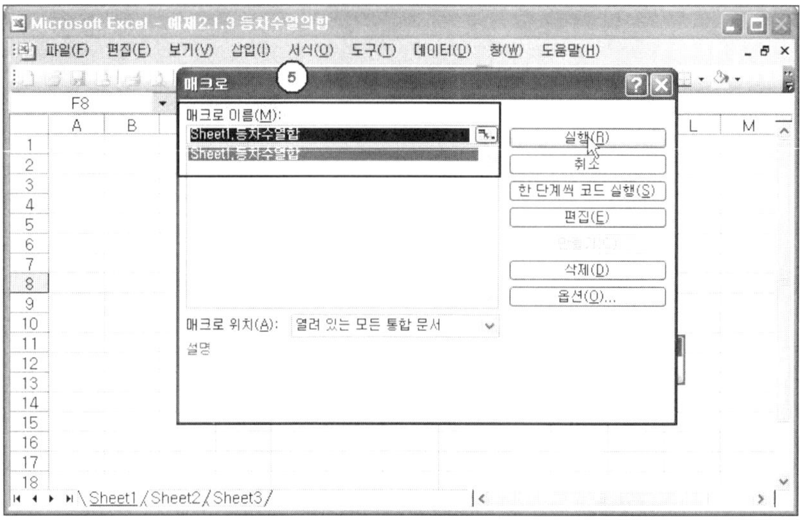

⑥ 첫째항과 공차도 사용자가 임의의 값을 입력할 수 있게 하기 위해서는 첫째항과 공차도 InputBox를 이용하여 만들 수 있다. 물론, 첫째항과 공차에 해당되는 두 문자 a와 d는 Integer(정수형) 변수로 정의하여야 한다. VB편집기의 코드창에 다음과 같이 코드를 변경하자.

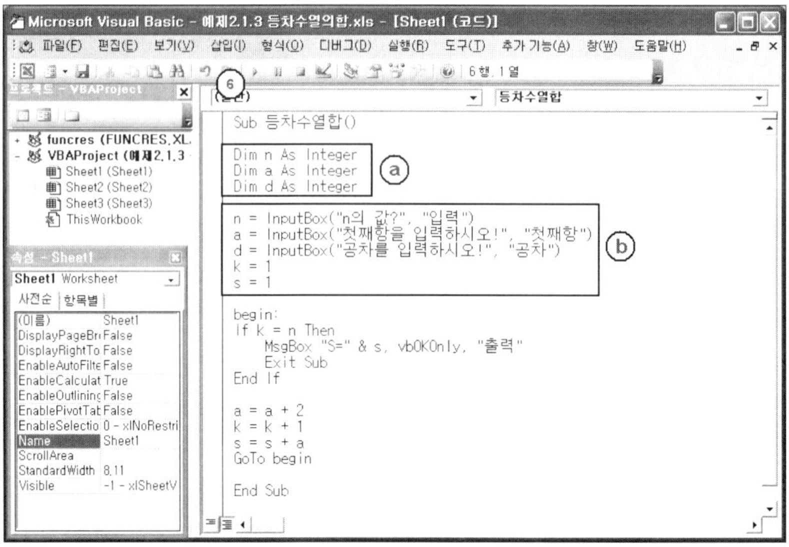

⑦ Sub 프로시저를 실행하면 먼저 몇 번째 항까지 합을 구할 것인지 n값에 대한 InputBox가 나타나며 n값을 입력한 후 확인 단추를 누르면 다음 그림과 같이

첫째항을 입력하는 InputBox가 나타난다. 첫째항 "1"을 입력하고 확인 단추를 누른다.

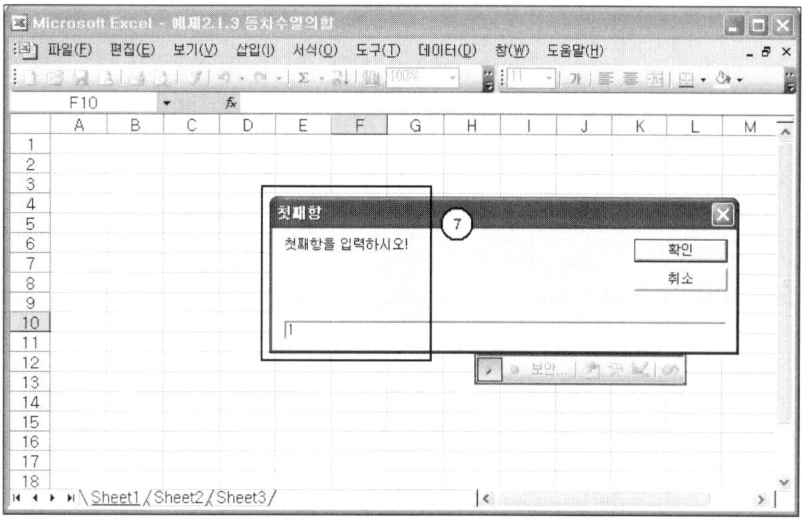

⑧ 공차를 입력할 수 있는 InputBox가 나타나면 공차의 값 "3"을 입력하고 확인 단추를 누르자. 그러면 첫째항과 공차가 주어진 등차수열의 n번째 항까지의 합 "14950"이 나타난다.

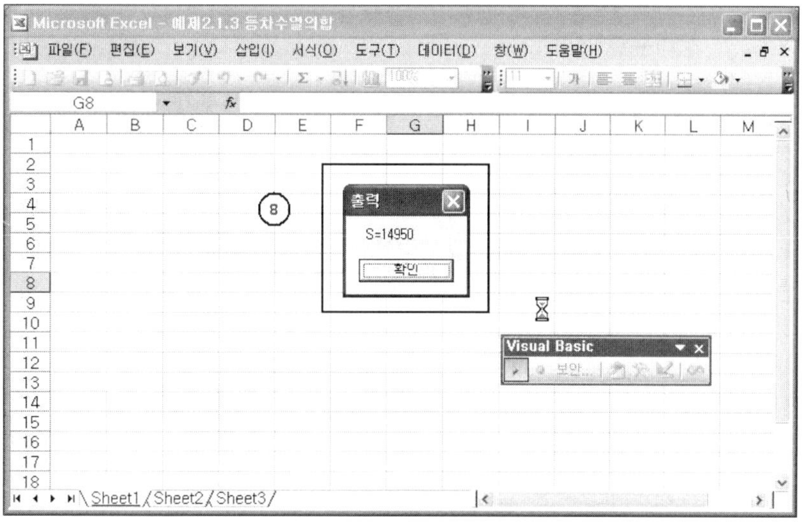

위의 과정에서 확인할 수 있듯이 InputBox는 코드창의 실행문을 만든 순서에 따라 순서대로 나타난다.

변수의 자료형 선언

변수는 Dim문을 이용하여 선언하며 그 형식은 다음과 같다.

```
Dim 변수 As 자료형
```

예를 들면, "Dim a As Integer"와 같이 a라는 문자를 Integer(정수형)으로 선언한다는 것을 의미한다. 자세한 것은 다음 단원에서 설명하겠다.

InputBox 형식

"InputBox()" 함수는 화면에 입력상자를 나타내고 사용자가 임의로 입력한 자료가 사용된다. 사용자가 입력할 수 있는 것은 문자열과 수치인데, 수치를 입력하여도 문자열로 인식한다. 수치로서 입력하고자 할 때에는 문자열을 수치로 바꾸어 주어야 한다. 문자열을 수치로 바꾸기 위해서는 수치형의 변수로 지정하거나 또는 VBA내장함수 "Val()"을 이용한다. "InputBox" 형식은 다음과 같다.

```
변수=InputBox( "설명문" , "창의 제목" , "기본값" )
```

첫 번째 인수인 "설명문"는 반드시 입력하여야 하며, 두 번째와 세 번째 인수인 "창의 제목", "기본값"은 생략하여도 상관이 없다.

예제 2.2.2 등비수열의 합

첫째항과 공비를 InputBox를 이용하여 사용자가 임의의 값을 입력하여 제 n번째 항까지의 합을 구하는 등비수열을 만들어 보자.

① 코드창에 다음과 같은 실행문을 입력하자.

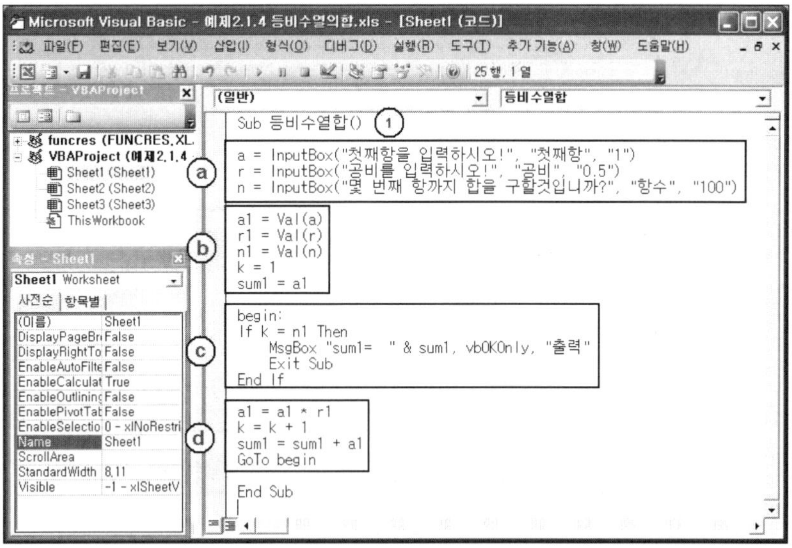

ⓐ 등비수열에 사용될 첫째항 a, 공비 r, 항수 n의 값을 InputBox를 이용하여 입력하게 만들었다. 이 매크로를 실행하면 주어진 순서대로 InputBox가 나타나며 각각의 값을 입력하면 된다.

ⓑ 내장함수 "Val()"을 이용하여 등비수열의 첫째항 a, 공비 r, 항수 n의 문자열을 수치로 바꾸어주었다.

ⓒ 처음 "begin:"은 ⓓ부분의 "Goto begin"과 연결되어 반복문의 역할을 한다. If문은 k의 값이 n1의 값과 같으면 등비수열의 합 sum1의 값을 MsgBox를 통해 출력하며 "Exit Sub"는 이 Sub 프로시저를 끝내라는 것이다.

ⓓ "a1=a1*r1"은 앞의 항 a1에 공비 r1을 곱하라는 의미이며, "k=k+1"은 등비수열의 항을 증가시키라는 의미이다. 또, "sum1=sum1+a1"는 바로 앞의 항까지의 합에 다음 항 a1을 더하라는 의미이다. "Goto begin"은 실행문의 "Begin:"으로 돌아가서 계속해서 실행하라는 의미이다.

② VB편집기의 실행문을 실행하면 다음 그림과 같이 InputBox가 순서대로 나타나며 첫째항 "1", 공비 "0.5", 항수 "30"을 입력하자.

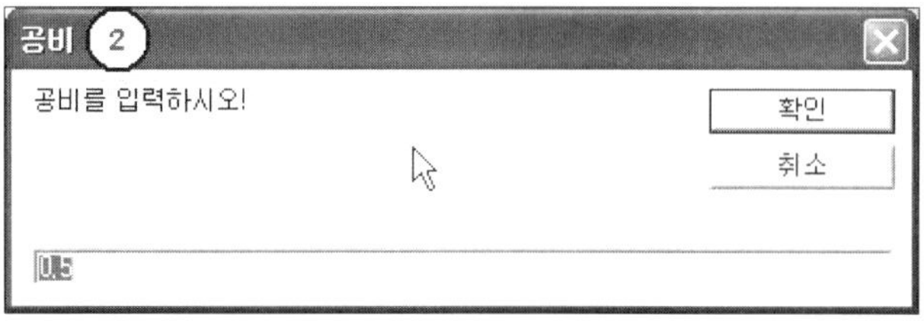

③ 입력된 값에 따라 등비수열의 합을 MsgBox를 통하여 주어진다. 여기서 합이 "1.99999999813735"으로 주어지는데 보통 엑셀에서는 수치를 표현할 때 수치에 대한 유효숫자의 개수를 15개로 한다. 물론 그 값은 근사값으로 주어진다.

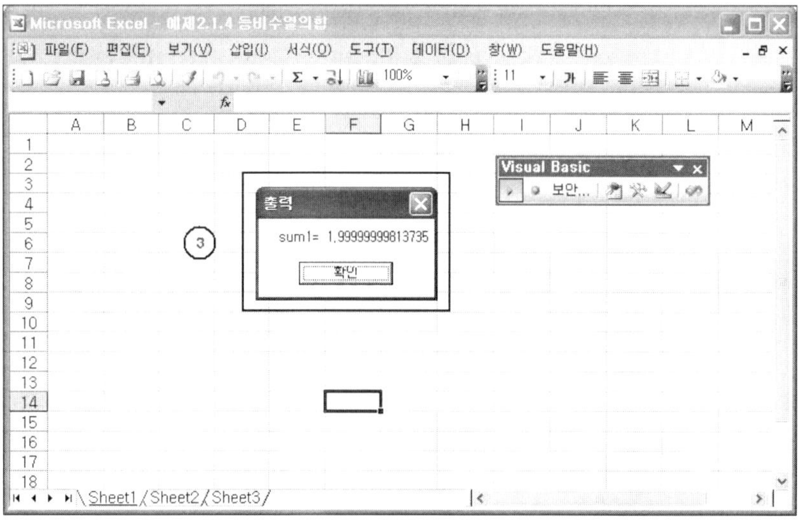

④ 실행문을 다시 실행하여 첫째항을 1, 공비를 2, 항수를 100으로 입력하면 다음과 같은 결과를 얻을 수 있다.

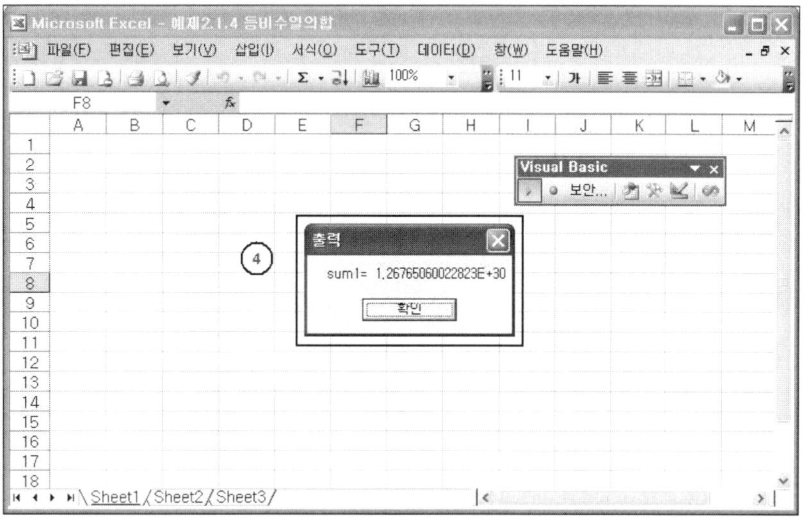

입력된 값에 따라 등비수열의 합을 만들었는데 합이 "1.26765060022823E+30"으로 주어졌는데 이것은 $1.26765060022823 \times 10^{30}$을 의미한다. 정수의 값이 유효숫자의 개수가 15개가 넘어가면 수치를 $a \times 10^{n}$ ($1 \leq a < 10$, n은 정수)으로 표현하여 나타낸다.

연습문제 2

2.1 Function 프로시저를 이용하여 원점으로부터 한 점 (a,b)까지의 거리를 구하는 사용자 정의 함수를 만드시오.

2.2 예제2.2.1과 2.2.2를 이용하여 수열 $\left\{\frac{1}{n(n+1)}\right\}$의 n번째 항까지의 합을 구하는 Sub 프로시저를 만드시오.

Chapter 03

셀

셀은 엑셀의 기본이 되는 중요한 개체로서 Range(범위) 개체이며 셀을 다루는 속성과 방법은 ActiveCell, Range, Cell, Value, Offset 등이 있다. 개체란 처리의 대상이 되는 하나의 독립된 사물로서 대표적인 Workbook(통합문서), Worksheet(워크시트), Cells(셀), Range(범위), Chars(차트)등이 있으며, 속성(Property)이란 개체들을 구별시켜 주는 특성을 말하는 것으로 Value(값), Name(이름)등이 있으며, 방법(Method)은 개체를 변화시키는 동작을 정의하는 방법으로 Select(선택), Delete(삭제), Add(추가)등이 있다. 셀을 다룰 때에는 이러한 속성과 방법을 잘 사용하여야 하며 경우에 따라서 생략할 수도 있다.

3.1 셀 다루기(Range와 Cells)

하나의 셀 또는 하나 이상의 셀을 선택할 때에는 Range개체를 이용하여 셀 주소를 직접 입력하거나 Cells개체를 이용하여 Cells(행, 열)로 입력한다. 먼저, 셀 주소를 직접 입력할 때에는 Range개체를 활용하는데 다음과 같은 예들을 생각할 수 있다.

```
Range( "A1" ).select              … ①
Range( "A1:C3" ).select           … ②
Range( "A1, C2, E5" ).select      … ③
```

①은 하나의 셀 A1을 선택하라는 의미이며 여기서 Select라는 것은 셀 A1을 선택하라는 방법(Method)이다. ②는 셀 A1부터 C3까지 총 9개의 셀을 선택하라는 의미

이다. 마지막은 셀 A1, C2, E5 총 3개의 불연속적인 셀을 선택하라는 의미이다. 이와 같은 Range을 이용하여 셀을 선택하고 선택된 셀에 적당한 문자를 입력하는 Sub 프로시저를 작성하여 보자.

예제 3.1.1 셀에 문자열입력(Range)

① 코드창에 다음 그림과 같이 Sub 프로시저를 입력할 때 셀 주소 Range("A1")를 직접 입력한 뒤 마침표 "."를 찍으면 Range개체에 사용가능한 방법(Method)와 속성(Property) 목록이 나타나며 이 목록을 "구성원 자동목록"이라 한다. 구성원 자동목록에서 찾아서 개체의 방법 또는 속성을 입력하여도 상관은 없으나 보통 직접 입력한다.

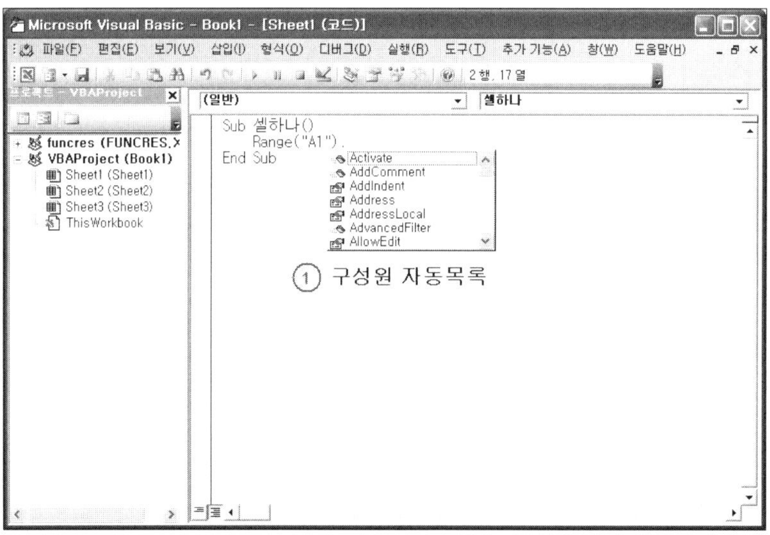

② 다음 그림과 같이 하나의 셀에 "창의력"이라는 문자열을 입력하는 Sub 프로시저를 완성하자.

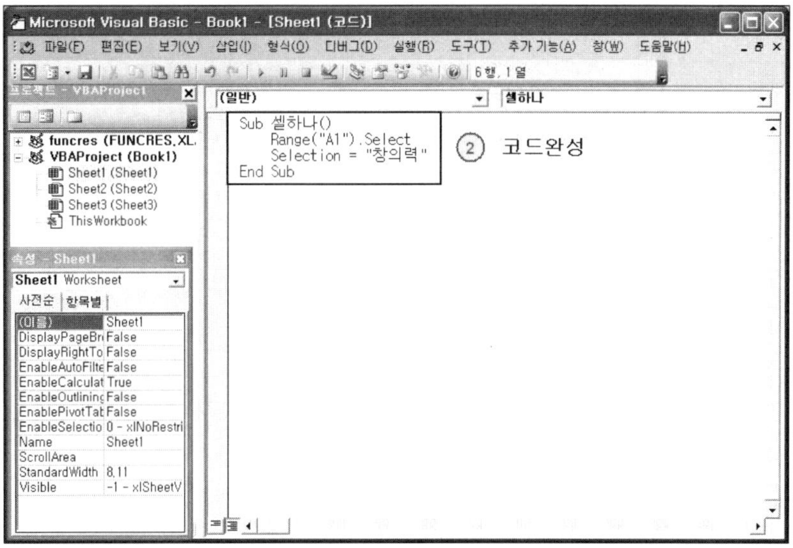

③ 실행문을 실행하면 다음 그림과 같이 셀 A1에 "창의력"이라는 단어가 나타난다.

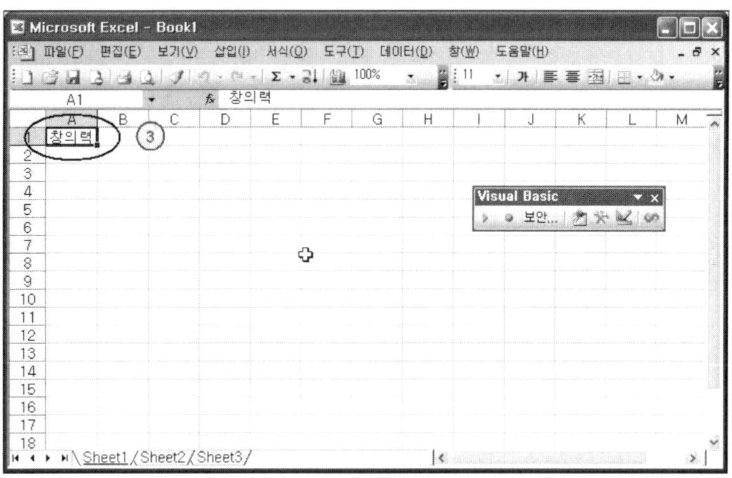

④ 연속된 셀에 "인제"라는 문자열을 입력하는 Sub 프로시저와 불연속인 셀에 "VBA"라는 문자열을 입력하는 Sub 프로시저도 다음 그림과 같이 작성하자.

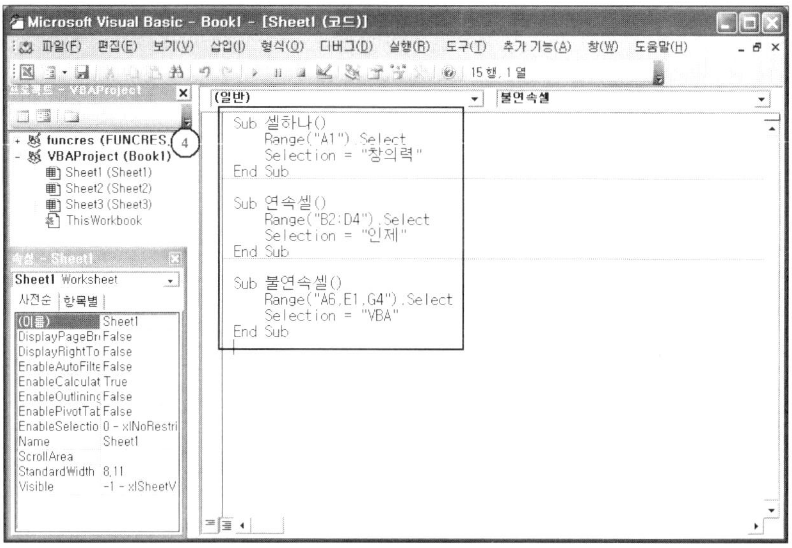

⑤ 모든 프로시저를 실행하면 다음과 같이 “창의력”, “인제”, “VBA”라는 문자열 들이 각각의 셀에 입력되는 것을 확인할 수 있다.

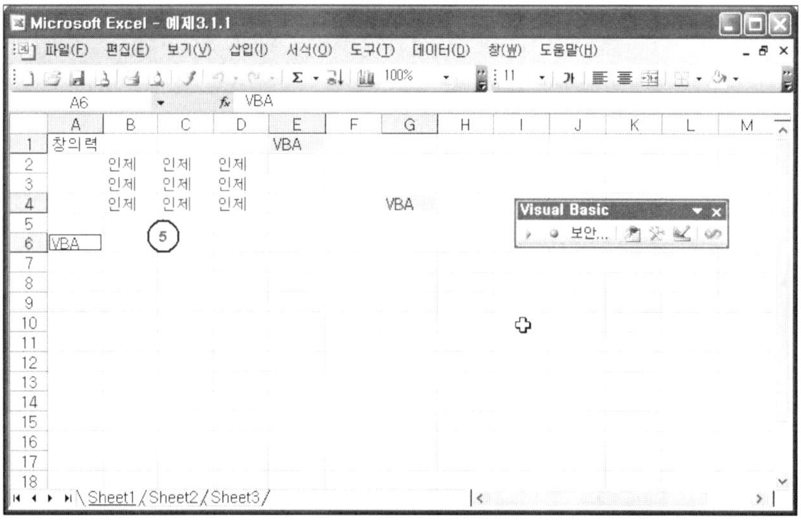

VBA 기본용어

- 개체 : 처리의 대상이 되는 하나의 독립된 사물로서 엑셀에서는 WookBook(통합문서), WorkSheet(워크시트), Range(셀의 범위), Cells(셀), Charts(차트) 등이 있다.
- 속성 : 모든 개체에는 구별시켜 주는 특성을 말하는 것으로 이를 속성(Property)이라 한다. 속성에는 Value(값), Name(이름), Formula(수식), FormulaR1C1(수식) 등이 있다.

• 방법 : 개체를 변화시키는 동작을 정의하는 방법으로 Select(선택), Delete(삭제), ClearContents(내용지우기), Add(추가) 등이 있다.

앞의 예제에서는 Range라는 개체를 이용하여 셀에 문자를 입력하였는데 이번에는 Cells라는 개체를 이용하여 문자를 입력하여 보자. Cells의 형식은 다음과 같다.

```
Cells(n).Select          … ①
Cells(i, j).Select       … ②
```

①의 Cells(n)은 n번째 셀을 의미하는데 이 때 n은 행을 우선으로 한다. 엑셀의 한 행은 256개의 열이 있다. 만약, Cells(257)이면 한 행이 256개의 열이 있으므로 257은 두 번째 행의 첫 번째 열 즉 셀 A2를 의미한다. 또, Cells(i, j)는 i행 j열의 셀을 의미하는데 만약, Cells(3,4)는 3행 4열(D열)의 셀 즉 D3셀을 의미한다. 연속된 셀을 선택할 때에는 다음과 같이 하면 된다.

```
Range(Cells(i, j),Cells(l, m)).Select
```

위의 의미는 i행 j열에서 l행 m열까지 선택하라는 것이다. 예를 들면, "Range(Cells(2,3),Cells(4,5)).Select"이면 2행3열(C2)부터 4행5열(E4)까지 선택하라는 것이며 "Range("C2:E4").Select"와 같다. Range개체는 불연속된 셀을 선택할 수 있지만 Cells개체는 불연속된 셀을 선택할 수 없다. 이와 같이 불연속된 셀을 선택할 수 없어서 불편한 점이 많아 보이지만 Cells개체에 적당한 변수와 함께 반복문으로 같이 사용하면 다양한 자료를 셀에 만들 수 있어서 많이 사용된다. 반복문은 4장에서 다루어 보겠다. Cells개체를 이용하여 몇 가지의 Sub 프로시저를 작성하여 보자.

예제 3.1.2 | 셀에 문자열입력(Cells)

① VB편집기의 코드 창에 다음 그림과 같은 Sub 프로시저를 작성하자.

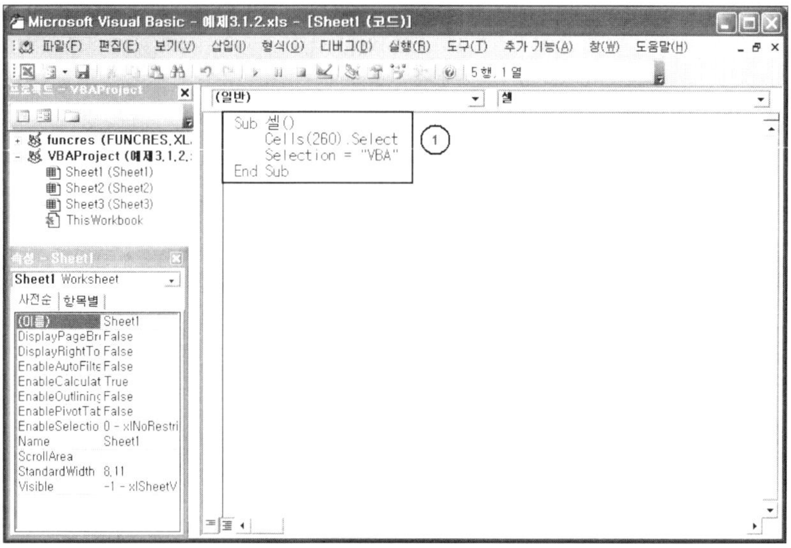

② Sub 프로시저를 실행하면 260번째 셀 즉, 셀 D2에 문자열 "VBA"가 입력되는 것을 확인 할 수 있다.

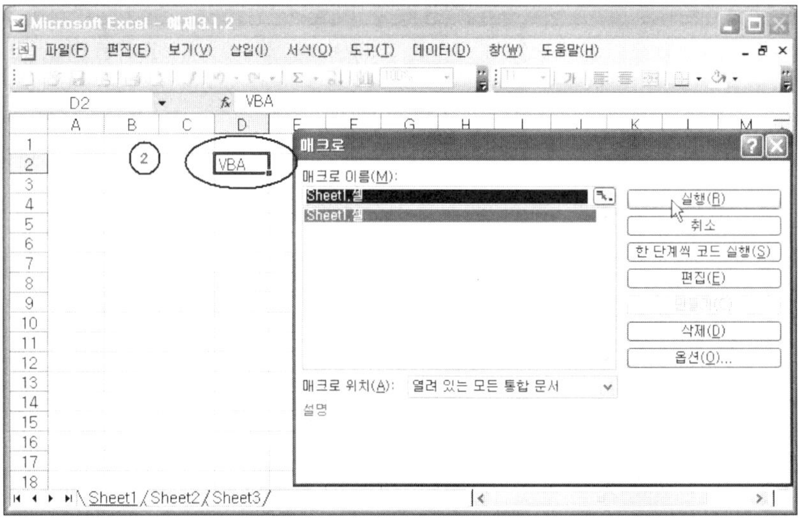

③ VB편집기의 코드 창에 셀 C2에 "인제", 셀 C3에서 D5까지 "창의력"이라는 문자열을 만드는 나머지 두 Sub 프로시저를 다음 그림과 같이 작성하자.

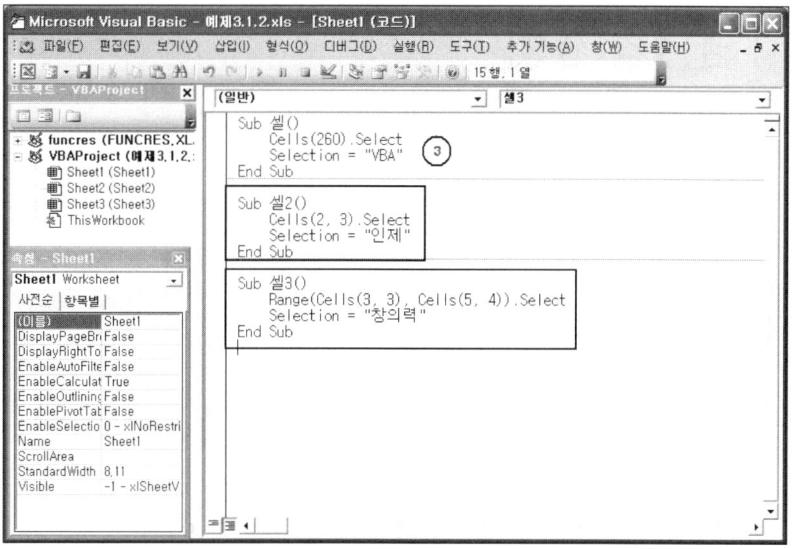

④ 두 Sub 프로시저를 실행하면 다음 그림과 같이 각각의 단어가 입력되는 것을 확인 할 수 있다.

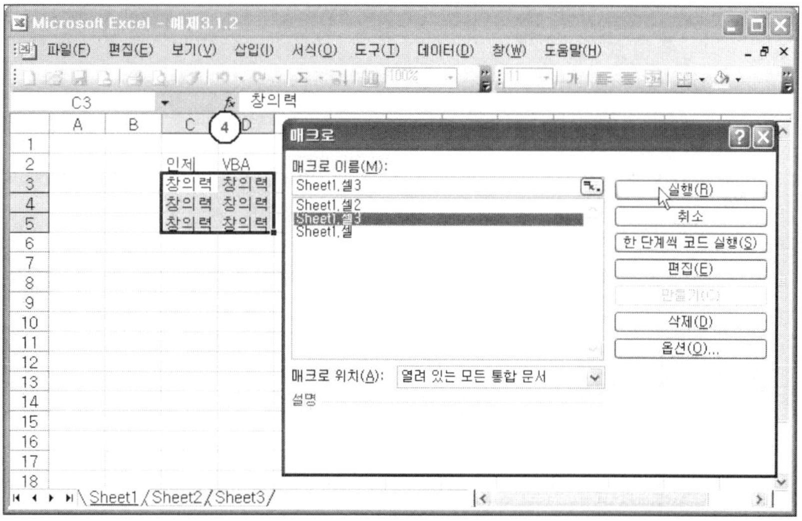

위의 Sub 프로시저를 작성할 때 속성에 해당하는 Select는 생략하여 다음과 같이 작성하여도 동일한 결과를 얻을 수 있다.

```
Cells(260)="VBA"
```

3.2 셀 수식 설정

Sub 프로시저에서 셀에 수식을 처리할 때에는 Formula와 FormulaR1C1이라는 속성을 사용한다. 두 속성의 차이점은 Formula 속성은 셀의 주소를 직접 사용하지만 FormulaR1C1 속성은 선택된 셀을 기준으로 하여 상대적인 셀 참조를 사용한다. 두 속성은 다음과 같은 형식으로 만들어 진다.

```
Range("셀주소").Formula= "=함수식"
Range("셀주소").FormulaR1C1= "=함수식"
```

두 속성이 서로 다른 점이 없어 보이지만 함수식에 셀 주소를 입력할 때 기본적인 차이점이 있다. 다음 두 예제를 통하여 알아보자.

예제 3.2.1 합과 평균(Formula 속성)

다음 그림의 값은 어느 고등학교 학생의 모의고사 국어, 수학, 영어 성적이다. 합과 평균을 구하는 Sub 프로시저를 Formula 속성을 이용하여 만들어보자.

① VB편집기의 코드 창에 다음과 같이 개인별 총점을 구하는 합 Sub 프로시저를 만들자.

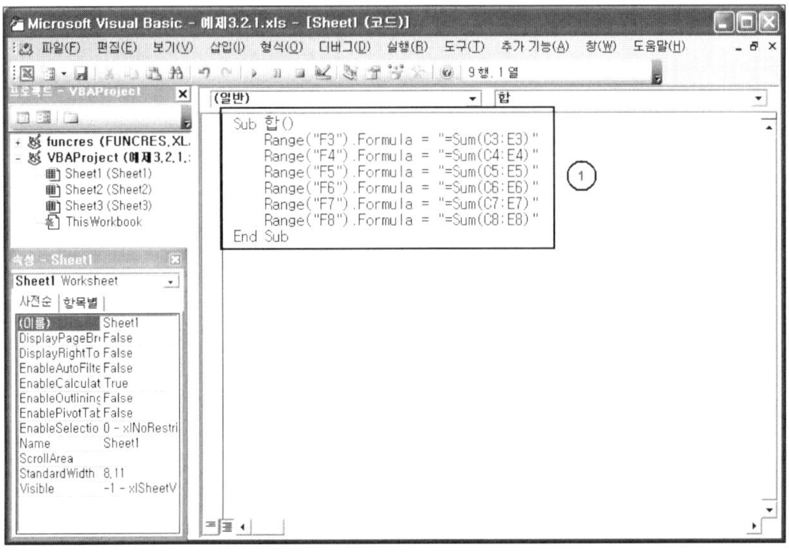

워크시트 함수를 비롯한 수식을 입력할 때에는 Formula 속성에 수식을 입력하여 사용하면 된다. 워크시트의 셀에 수식 또는 함수식을 입력할 때 등호(=)로 시작하듯이 Sub 프로시저에서도 수식은 반드시 등호(=)로 시작해야만 된다. 또, 워크시트 함수를 입력할 때 알파벳의 대소문자는 구별하지 않고 입력하여 자동적으로 바꾸어 주듯이 Sub 프로시저에서도 대소문자를 구별하지 않아도 스스로 전환시켜준다.

워크시트 함수 SUM(합)은 다음과 같은 형식을 가진다.

```
=SUM("셀주소")
```

② 합 Sub 프로시저를 실행하면 다음 그림과 같이 모든 학생의 총점을 구할 수 있다.

③ VB편집기에서 평균을 구하는 Sub 프로시저도 다음 그림과 같이 만들자. 워크시트 함수 AVERAGE의 형식은 다음과 같다.

```
=AVERAGE("셀주소")"
```

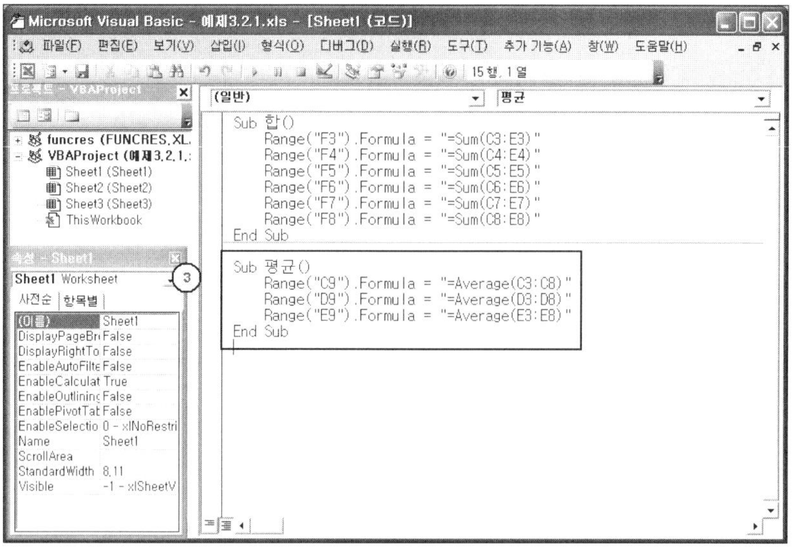

④ 평균 Sub 프로시저를 실행하면 다음 그림과 같이 각 과목에 대한 평균을 구할 수 있다.

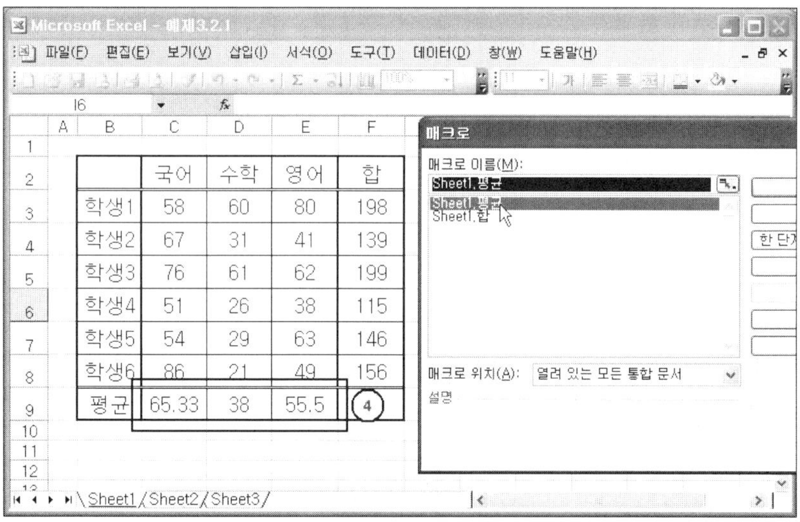

예제 3.2.2 합과 평균(FormulaR1C1 속성)

예제3.2.1과 같은 모의고사 성적을 이용하여 모든 학생들의 총점과 각 과목의 평균을 구하는 Sub 프로시저를 만들어 보자.

① VB편집기의 코드창에 각 개인별 모든 과목의 총점을 구하는 합 Sub 프로시저를 다음 그림과 같이 작성하자.

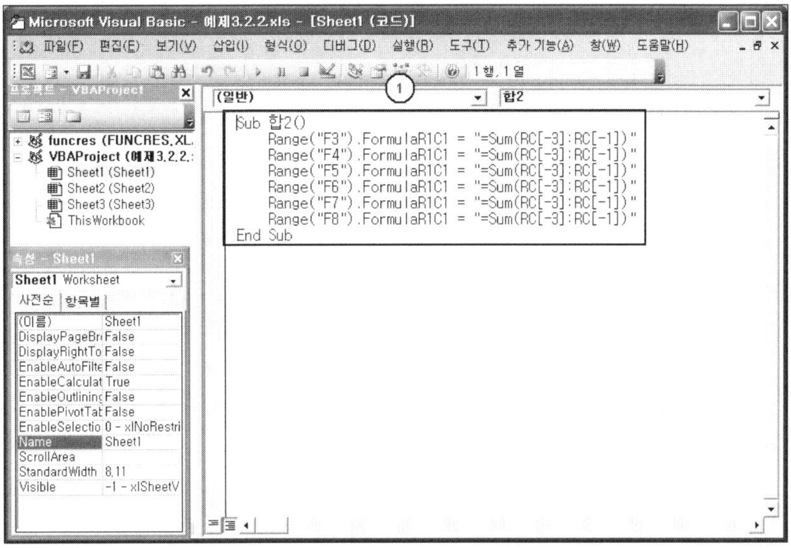

Formula 속성에서 워크시트 함수 SUM을 사용할 때에는 셀 주소를 직접 입력하였지만 FormulaR1C1 속성에서는 워크시트 함수 SUM에 다음과 같이 입력되어 있다.

```
Range("F3").FormulaR1C1="=Sum(RC[-3]:RC[-1])"
```

이것은 워크시트 함수 SUM에 R과 C는 워크시트의 행(Row)과 열(Column)을 뜻하는 것으로 "RC[-3]"이라는 것은 기준이 되는 셀 F3에서 3번째 앞의 열을 나타낸다. 다시 말하면 셀 C3을 나타내는 것이다. 또, "RC[-1]"은 셀 F3에서 1번째 앞의 열을 나타내는 것으로 셀 E3을 나타낸다. 그래서, 위의 코드의 의미는 셀 F3에 셀 C3에서 E3까지의 합을 구하라는 것이다. 만약, 코드를 다음과 같이 바꾸어주면 기준이 되는 셀 F3에서 1번째 뒤의 셀 G3에서 5번째 뒤의 셀 K3까지의 합을 셀 F3에 나타내자는 것을 의미한다.

```
Range("F3").FormulaR1C1="=Sum(RC[1]:RC[5])"
```

② 각 과목별 평균을 구하는 평균 Sub 프로시저를 다음 그림과 같이 만들자.

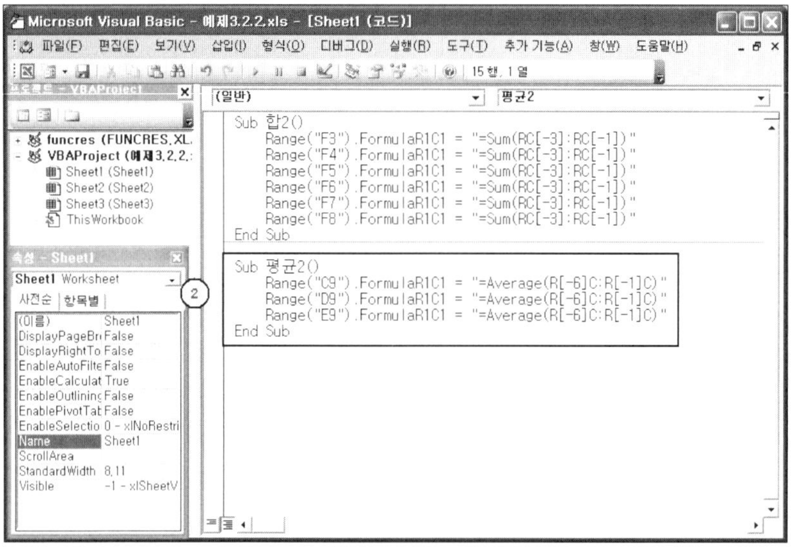

위의 그림에서 FormulaR1C1의 속성에서 워크시트 함수 AVERAGE에 다음과 같이 입력되어 있다.

```
Range("C9").FormulaR1C1="=Average(R[-6]C:R[-1]C)"
```

"R[-6]C"라는 것은 기준이 되는 셀 C9에서 위로 6번째인 셀(C3)에서 위로 1번째인 셀(C8)까지의 평균을 구하라는 것이다. 만약, 코드를 다음과 같이 바꾸어 주면 기준이 되는 셀 C9에서 아래로 1번째 셀(C10)에서 아래로 6번째 셀(C15)까지의 셀의 평균을 구하라는 것이다.

```
Range("C9").FormulaR1C1="=Average(R[1]C:R[6]C)"
```

③ 두 Sub 프로시저를 실행하면 다음 그림과 같이 모든 학생들의 총점과 각 과목별 평균을 구할 수 있다.

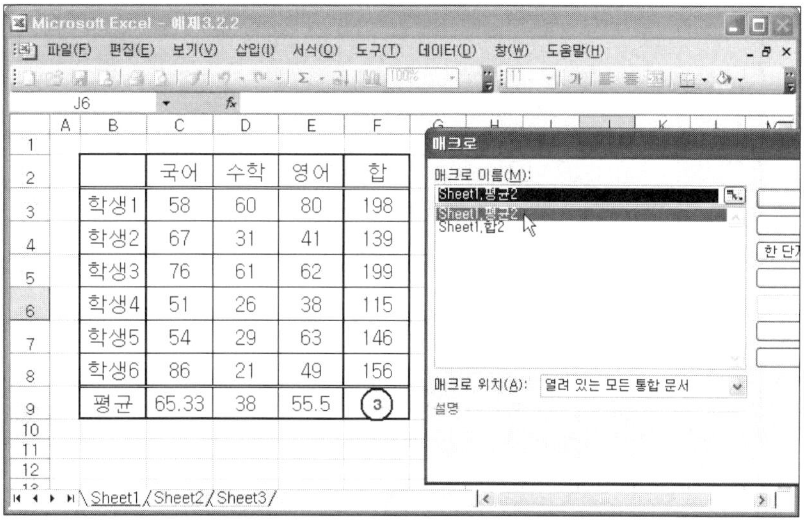

FormulaR1C1에 대한 셀의 상대참조

- R[n]C[m]

  기준이 되는 셀에서 행 방향(위쪽과 아래쪽)으로 n번째, 열 방향(왼쪽과 오른쪽)으로 m번째인 셀을 뜻한다. 다시 말하면 R은 n값이 양이면 기준 셀에서 아래쪽으로 n번째 셀, n값이 음이면 위쪽으로 n번째 셀을 뜻하며, C는 m값이 양이면 기준 셀에서 오른쪽으로 m번째 셀, m값이 음이면 왼쪽으로 m번째 셀을 뜻한다. 예를 들어

```
Range("D5").FormulaR1C1="=Average(R[-3]C[-3]:R[-1]C[3])"
```

와 같은 FormulaR1C1 속성이 사용되었다면 기준이 되는 셀 D5에서 위쪽으로 3번째, 왼쪽으로 3번째인 셀(A2)에서부터 위쪽으로 1번째 오른쪽으로 3번째인 셀(G4)까지의 평균을 구하라는 것을 의미한다. 다음 그림을 참고하면 R1C1에 대해 명확하게 알 수 있다.

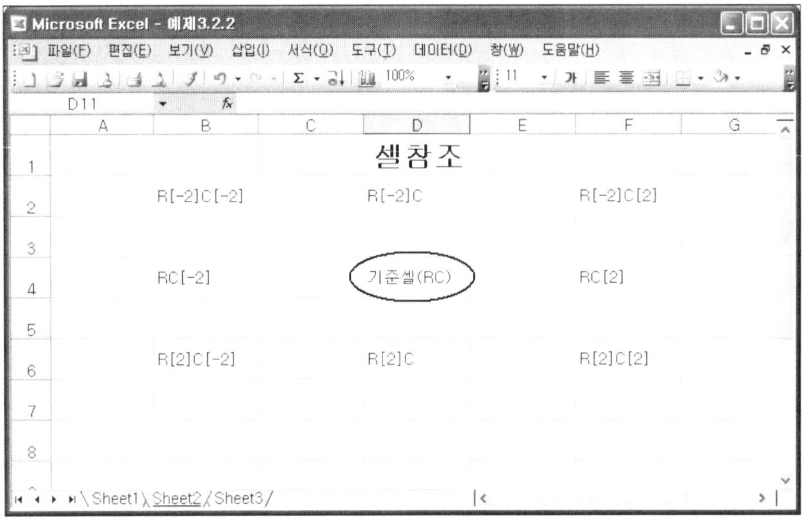

3.3 Offset 속성

셀을 다루는 속성 중에 많이 사용되는 것 중에는 Offset 속성이라는 것이 있다. Offset 속성은 기준이 되는 셀에 대하여 상대적 위치의 셀을 선택할 때 사용된다. 만약 다음과 같이 Offset 속성이 사용되었다하면

```
Range("C3").Offset(m, n).Select
```

셀 C3을 기준으로 하여 m값이 양이 아래쪽, m값이 음이면 위쪽의 셀을 선택하라는 의미하며, n값이 양이면 오른쪽, n값이 음이면 왼쪽의 셀을 선택하라는 의미이다. 다음 몇 가지의 예를 통해 문자열이나 수식을 입력하는 사용법을 알아보자.

예제 3.3.1 셀에 문자열 입력(Offset)

앞의 예제에서 셀에 문자를 입력하는 방법에 대해 알아보았는데 이번에는 Offset를 이용하여 셀에 문자를 입력하여 보자.

① 다음과 그림과 같이 VB편집기의 코드 창에 두 개의 Sub 프로시저를 작성하자.

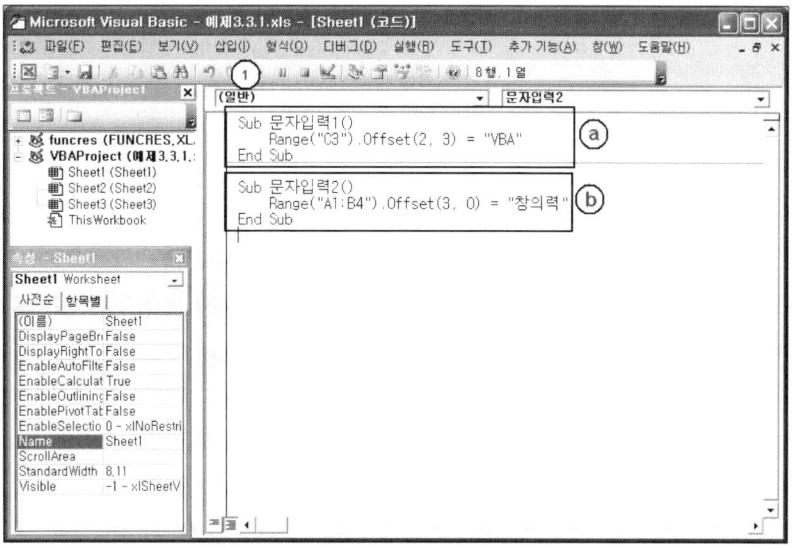

ⓐ 문자입력1 Sub 프로시저는 기준 셀 C3에서 아래 2번째, 왼쪽으로 3번째의 셀 F5에 문자열 "VBA"를 입력하라는 것이다.

ⓑ 문자입력2 Sub 프로시저는 기준 셀 A1부터 B4까지 모든 셀에 아래쪽으로 3번째인 셀 A4부터 B7까지 문자열 "창의력"을 입력하라는 것이다.

② 두 개의 Sub 프로시저를 실행하면 다음 그림과 같이 문자열이 입력되는 것을 확인 할 수 있다.

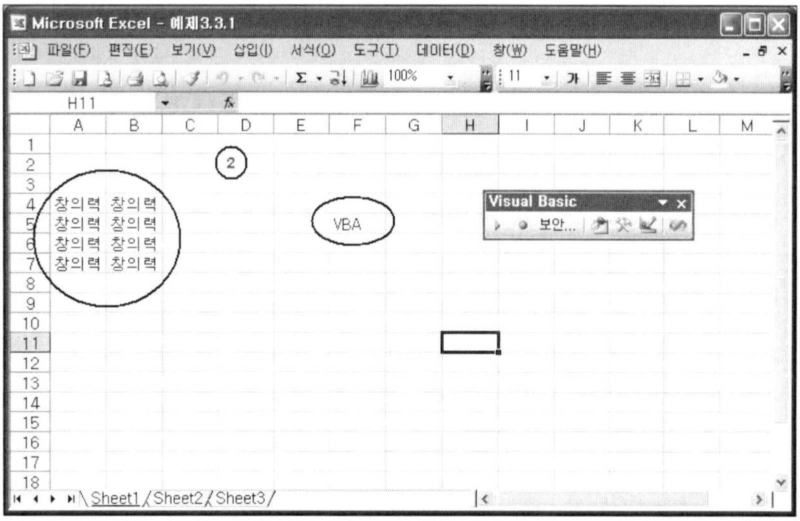

예제 3.3.2 셀에 수식 입력(Offset)

앞의 예제 3.2.1에서 사용한 모의고사 성적을 이용하여 Formula 속성, Offset 속성을 함께 사용하여 개인별 총점과 과목별 평균을 구하는 Sub 프로시저를 만들어 보자.

① 개인별 총점을 만들 수 있는 Sub 프로시저를 다음 그림과 같이 작성하자.

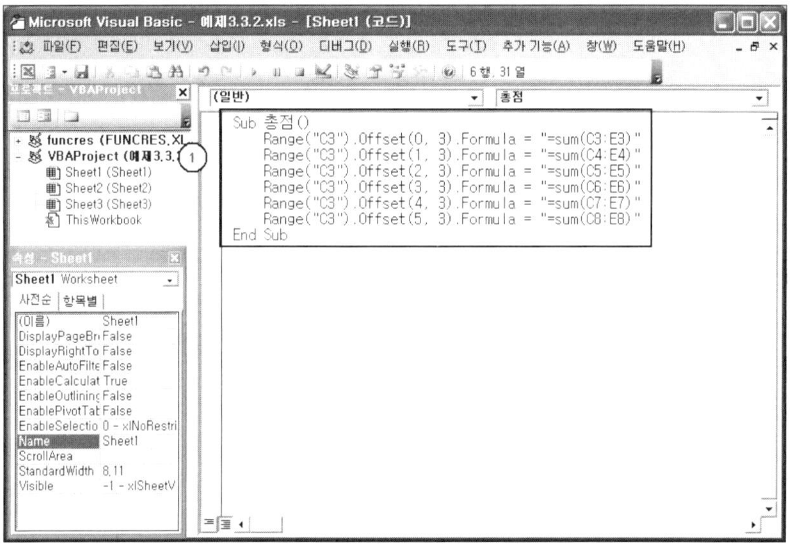

전체 기준 셀을 “C3”으로 하여 Offset 속성을 이용하여 총점을 나타낼 셀을 정한 후 Formula 속성으로 각 셀에 수식을 입력하게 만들었다.

② 총점 Sub 프로시저를 실행하면 다음 그림과 같이 개인별 총점을 구할 수 있다.

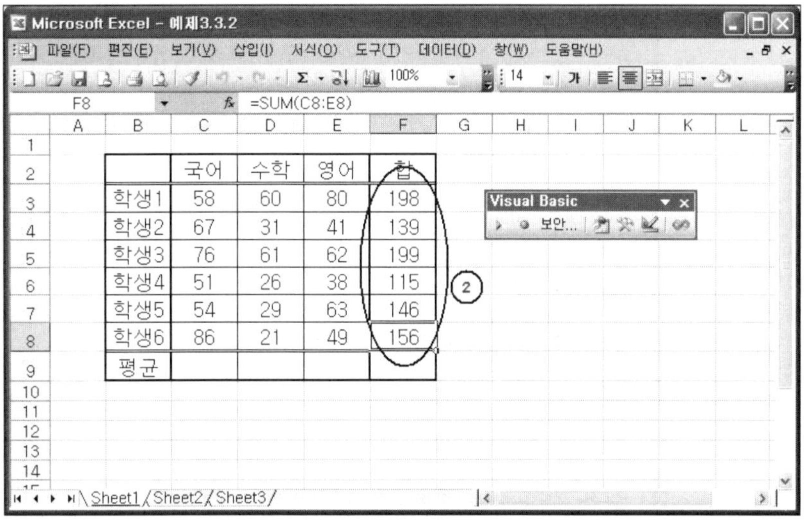

③ 과목별 평균을 구하는 Sub 프로시저를 다음 그림과 같이 작성하자.

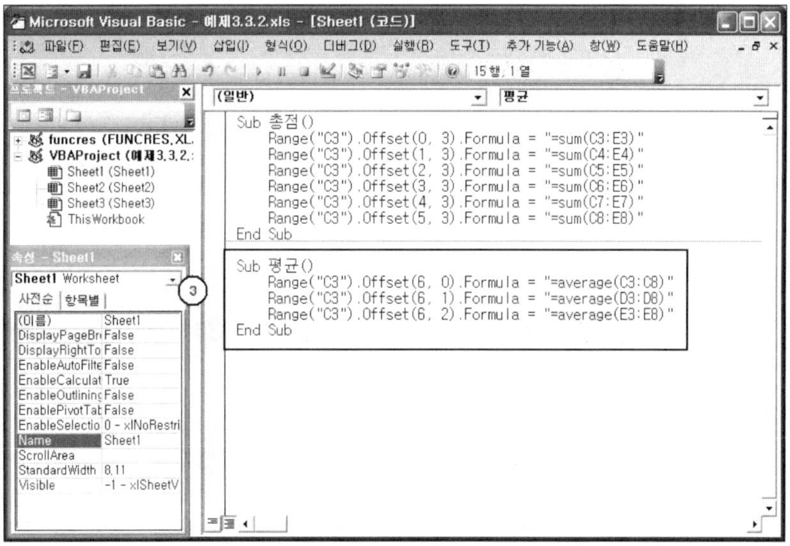

④ 평균 Sub 프로시저를 실행하면 다음 그림과 같이 각 과목에 대한 평균을 구할 수 있다.

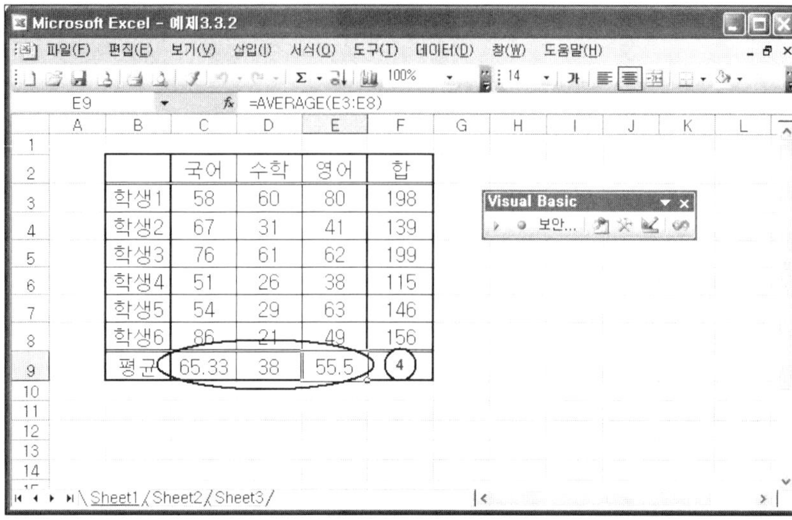

만약, 학생의 수가 100명, 과목의 수가 더 늘어난다고 하면 지금과 같은 방법으로 Sub 프로시저를 작성하려 한다면 동일한 코드를 계속 반복하여야 한다. 이것을 간단하게 해결하려면 다음 단원에서 다루어질 반복문을 활용하면 된다. 자세한 것은 다음 단원에서 다루어 보겠다.

⑤ 두 Sub 프로시저의 Formula 속성을 FormulaR1C1 속성으로 바꾸어 새로운 Sub 프로시저를 작성하여 실행해도 동일한 결과를 얻을 수 있다.

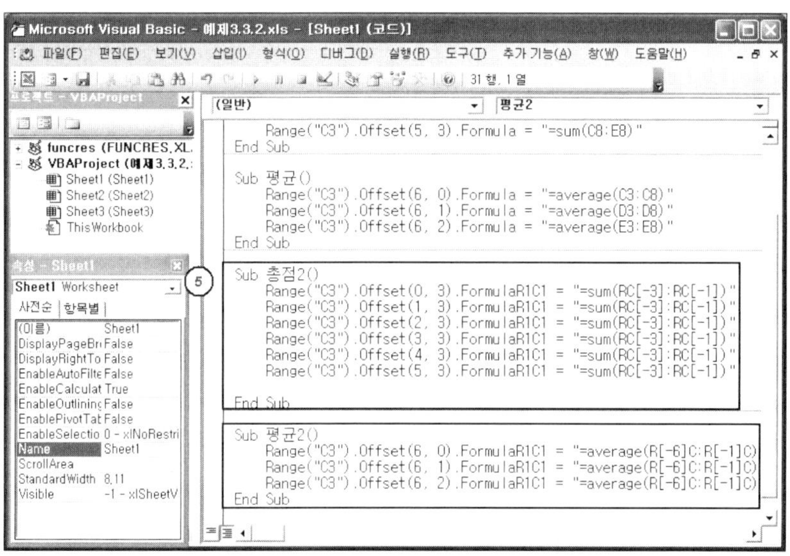

연습문제 3

3.1 워크시트의 셀을 다루는 Range와 Cells 개체의 차이점은 무엇인가?

3.2 Formula와 FormulaR1C1의 차이점은 무엇인가?

3.3 Range("C5").OffSet(n,m)에 대하여 설명하시오.

Chapter 04 제어문

모든 프로그래밍 언어에서 가장 중요한 것이 반복문과 조건문과 같은 제어문이다. VBA에서도 예외가 아니며 다음과 같은 여러 가지의 제어문들이 있다.

제어문	
• For ~ Next	• For Each ~ Next
• Do while ~ Loop	• Do ~ Loop Shile
• If ~ Then ~ Else	• If ~ Then ~ ElseIf
• Select Case	• With
• Goto	• Exit

위의 제어문들 중 조건문에 해당되는 If ~ Then ~ Else와 Sub 프로시저를 끝낼 수 있는 Exit, 특정한 코드로 보낼 수 있는 GoTo는 이미 앞 단원에서 간단히 다루어 보았다. 여기서는 많은 제어문들 중 자주 사용되는 제어문을 사용하는 방법에 대해 몇 가지 예를 통해 알아보자.

4.1 For ~ Next문(반복문)

For ~ Next문은 순서도로 생각하면 다음과 같은 것을 의미를 갖는다.

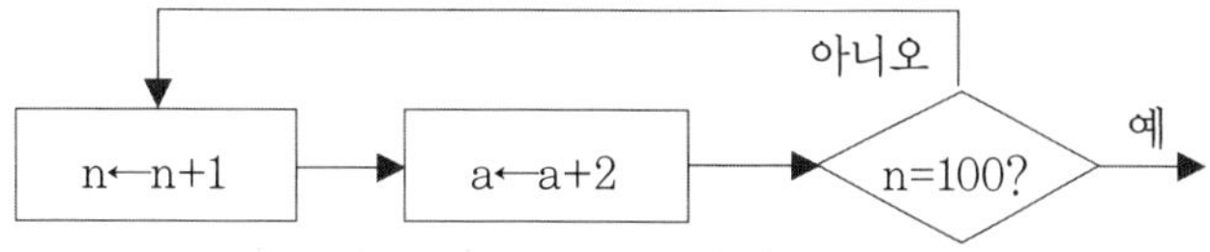

수열 $\{a_n\}$에서 100항을 구하라는 순서도의 일부분이다. 100번째 항까지 모든 항을 구하여 100번째 항을 구한다는 것이다. For ~ Next문(반복문)의 형식은 다음과 같다.

```
For i = n to m step k
        【처리내용】
Next i
```

위의 내용은 "i"라는 변수를 n부터 m까지 k씩 증가하도록 【처리내용】을 반복하는 것으로 k의 값은 0이 아닌 정수의 값을 가질 수 있다. 또, Step k는 생략하여도 상관없으나 만약 생략하였다면 변수 "i"를 n부터 m까지 1씩 증가하면서 【처리내용】을 반복 처리하라는 것이다. 다음 예제를 통해 그 활용법을 배워보자.

예제 4.1.1 등차수열의 합

2단원에서 등차수열의 합을 구하는 Sub 프로시저를 만들어 보았는데 For ~ Next 문을 이용하여 다시 등차수열의 합을 구하여 보자.

① 다음 그림과 같이 간단하게 첫째항이 1, 공차가 2인 등차수열의 100번째 항까지의 합을 구하는 Sub 프로시저를 작성하자.

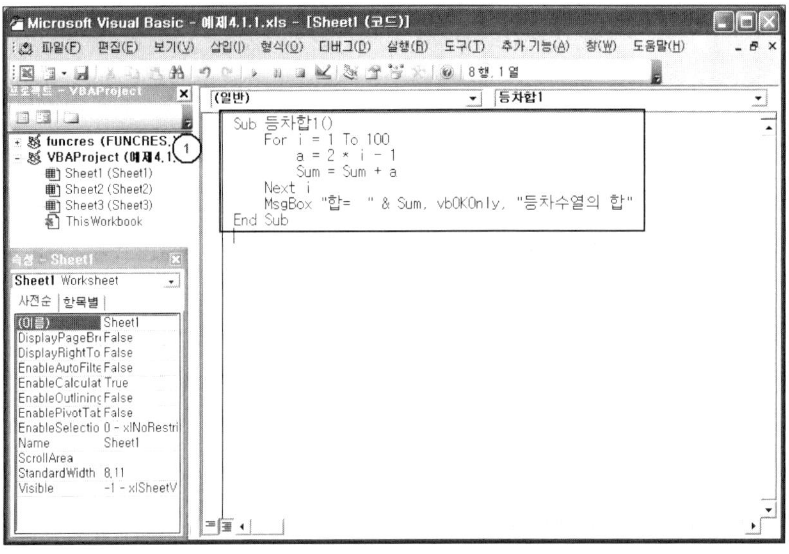

② 이 프로시저를 실행하면 첫째항 1, 공차 2인 등차수열의 합을 다음 그림과 같이 구할 수 있다.

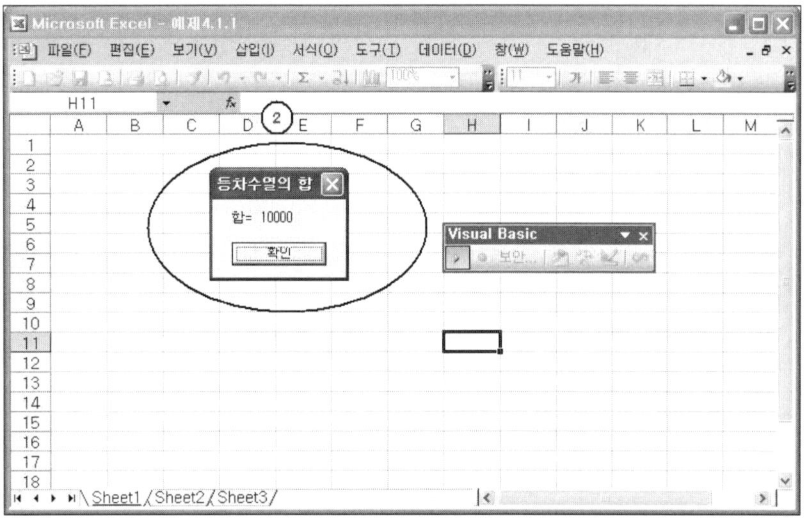

③ 위의 Sub 프로시저는 MsgBox를 통해 그 등차수열의 합을 나타내게 되어 있다. 하지만 워크시트의 적당한 셀에 등차수열의 합을 나타내게 할 수도 있다. 등차수열의 합을 워크시트의 셀에 나타나도록 Sub 프로시저를 더 만들어 보자.

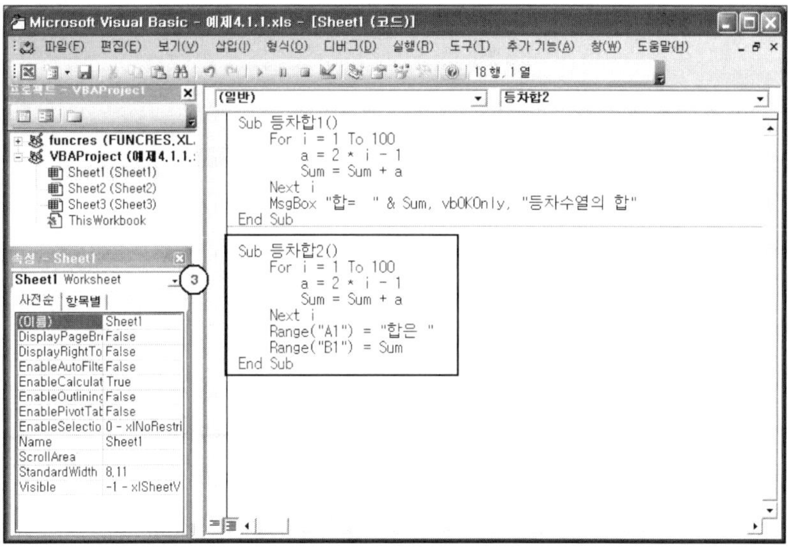

위의 코드 중

```
Range("A1")="합은 "
Range("B1")=Sum
```

의 부분은 다음과 같이 고쳐서 실행하여도 똑같은 결과를 얻는다.

```
Range("A1").Select
Selection="합은 "
Range("B1").Select
Selection=Sum
```

```
Range("A1").Select
Activecell="합은 "
Range("B1").Select
Activecell=Sum
```

개체에 대한 속성을 넣거나 생략하여도 무방하다는 의미이다.

④ Sub 프로시저를 실행하면 다음 그림과 같이 셀 A1에 "합은", B1에 등차수열의 100번째 항까지의 합의 값 "10000"이 나타나는 것을 확인 할 수 있다.

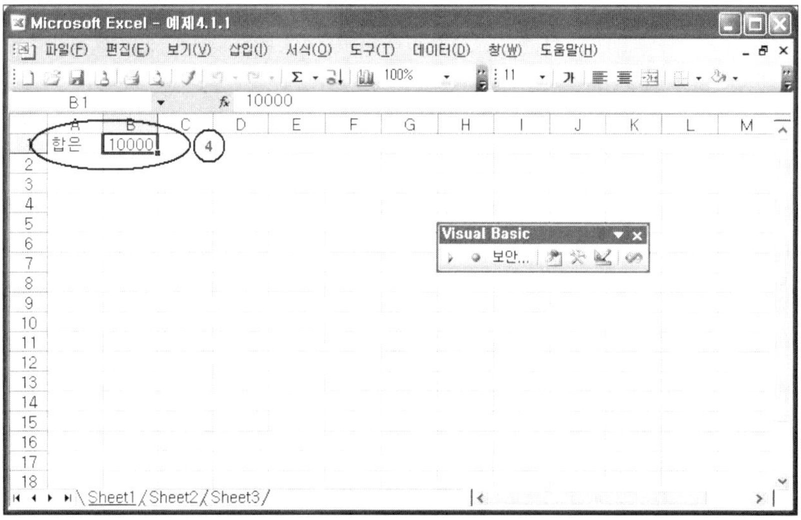

⑤ 위의 두 Sub 프로시저는 첫째항과 공차의 값을 바꾸어 줄 수 없으며 n번째 항까지의 합 또한 바꾸어 줄 수 없다. InputBox를 사용하여 사용자가 임의의 값을 입력할 수 있도록 다음 그림과 같이 Sub 프로시저를 하나 더 작성하자.

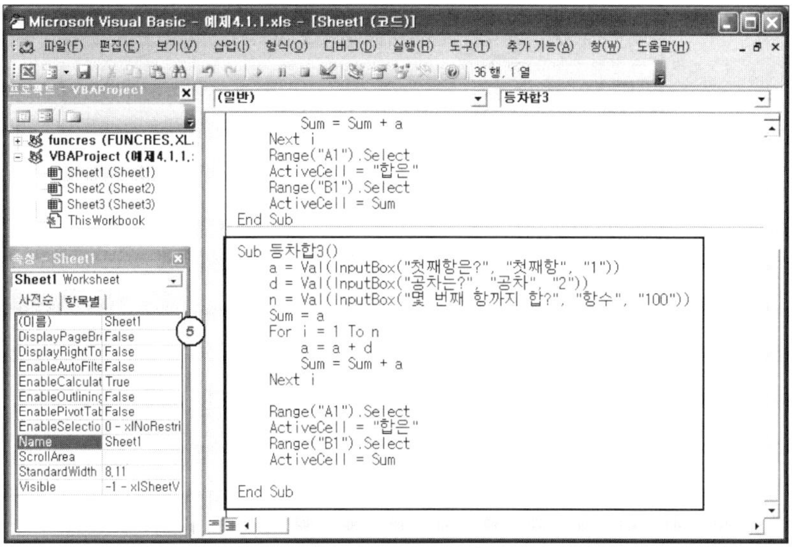

예제2.2.2의 등비수열의 합에서는 VBA 내장함수 Val()과 InputBox()를 각각 사용하여 첫째항과 공비의 값을 입력할 수 있도록 하였지만 위의 Sub 프로시저에서는 두 내장함수를 혼합하여 간단하게 처리하였다. VBA에서는 두 개 이상의 내장함수를 혼합하여 사용하여도 아무런 상관이 없다.

⑥ Sub 프로시저를 실행하면 세 개의 InputBox가 순서대로 나타나며 여기에 사용자가 임의의 값을 입력하면 입력된 값에 따라 등차수열의 합을 구할 수 있다.

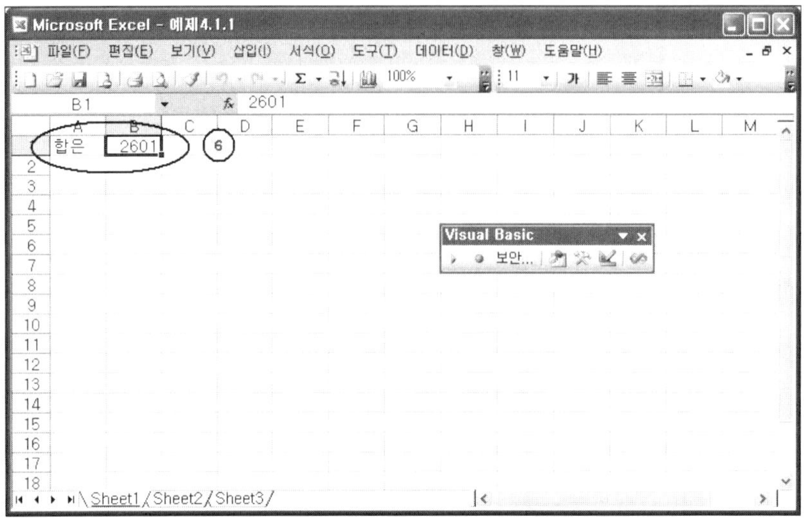

위의 Sub 프로시저에 등차수열의 첫째항과 공차, 항수를 사용자가 임의의 값을 대입하면 모든 등차수열의 합을 구할 수 있다.

예제 4.1.2 데이터 만들기

앞의 예제에서는 단순히 수열의 합을 워크시트에 셀에 나타내었는데 이번에는 워크시트의 각각의 셀에 1부터 10까지의 자연수와 그 제곱수 등을 만드는 Sub 프로시저를 만들어 보자.

① 다음 그림과 같이 자연수를 만드는 Sub 프로시저를 만들자.

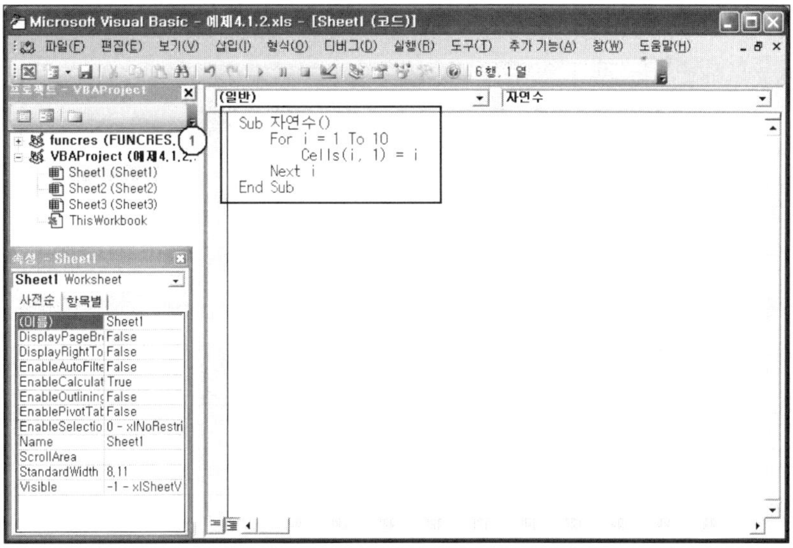

Sub 프로시저에 For ~ Next문을 사용하여 반복문을 만들었는데 변수 "i"에 1부터 10까지 1씩 증가하면서 처리하라는 의미로서 i가 1일 때, 셀 Cells(1, 1)에 1, i가 2일 때, 셀 Cells(2, 1)에 2, …, i가 10일 때, 셀 Cells(10, 1)에 10을 입력하는 Sub 프로시저이다.

② Sub 프로시저를 실행하면 다음 그림과 같이 1부터 10까지 자연수가 A열에 만들어진다.

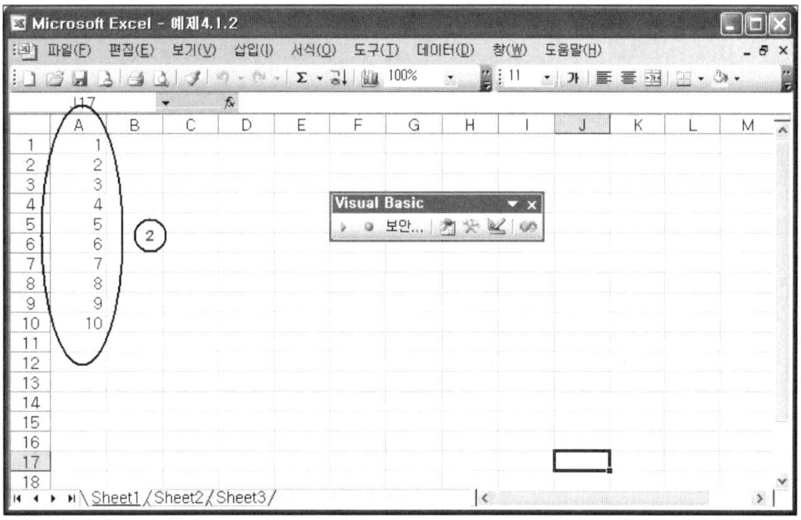

③ 자연수의 제곱수와 제곱근의 값을 For ~ Next문의 변수 "i"를 이용하여 다음 그림과 같이 두 Sub 프로시저를 만들자.

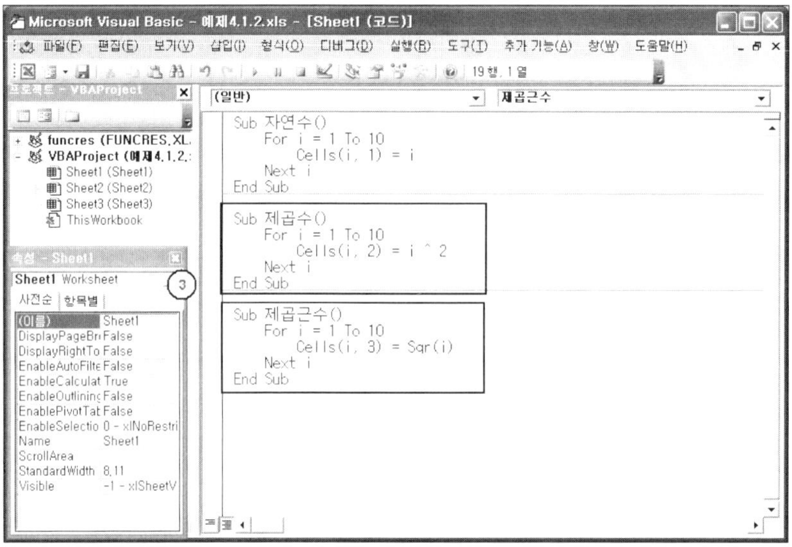

④ 두 Sub 프로시저를 실행하면 다음 그림과 같이 제곱수와 제곱근의 값을 구할 수 있다.

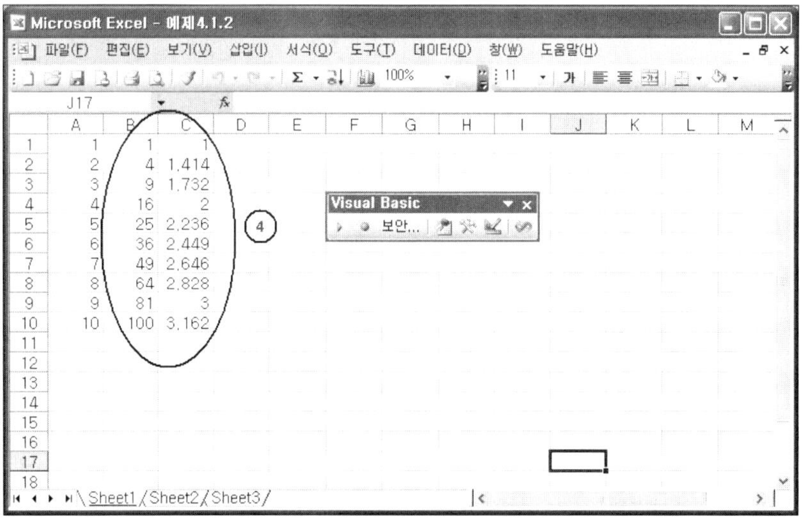

⑤ 앞에서 만든 세 Sub 프로시저를 묶어 다음과 같이 하나의 Sub 프로시저로 만들 수도 있다.

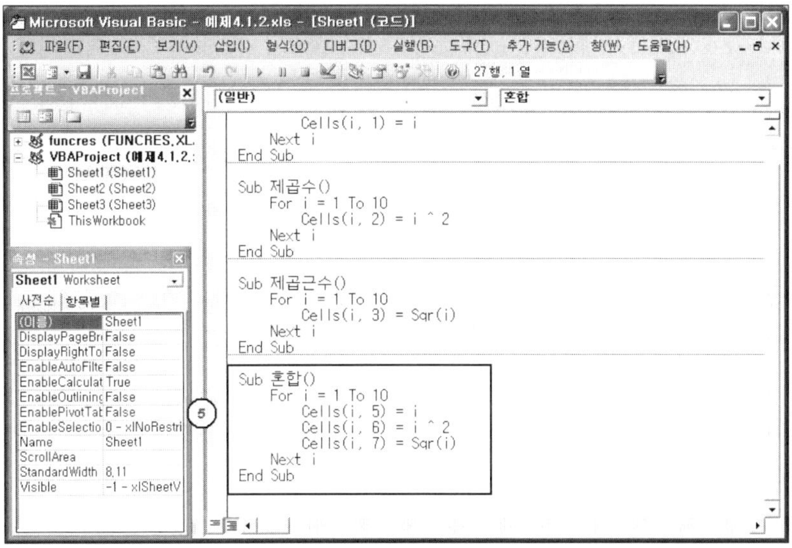

⑥ 이 Sub 프로시저를 실행하면 다음 그림과 같이 자연수, 제곱수, 제곱근의 값이 한꺼번에 같이 나타나는 것을 확인 할 수 있다.

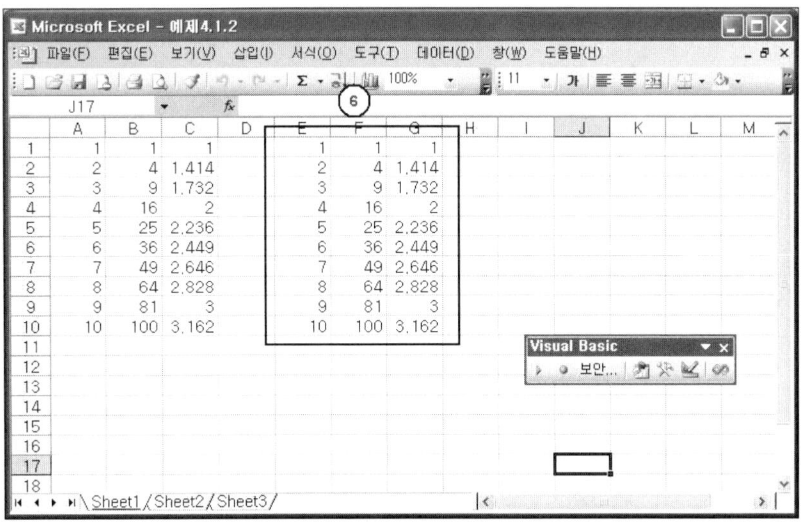

4.2 For Each ~ Next문(반복문)

For Each ~ Next문은 For ~ Next문과 같은 방식으로 처리되나 변수를 사용하지 않는다. 다음과 같은 For ~ Next문은 i의 값이 10부터 1까지 -1씩 증가하면서 각각의 셀에 값을 입력한다.

```
For i=10 to 1 Step -1
        Cells(i,1)=i^2-i
Next i
```

하지만, For Each ~ Next문은 i라는 변수를 사용하지 않고 보통 셀의 범위를 입력하여 반복처리 한다. 그 형식은 다음과 같으며 사용하는 방법은 예제를 통하여 알아보자.

```
For Each 항목 In 셀범위
        【처리내용】
Next
```

예제 4.2.1 2의 거듭제곱수

A열과 B열에 2의 거듭제곱수를 만들어 보자.

① 다음과 같이 Sub 프로시저를 만들자.

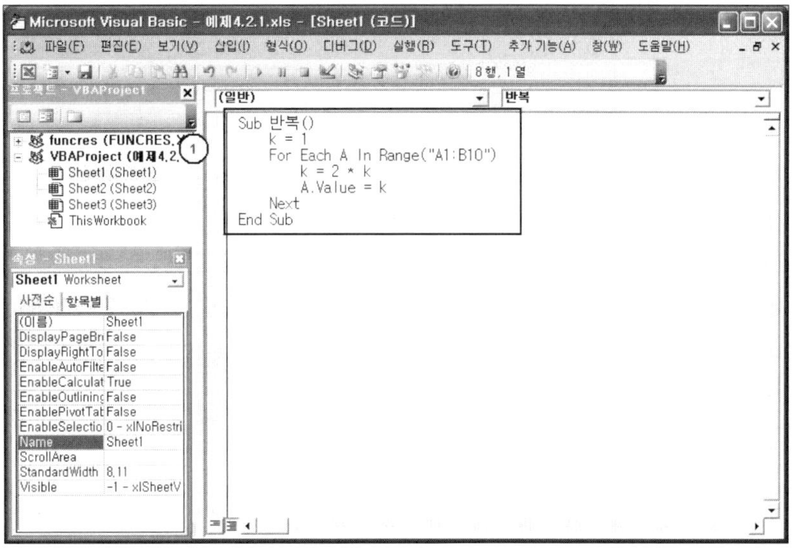


```
For Each A In Range("A1:B10")
```

위의 For Each ~ Next문의 의미는 A라는 문자는 셀 A1, B1, A2, B2, A3, B3, …, A10를 대표하는 것으로 처음에는 셀 A1에 대하여 실행하고, 두 번째에는 셀 B1에 대하여 실행, 세 번째에는 셀 A2에 대하여 실행, …, 스물 번째에는 셀 B10에 대하여 실행한다는 것을 의미한다. 다시 한 번 전체의 의미를 살펴보면 먼저, k의 값에 1을 입력한 후 첫 번째 셀 A1은 기존의 k값 1에 2를 곱하여 2를 입력하고, 두 번째 셀 B1은 k의 값 2에 다시 2를 곱하여 4를 입력하고, 세 번째 셀 A2은 k의 값 4에 2를 곱하여 8를 입력하고, …, 스물 번째 셀 B10 은 k의 값 524288에 2를 곱하여 1048576을 입력하라는 것이다.

② Sub 프로시저를 실행하면 다음 그림과 같이 2의 거듭제곱수가 셀 A1부터 B10까지 나타나는 것을 확인 할 수 있다.

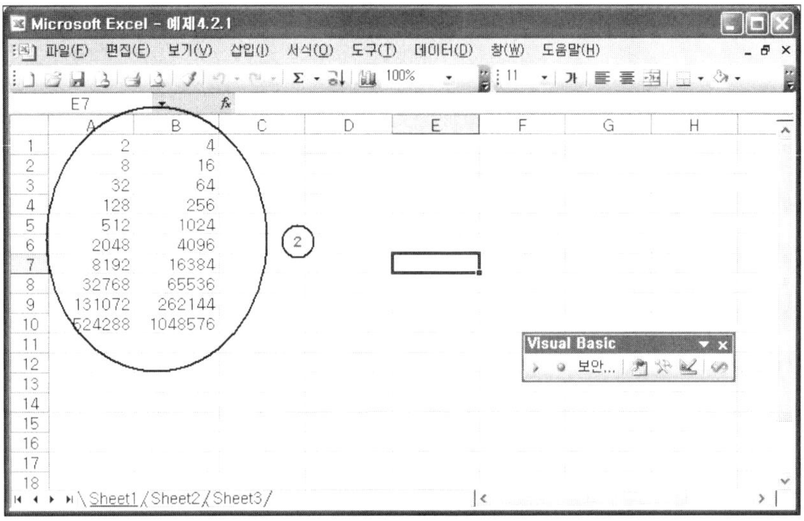

4.3 Do While ~ Loop문

Do While ~ Loop문은 순서도로 생각하면 다음과 같다.

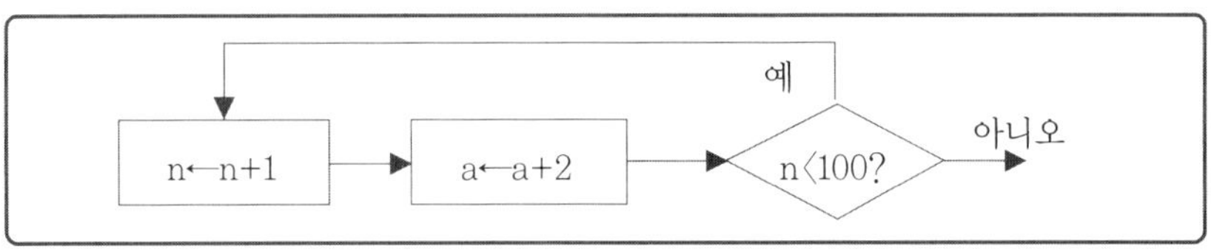

For ~ Next문과 같이 반복문이면서 조건문에 해당되는 조건부 반복문이다. 제어문으로서 조건을 만족하지 않을 때까지 처리내용을 반복하여 조건을 만족하지 않았을 때 Do While ~ Loop문을 종료한다. 그 형식은 다음과 같다.

```
Do While 조건
        【처리내용】
Loop
```

다음의 예제를 통하여 Do While ~ Loop문을 활용하여 보자.

예제 4.3.1 | 등차수열의 합

첫째항 1, 공차 3인 등차수열의 100항까지의 합을 구하여보자.

① 다음 그림과 같이 Sub 프로시저를 만들자. k가 100이 될 때까지 조건반복문을 반복하여 100항과 100번째 항까지의 합을 구하여 셀 C2에 나타내는 프로시저이다.

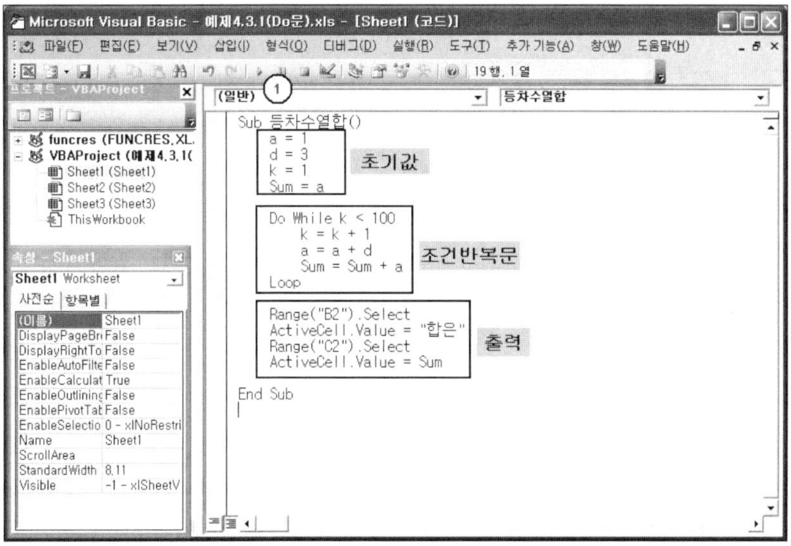

② Sub 프로시저를 실행하면 다음 그림과 같이 셀 C2에 100번째 항까지의 합을 나타낸다.

③ 등차수열의 첫째항과 공차, 항수에 InputBox를 활용하여 사용자가 임의의 값을 입력할 수 있게 Sub 프로시저를 다음의 그림과 같이 작성할 수도 있다.

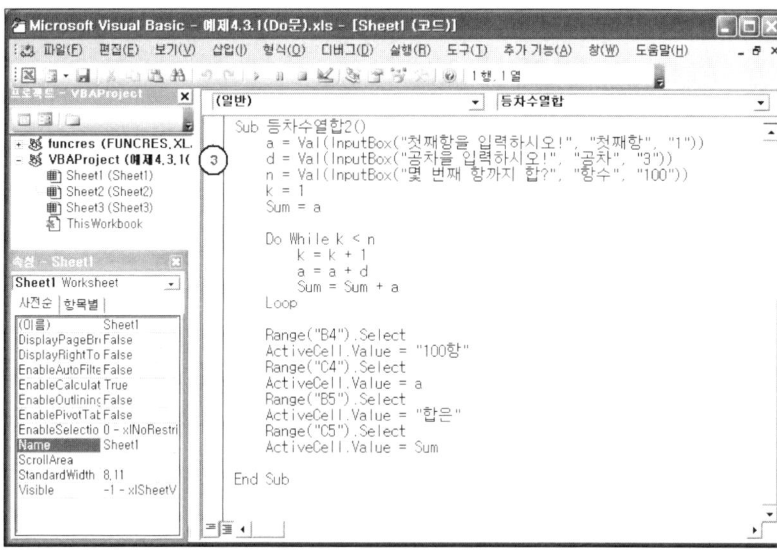

예제 4.3.2 등차수열의 합

첫째항이 100, 공차가 -3인 등차수열에서 몇 번째 항까지의 합이 처음으로 음이 나오는가?

① 다음 그림과 같이 Sub 프로시저를 작성하자.

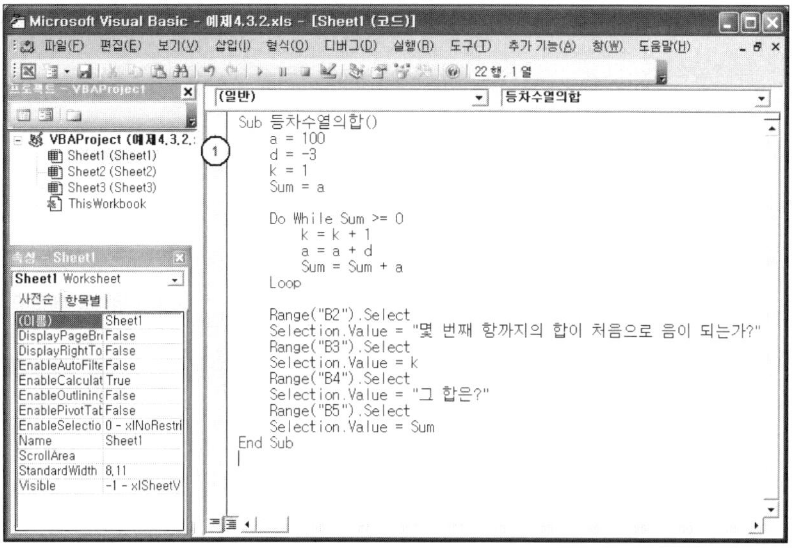

Do While ~ Loop문의 조건부분을 “sum>=0”으로 입력하였다. 등차수열의 합의 값이 0보다 작을 때까지 반복한다는 것을 뜻한다.

② Sub 프로시저를 실행하면 다음 그림과 같이 처음으로 합이 음이 되는 항과 그 합의 값을 구할 수 있다.

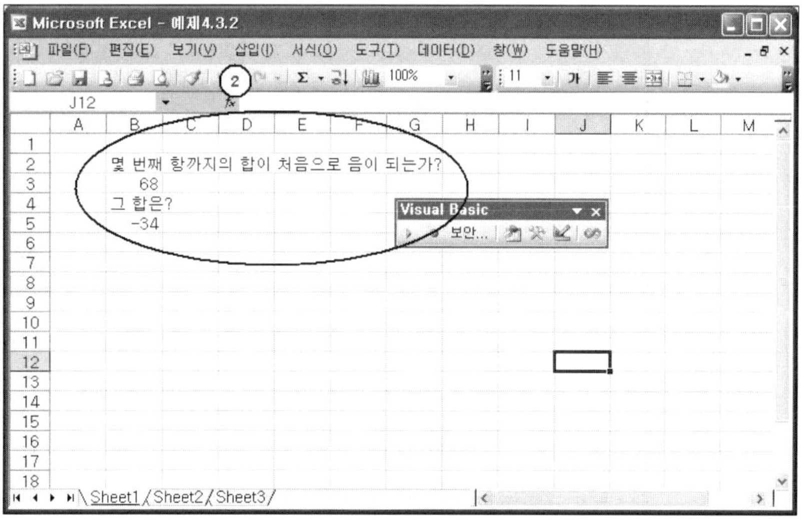

③ 이 Sub 프로시저를 다음 그림과 같이 조금 수정하자.

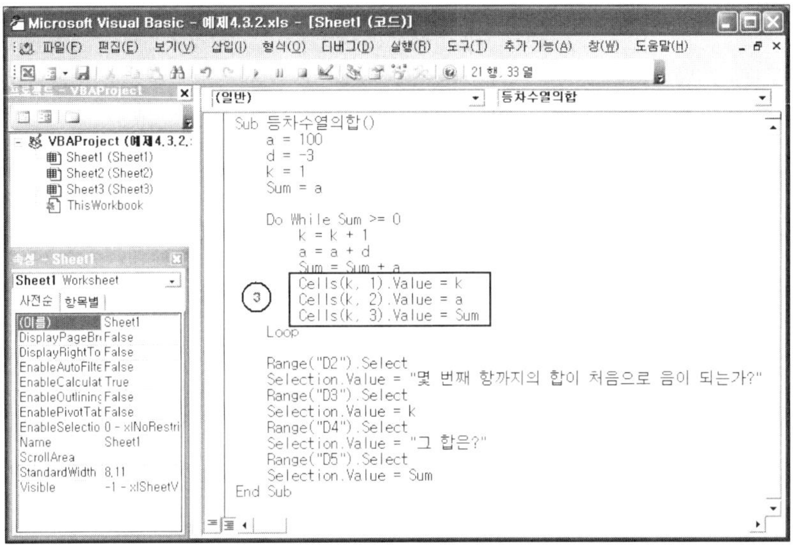

프로시저의 Do While ~ Loop문에 "Cells(k,1).Value=k", "Cells(k,2).Value=a", "Cells(k,3).Value=Sum"라는 처리내용을 입력하였다.

④ Sub 프로시저를 실행하면 다음 그림과 같이 등차수열 각 항과 그 합이 각각 셀에 나타난다.

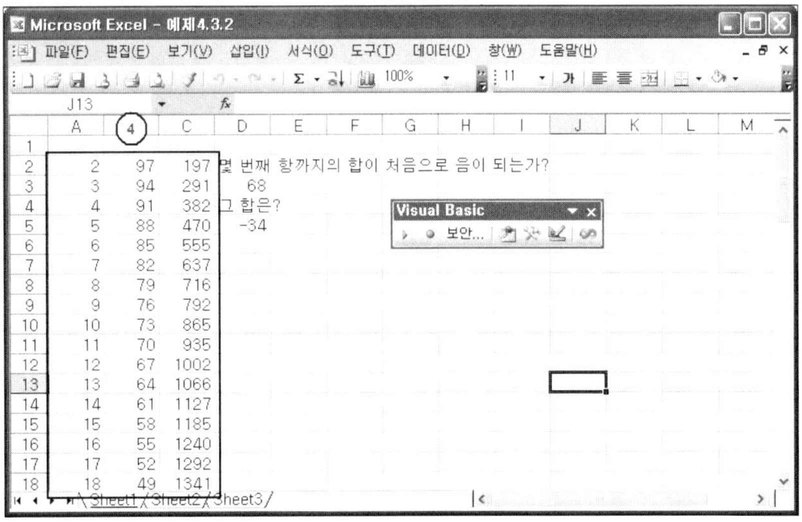

4.4 If ~ Then문(조건문)

If ~ Then문은 순서도로 생각하면 다음과 같다.(절대값 구하기)

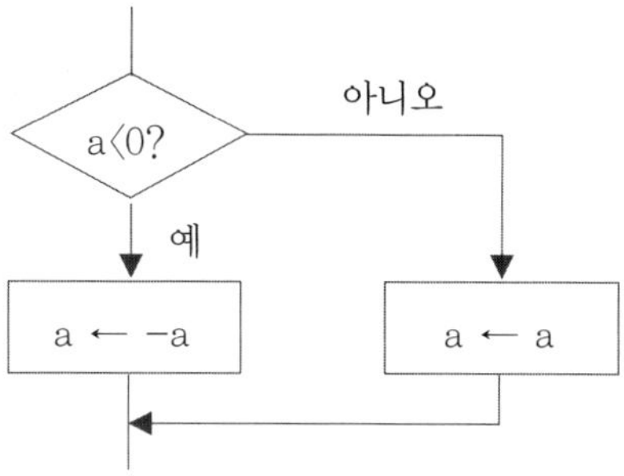

If ~ Then문의 형식은 다음과 같다.

```
If 조건 Then
        【처리내용1】
Else
        【처리내용2】
End If
```

조건이 만족하면 처리내용1을 실행하며 조건을 만족하지 못하면 처리내용2을 실행한다는 것이다. 조건에 따라 처리내용2가 없는 경우가 있을 수도 있다. 그 때는 다음과 같은 형식을 갖는다.

```
If 조건 Then
        【처리내용1】
End If
```

이와 같은 If ~ Then문을 이용하여 임의의 실수값을 입력하였을 때 그 절대값을 구하는 Sub 프로시저를 만들자.

예제 4.4.1 절대값

입력하는 수에 대한 그 절대값을 구하여보자.

① 다음 그림과 같이 절대값을 구하는 프로시저를 작성하자.

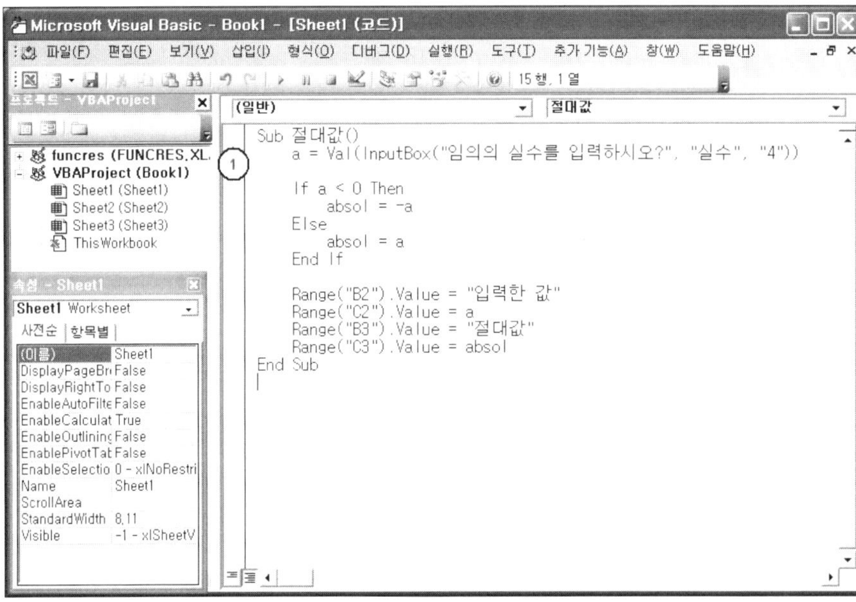

입력된 a의 값이 0보다 작으면 -a를 absol에 입력하고 그렇지 않으면 a를 absol에 입력한다는 If ~ Then문으로 작성되어 있다.

② 이 Sub 프로시저를 실행하면 워크시트에 입력한 값과 그 절대값이 나타난다.

4.5 If ~ Then ~ ElseIf문(복수조건문)

If ~ Then문은 순서도로 생각하면 다음과 같다.(이차방정식의 근 판별)

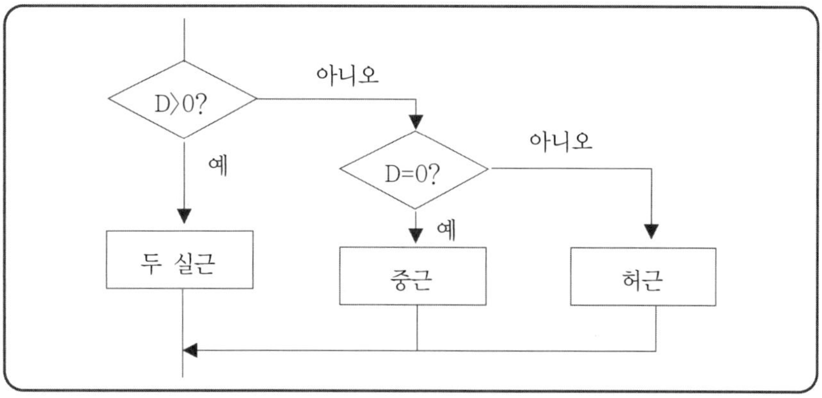

If ~ Then ~ ElseIf문의 형식은 다음과 같다.

```
If 조건 Then
        【처리내용1】
ElseIf
        【처리내용2】
Else
        【처리내용3】
End If
```

If ~ Then문과 형식은 같지만 ElseIf의 내용이 더 추가된다. 경우에 따라서는 ElseIf의 내용이 2개 이상 사용할 수 있으며 Else와 그에 따른 처리내용이 경우에 따라서는 없을 수도 있다.

```
If 조건 Then
        【처리내용1】
ElseIf
        【처리내용2】
ElseIf
        【처리내용3】
End If
```

다음 예제를 통하여 그 사용법을 알아보자.

예제 4.5.1 이차방정식의 근의 판별

① 이차방정식 $x^2 - 2x - 3 = 0$의 근을 판별하는 sub 프로시저를 다음과 같이 작성하자.

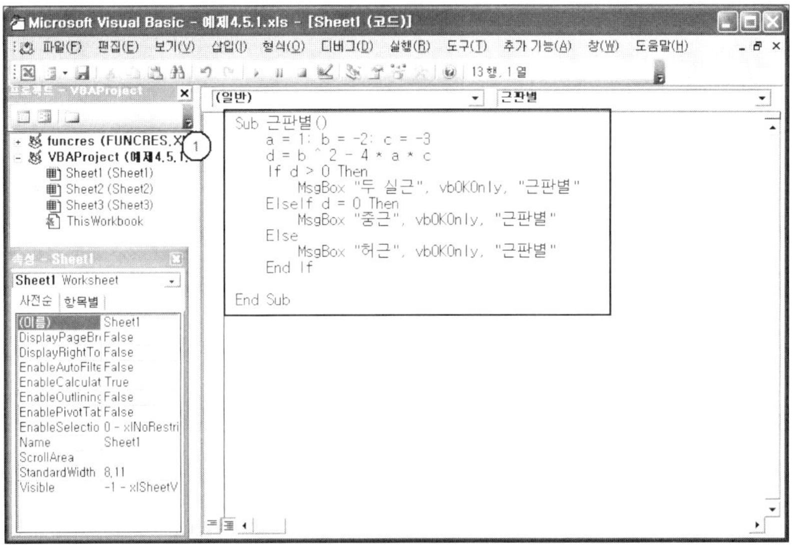

② Sub 프로시저를 실행하면 다음 그림과 같이 이차방정식이 두 실근을 갖는다는 것을 MsgBox를 통해서 나타내어 준다.

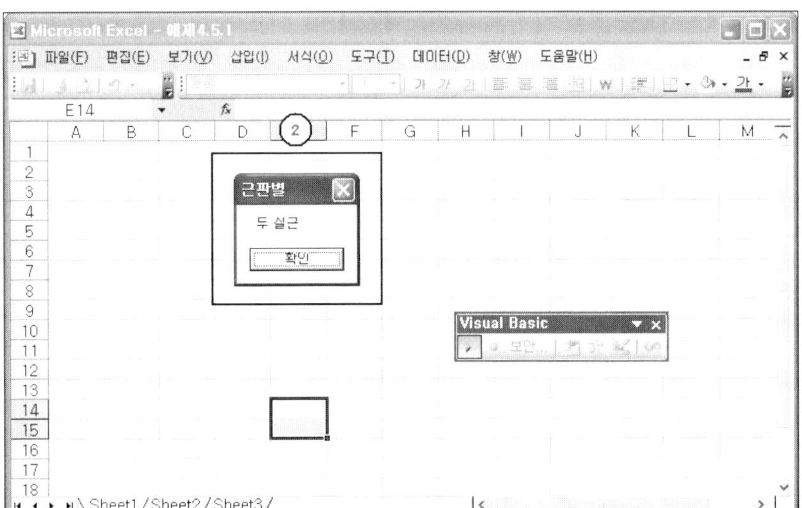

③ 위의 Sub 프로시저는 주어진 이차방정식만 근을 판별하게 되어있다. 임의의 이차방정식에 대해서 근을 판별할 수 있도록 각각의 항의 계수의 값을 임의로 입력할 수 있도록 InputBox를 사용하여 Sub 프로시저를 수정하자.

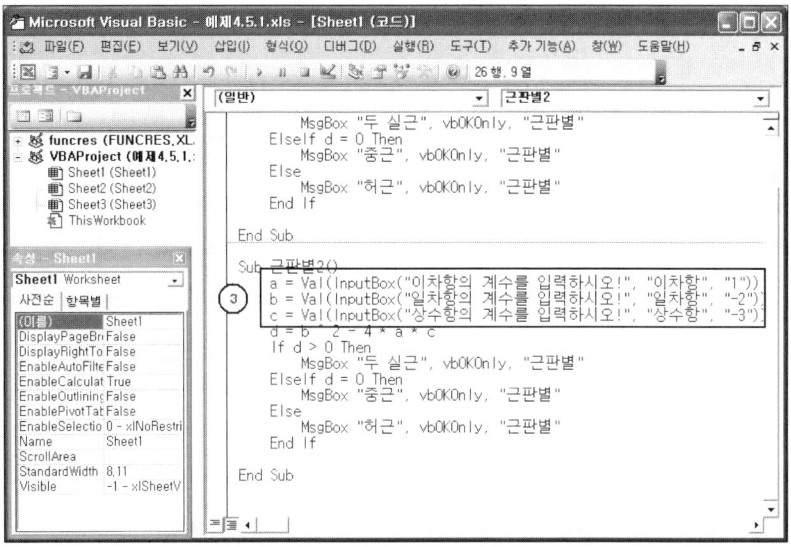

④ Sub 프로시저를 실행하면 다음 그림과 같이 각각의 계수에 대한 InputBox가 나타나며 임의로 값을 입력하면 그에 따른 이차방정식의 근을 판별한다.

4.6 Select Case문

Select Case문은 각각의 경우에 따라 서로 다른 처리를 수행할 때 사용되며 순서도를 생각하면 다음과 같다.

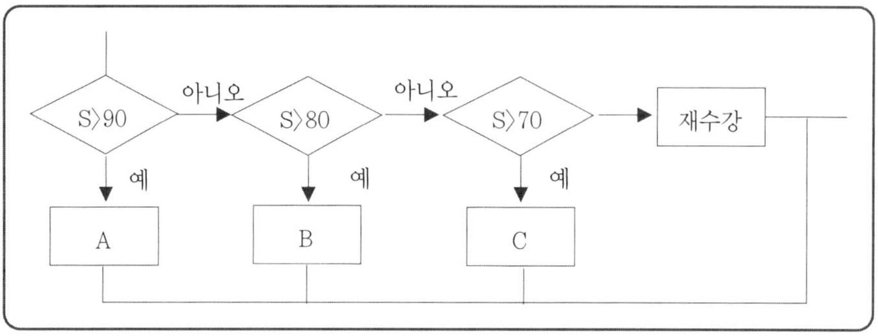

Select Case문은 연산식의 값이 각각의 경우별로 처리내용을 결정하는 것으로 다음과 같은 형식으로 전개된다. 그 의미는 주어진 연산식이 '값1'을 만족하면 처리내용1, '값2'를 만족하면 처리내용2, '값3'을 만족하면 처리내용3, 각각의 값을 만족하지 않으면 처리내용4를 처리한다는 것이다. 여기에서 "Case Else"는 생략하는 경우도 있으며 각각의 Case가 더 많이 생길 수도 있다.

```
Select Case 연산식
        Case 값1   【처리내용1】
        Case 값2   【처리내용2】
        Case 값3   【처리내용3】
        Case Else 【처리내용4】
End Select
```

Select Case문은 경우에 따라서는 If ~ Then ~ ElseIf문으로 작성하여도 같은 결과를 만들 수 있다. 다음 예제를 통하여 Select Case문을 활용하여 보자.

예제 4.6.1 학점처리(성적)

학생들의 성적에 따른 수, 우, 미, 양, 가 또는 A, B, C, D, E 성적을 처리하는 Sub 프로시저를 만들어서 실행하여 보자.

① 다음 그림과 같이 세 학생들에 대한 점수를 입력하자.

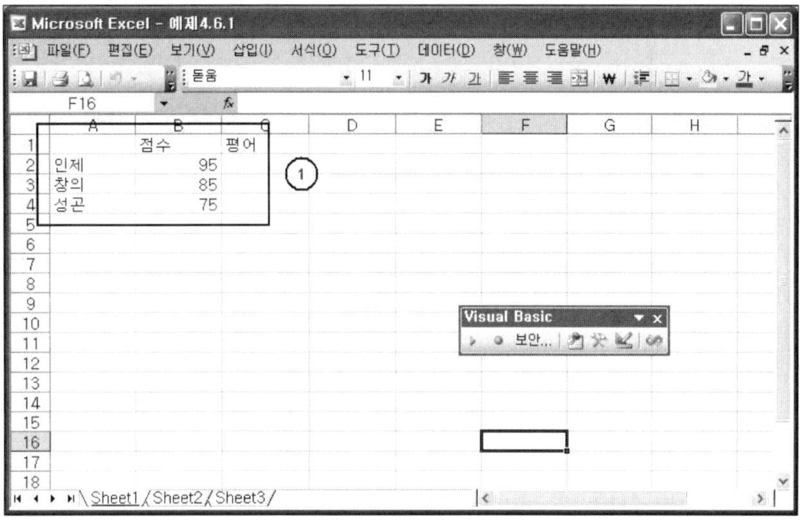

② 첫 번째 "인제" 라는 학생의 평어를 나타낼 Sub 프로시저를 다음과 같이 작성하자.

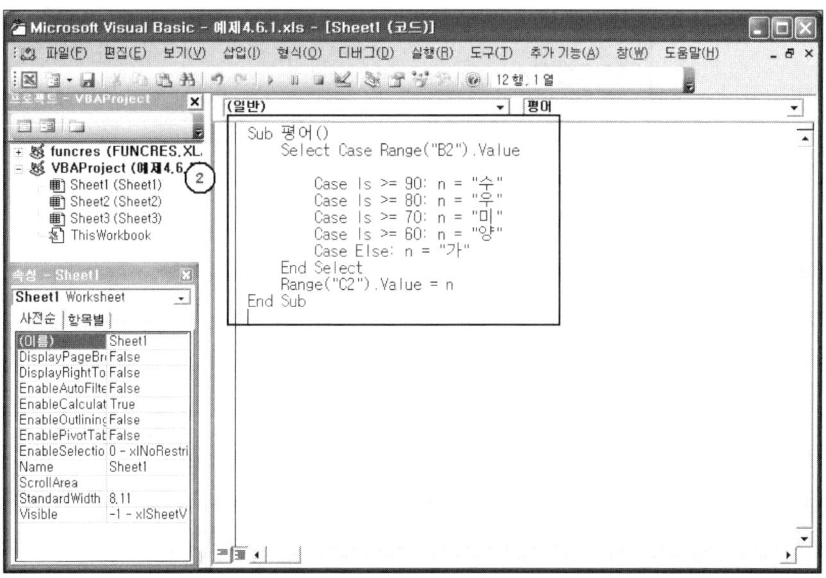

③ 이 Sub 프로시저를 실행하면 다음 그림과 같은 "인제"라는 학생의 평어가 나타난다.

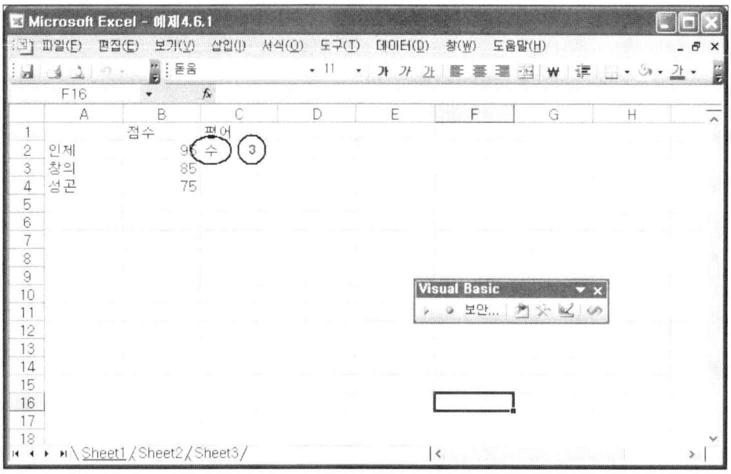

④ 다른 두 학생에 대한 평어를 나타내기 위해서는 두 개의 Sub 프로시저를 더 만들어 주어도 상관은 없으나 학생들이 많아지면 많아지는 만큼 이런 방법으로 Sub 프로시저를 만든다는 것은 너무나도 비효율적이다. Do While ~ Loop 문을 사용하여 모든 학생을 한꺼번에 평어로 나타낼 수 있도록 Sub 프로시저를 다음 그림과 같이 수정하자.

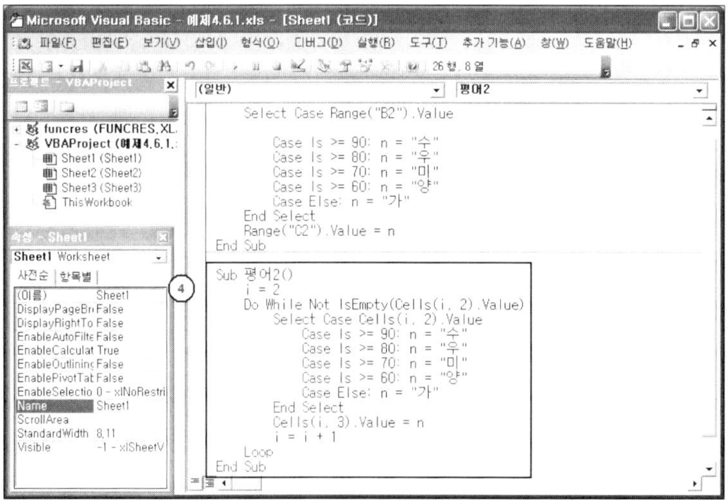

위의 Sub 프로시저는 Do While ~ Loop문(조건반복문)과 함께 사용하여 자료가 입력되어 있는 모든 점수들에 대하여 평어를 나타내자는 것이다.

⑤ Sub 프로시저를 실행하면 다음 그림과 같은 모든 학생들에 대하여 평어를 나타낼 수 있다.

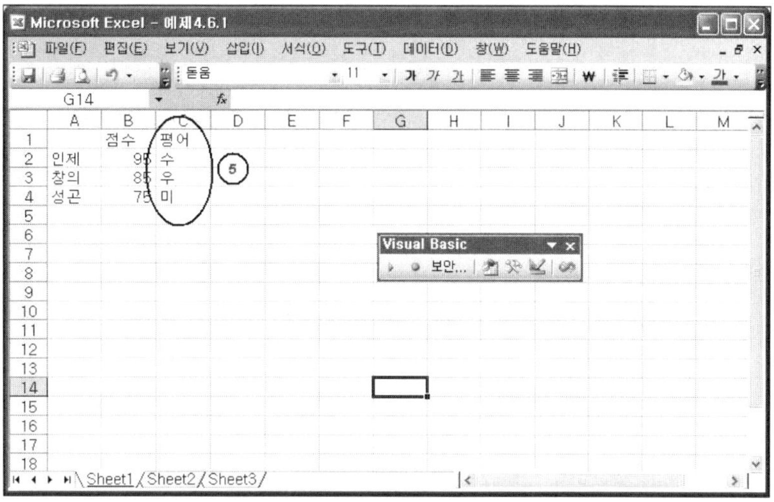

⑥ Do While ~ Loop문(조건반복문)이 아닌 For ~ Next문(반복문)를 사용하여 전체 학생에 대한 평어를 나타내도록 Sub 프로시저를 수정할 수 있다. 다음 그림과 같이 Sub 프로시저를 수정하여 실행하면 모든 학생의 평어를 만들 수 있다.

```
Sub 평어3()
        i = Val(InputBox("첫번째 학생?", "입력", "2"))
        m = Val(InputBox("학생수는?", "학생수", "2"))
        For k = i To m + i - 1
                Select Case Cells(k, 2).Value
                        Case Is >= 90: n = "수"
                        Case Is >= 80: n = "우"
                        Case Is >= 70: n = "미"
                        Case Is >= 60: n = "양"
                        Case Else: n = "가"
                End Select
                Cells(k, 3).Value = n
                i = i + 1
                Next k
End Sub
```

⑦ Select Case문을 If ~ Then ~ ElseIf문을 사용하여 바꾸어 주어도 모든 학생들의 평어를 만들 수 있다.

```
Sub 평어4()
        i = Val(InputBox("첫번째 학생?", "입력", "2"))
        m = Val(InputBox("학생수는?", "학생수", "2"))

        For k = i To m + i - 1
                If Cells(k, 2).Value >= 90 Then
                                n = "수"
                ElseIf Cells(k, 2).Value >= 80 Then
                                n = "우"
                ElseIf Cells(k, 2).Value >= 70 Then
                                n = "미"
                ElseIf Cells(k, 2).Value >= 60 Then
                                n = "양"
                Else
                                n = "가"
                End If

                Cells(k, 3).Value = n
                i = i + 1
        Next k
End Sub
```

⑧ Do While ~ Loop문과 For ~ Next문 중 어느 것을 사용하여도 모든 학생의 평어를 구할 수 있는데 서로 장단점이 있는 것 같다. 먼저, Do While ~ Loop문은 첫 번째 학생에 대한 점수가 어디에 있는지 그 셀 주소만 나타내면 모든 학생들의 평어를 쉽게 구할 수 있지만 다음 그림과 같이 중간의 적당한 셀에 한 학생의 점수가 없을 경우 나머지 밑의 학생들의 평어를 구할 수 없다.

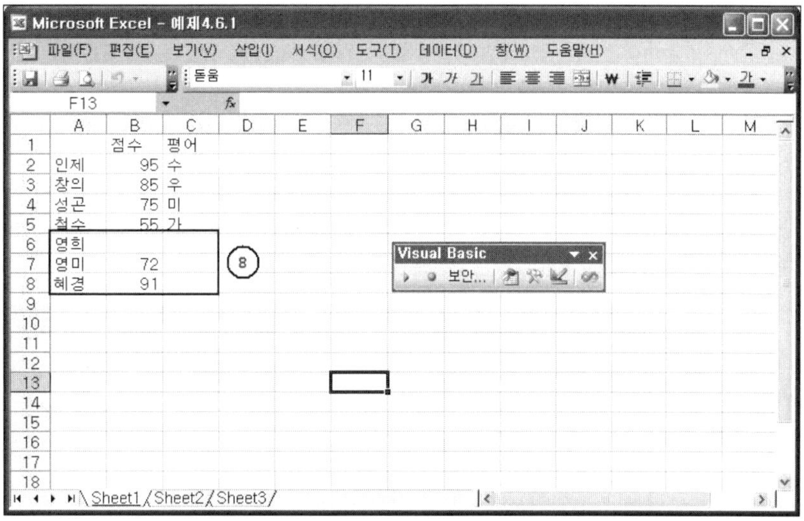

⑨ 이것에 반하여 For ~ Next문은 처음 학생의 점수가 입력된 셀 주소와 총 학생 수를 알고 있으면 모든 학생의 평어를 쉽게 구할 수 있다. 하지만, 점수가 없는 학생은 자동적으로 "0"점으로 간주하여 평어 "가"를 나타낸다.

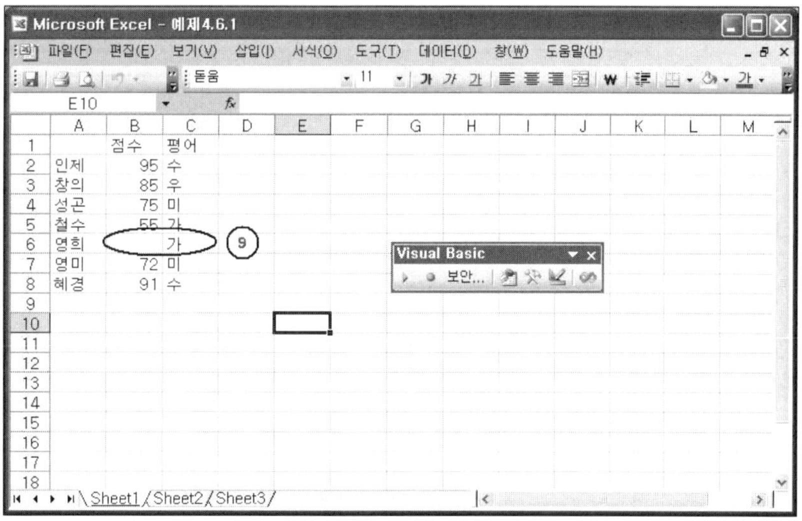

연습문제 4

4.1 For ~ Next문을 이용하여 수열 $\left\{\frac{1}{n(n+1)}\right\}$의 n번째 항까지의 합을 구하는 Sub 프로시저를 만드시오.

4.2 다음 그림은 모의고사 성적에 대한 백분위 점수가 B열에 주어져있다. C열에 각각의 학생에 대한 등급을 정하는 Sub 프로시저를 만드시오.

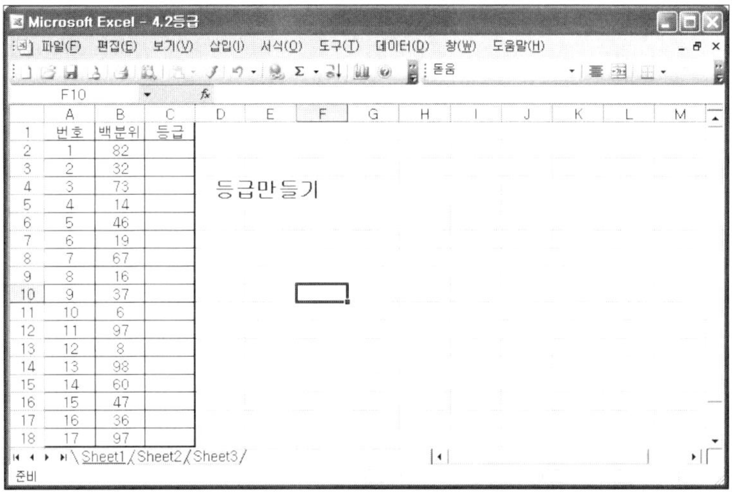

백분위	96	89	78	61	39	22	11	4	0
등급	1	2	3	4	5	6	7	8	9

Chapter 05

자료형과 변수, 상수, 연산자

VBA에서는 변수나 상수의 자료형을 지정할 수 있으며 변수나 상수를 연산할 수 있는 연산자가 있다.

자료형에는 변수의 값의 형태를 나타내는 것으로 True 또는 False의 값 중 하나를 택하는 Boolean, 수치값이 나타내는 범위에 따른 Integer, Long, Single, Double, Currency, 문자에 대한 String, 수치값과 문자를 상황에 따라 가변적으로 변할 수 있는 Variant, 개체를 처리할 수 있는 Obiect가 있다. 만약, 변수에 대하여 자료형을 지정하지 않으면 상황에 따라 변할 수 있는 Varinat로 지정된다.

연산자는 변수나 상수에 계산을 할 때 사용되는 것으로 간단한 사칙연산을 포함한 산술연산자, 대소비교를 하는 비교연산자, 참 또는 거짓을 나타내는 논리연산자가 있다.

5.1 VBA의 자료형

VBA에서는 다음과 같이 변수에 대한 자료형이 존재한다. 변수의 자료형을 별도로 지정해 주지 않으면 Variant형(가변형)이 사용되고, Variant형은 상황에 따라 적절한 자료형으로 변화하므로 사용자의 입장에서는 매우 편리한 자료형이라 할 수 있다. 하지만 정밀한 계산이 필요한 통계적인 Sub 프로시저를 작성할 때에는 각각의 변수에 대한 자료형을 지정하여야만 하는 경우도 있다. 하지만 이 책에서 사용되는 대부분의 Sub 프로시저에서는 정밀한 계산이 사용되는 경우는 드물어서 각각의 자료형이 있다는 것만 기억해 두어도 된다.

자료형		바이트 수	표현범위
Boolean	논리형	2	True, False 중 어느 하나
Integer	정수형	2	−32768~32768
Long	정수형	4	≒−21억~21억
Single	단정도 실수형	4	양수:≒1.4×10^{-45}~3.4×10^{38} 음수:≒-3.4×10^{38}~-1.4×10^{-45} 수치정밀도는 7자리
Double	배정도 실수형	8	양수:≒4.9×10^{-324}~1.8×10^{308} 음수:≒-1.8×10^{308}~-4.9×10^{-324} 수치정밀도는 7자리
Currency	화폐형	8	≒−900조~900조 수치정밀도는 19자리
String	문자열형	1자당 1	약 65500바이트까지 가능
Variant	가변형	가변적	가변적, 문자열도 표현 가능
Object	개체형	4	개체를 처리할 때 사용

5.2 변수

변수란 취득한 속성의 값이나 계산 결과 등을 저장해두기 위한 메모리 영역을 의미한다. 변수의 이름은 사용자가 결정하며 보통 다음과 같은 규칙을 지키는 것이 바람직하다.

변수 이름

- 반드시 첫 글자는 문자로 시작해야하며, 문자(영어, 한글), 숫자, 언더바(_)를 사용할 수 있다.
- 길이는 최대 255문자열까지 가능하며, 대소문자를 구별하지 않는다.
- 공백이나 특수문자를 사용할 수 없다.
- VBA에 사용되는 내장함수, 명령문과 같은 이름을 사용할 수 없다.

만약 변수에 값을 대입하지 않고 사용하면 처음의 변수의 값은 숫자 0 또는 길이가 0인 공란의 문자열로 처리된다.

변수의 자료형을 선언할 때에는 Dim문을 사용하여 다음과 같은 형식으로 선언한다.

```
Dim 변수이름 As 자료형
```

▸ 보기 5.2.1

```
Dim a As Integer
Dim b As Single
```

a라는 변수를 Integer형(정수형), b라는 변수를 Single형(단정도 실수형)으로 선언한다는 것을 의미한다.

▸ 보기 5.2.2

```
Dim a As Integer, b As Single
```

보기5.2.1과 같은 의미이다.

▸ 보기5.2.3

```
Dim a, b As Integer
```

a라는 변수는 Variant형(가변형), b라는 변수는 Integer형(정수형)으로 선언한다.

변수를 자료형으로 선언할 때 Dim문은 Sub 프로시저의 내부 또는 외부에 위치하는데 Dim문의 위치에 따라 Sub 프로시저의 결과는 달라진다. 만약, Dim문이 Sub 프로시저의 내부에 있으면 Sub 프로시저를 실행할 때마다 변수를 다시 선언하므로 변수의 값은 Null의 상태로 출발하여 실행한다. 아래와 같은 형식에서 이 프로시저를 실행하면 실행할 때마다 변수 's'의 값은 항상 0으로 실행된다.

```
Sub Dim형식()
    Dim s As Integer
    【처리내용】
End Sub
```

하지만, Dim문이 Sub 프로시저의 외부에 있으면 Sub 프로시저를 실행할 때마다 변수의 값은 기억되고 다시 실행하면 기억된 값을 사용한다. 아래와 같은 형식으로 변수를 선언하면 처음은 Null 상태이지만 한 번 실행하면 【처리내용】에 따라 계산된 값이 s라는 변수에 기억되며 다시 실행하면 이 기억된 s값에 대하여 【처리내용】을 반복하고 다시 계산된 s라는 변수의 값이 기억된다.

```
Dim s As Integer
Sub Dim형식()
        【처리내용】
End Sub
```

다음 예제를 이용하여 Dim문의 위치에 따라 변수의 값이 어떻게 달라지는지 확인하여 보자.

예제 5.2.1 Dim문

① 다음 그림과 같이 두 Sub 프로시저를 만들자.

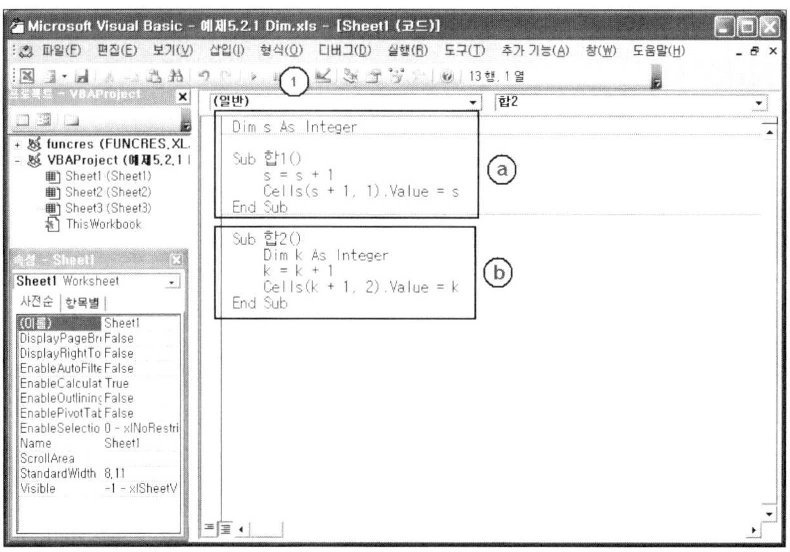

ⓐ Sub 프로시저에 사용되는 변수 s에 대한 자료형 선언을 Dim문 외부에서 선언하고 있으며 1열에 변수의 s의 값을 입력되게 하였다.

ⓑ Sub 프로시저에 사용되는 변수 k에 대한 자료형 선언을 Dim문 내부에서 선언하고 있으며 2열에 변수 k의 값을 입력되게 하였다.

② 두 Sub 프로시저 중 합1 프로시저를 한 번 실행하면 s의 값이 Null, 즉 0에서 시작하여 s=s+1에 의하여 s의 값이 1로 바뀌어지며, 셀 A2에 1이라는 값이 나타난다. 다시 한 번 더 실행하면 s의 값이 1에서 s=s+1에 의하여 s의 값이 2로 바뀌어지며, 셀 A3에 2라는 값이 나타난다. 계속해서 실행하면 1열에 1씩 증가하는 값이 계속해서 나타나게 된다.

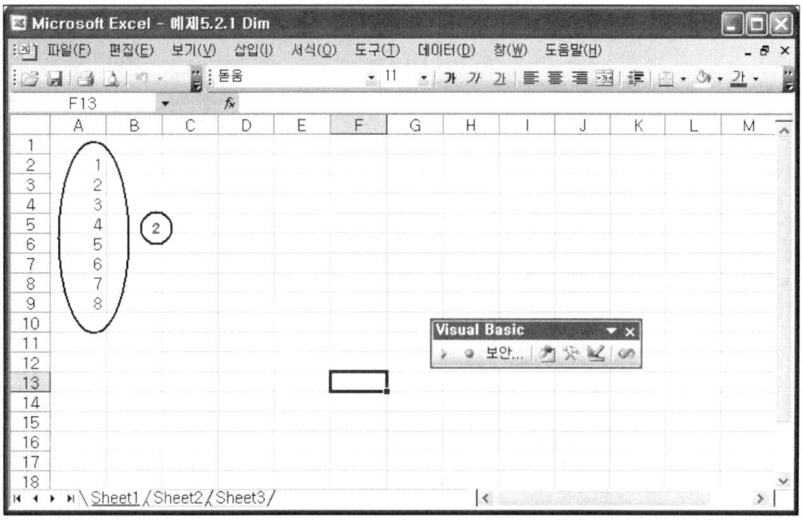

③ 합2 Sub 프로시저를 처음 실행하면 변수 k의 값이 Null의 상태, 즉 0에서 시작하여 k=k+1에 의하여 k의 값이 1이 된다. 이 Sub 프로시저를 다시 실행하면 변수 k가 다시 자료형을 정의하므로 변수 k의 값이 Null의 상태, 즉 0에서 다시 시작하여 k=k+1에 의하여 k의 값이 1이 된다. 이 Sub 프로시저를 몇 번이고 실행을 하여도 변수가 다시 선언되므로 항상 1이라는 값이 셀 B2에 나타나게 된다. 다음 그림에서 확인할 수 있다.

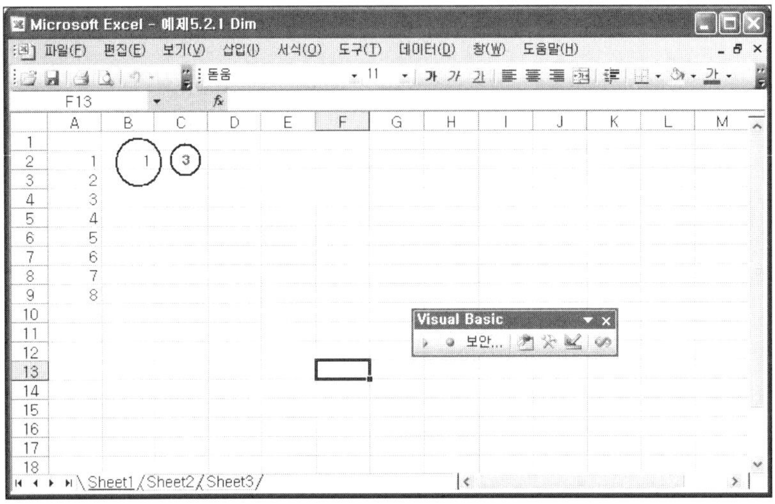

④ 만약 합1 Sub 프로시저를 다시 실행하면 앞의 ②의 과정에서 8까지 계산되어 있어 9로 셀에 나타난다. 만약 변수 s의 값이 처음 Null의 상태에서 실행하려면 VB편집기에서 표준도구모음의 재설정 단추를 누르면 된다.

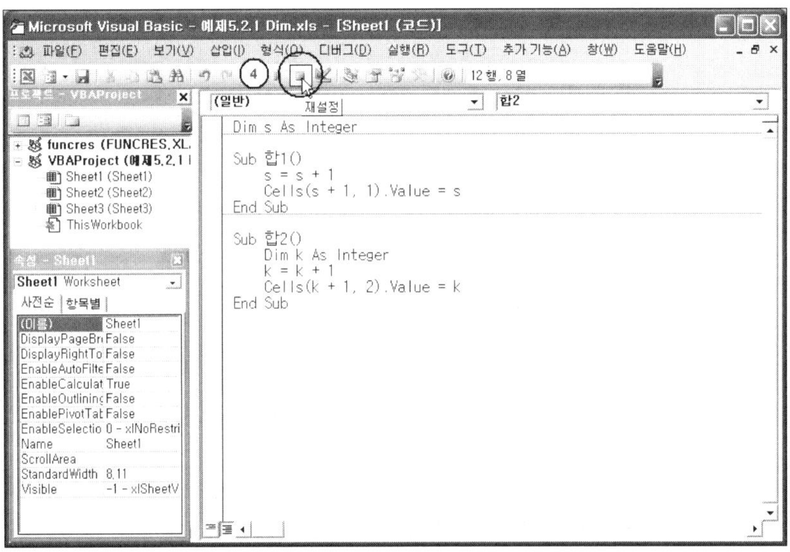

5.3 상수

변수는 Sub 프로시저가 실행할 때 수시로 그 값이 변할 수 있지만 Sub 프로시저가 실행되기 전에 언제나 같은 값을 유지해야 하는 경우도 있을 것이다. 이처럼 항상 같은 값을 가지고 있는 자료를 상수(Constant)라고 한다.

Sub 프로시저 중에서 중요한 의미를 갖는 상수는 다음과 같이 'Const'문을 사용해 프로그램의 처음부분에 정의하여 사용하는 것이 바람직하다. 이렇게 함으로써 Sub 프로시저의 해석이 높아지고 수정이 용이해지기 때문이다.

```
Const 상수이름 = 상수로 사용할 값
```

▸ 보기 5.3.1

```
Const PI =3.141592
Const Para = "창의력센터"
```

상수에 문자열을 입력할 때에는 항상 ""로 둘러싸야 한다.

5.4 연산자(Operator)

연산자란 연산을 수행하여 값을 구하는 것은 VBA의 연산자에는 다음 표와 같이 산술연산자, 비교연산자, 논리연산자가 있으며 이들 연산자 중 산술연산자가 제일 우선하며 다음에는 비교연산자, 그 다음에는 논리연산자 순으로 연산이 이루어진다.

연산자의 종류	구 성
산술연산자	+, −, *, /, ^, Mod, &, ₩
비교연산자	=, ◇, 〉, 〉=, 〈, 〈=
논리연산자	And, Or, Not

■ 산술연산자

산술연산자에는 다음과 같은 종류들이 있다.

연산자	기 능	우선순위	사용예	비고
^	거듭제곱	1	3^2 ⇒ 9	
−	음수기호	2	−3	
*	곱셈	3	3*2 ⇒ 6	
/	나눗셈	4	6/2 ⇒ 3	
₩	정수 나눗셈의 몫	5	7₩3 ⇒ 2	몫만 구한다
Mod	나머지 연산	6	7 Mod 3 ⇒ 1	나머지만 구한다
+−	덧셈, 뺄셈	7	3+5−2	
&	문자열결합	8	12&3 ⇒ "123"	글자 자체를 결합

복잡한 연산식을 사용할 때에는 연산자의 우선 순위에 유의해야 하며 ()안의 것은 항상 먼저 처리된다.

■ 비교연산자

연산자	기 능
=, 〈〉	두 개의 변수나 상수가 같은지 같지않은지 비교
〉, 〉=, 〈, 〈=	두 개의 변수나 상수 사이에 대소관계 비교

■ 논리연산자

연산자	기 능	우선순위
Not	오른쪽이 거짓이면 참(True), 참이면 거짓(False)	1
And	오른쪽과 왼쪽이 모두 참일 때에만 참(True)	2
Or	오른쪽과 왼쪽 중 하나라도 참이면 참(True)	3

연습문제 5 5.1 다음 각 연산의 값은 무엇인가?

① a=3^2 ② b=2*3

③ c=9/3 ④ d=15₩3

⑤ e=12 Mod 5 ⑥ f=(3〈7)

⑦ g=(5〈〉5) ⑧ h="5"+"2"

⑨ i=(2〉7)AND(2〈7) ⑩ i=(2〉7)OR(2〈7)

Chapter 06

사용자 정의 폼과 컨트롤

사용자 정의 폼이란 여러 개의 컨트롤을 이용하여 다양한 입출력 장치를 만들고 이를 실행할 수 있는 Sub 프로시저를 각각의 컨트롤에 적용하는 하나의 창에 해당하는 개체이다. 사용자 정의 폼과 컨트롤을 이용하여 간단한 대화상자를 만들어 보고 이를 실행시킬 수 있는 Sub 프로시저에 대해서 알아보자.

6.1 사용자 정의 폼 삽입

다음 예제와 같이 VB편집기에 사용자 정의 폼을 삽입하여 보자.

예제 6.1.1 사용자 정의 폼 삽입

① VB편집기를 처음 실행하면 프로젝트 탐색기에 사용자 정의 폼이 없다. 프로젝트 탐색기에 사용자 정의 폼을 삽입하기 위해서는 다음 그림과 같이 메뉴의 【삽입 ⇒ 사용자 정의 폼(U)】을 선택한다.

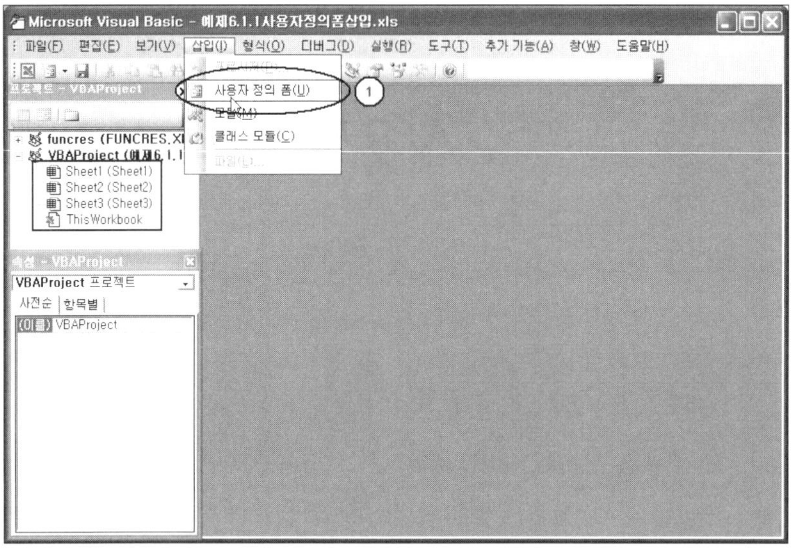

② 프로젝트 탐색기에 사용자 정의 폼에 해당하는 "UserForm1"이 생기며 이에 따라 오른쪽 화면에 사용자 정의 폼과 컨트롤 도구 상자가 나타난다. 물론 컨트롤 도구 상자는 워크시트에 나타나는 컨트롤 도구 상자와 같다.

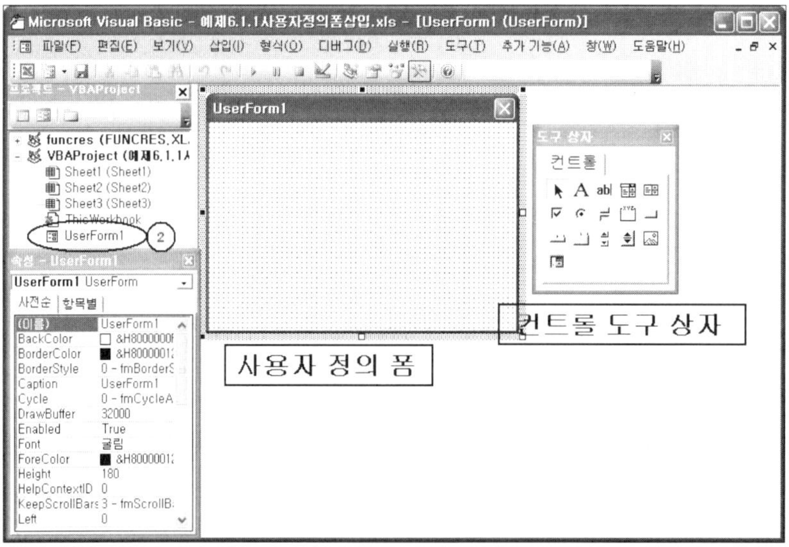

사용자 정의 폼을 계속해서 삽입하면 자동적으로 “UserForm2”, “UserForm3”, …등과 같이 그 이름이 결정된다.

③ 사용자 정의 폼의 이름, 바탕색, 위치 등 여러 가지들을 입력하기 위해서는 사용자 정의 폼에 대한 속성을 지정하여야 한다. 속성 창은 프로젝트 탐색기 아래에 있으며 만약 없으면 메뉴의 【보기 ⇒ 속성】을 선택하면 나타난다. 먼저 사용자 정의 폼의 이름을 지정하자. 사용자 정의 폼이 선택된 상태에서 속성 창의 "(이름)"을 선택한 후 적당한 이름을 입력하면 된다. 다음 그림에서는 그 이름을 '사용자예'로 입력하였고 입력이 완료된 순간 프로젝트 탐색기에 '사용자예'라는 이름의 사용자 정의 폼이 나타난다. 사용자 정의 폼의 이름을 정할 때에는 한글 또는 영문자로 나타내며 띄워 쓰기 또는 특수문자를 사용할 수 없다.

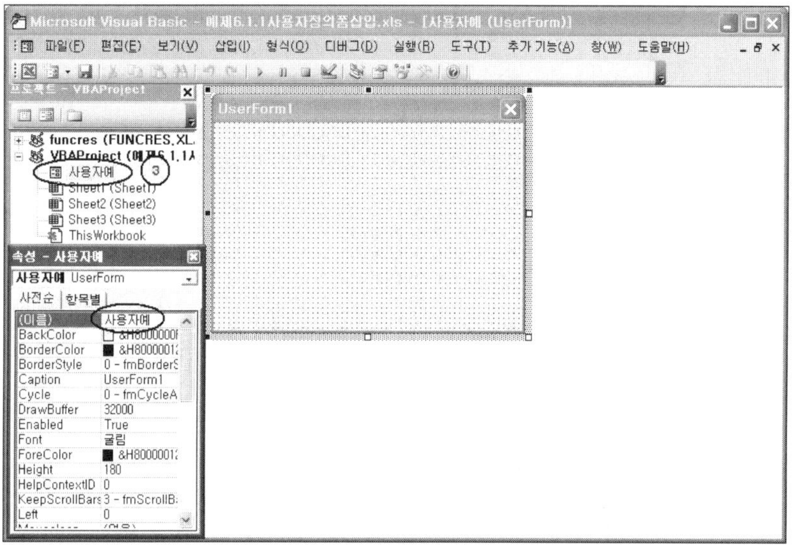

④ 사용자 정의 폼의 이름을 지정하더라도 사용자 정의 폼의 개체의 이름은 지정되지 않았다. 개체의 상단에 이름을 변경하기 위해서는 속성창의 'Caption' 속성의 값을 바꾸어주어야 한다. 'Caption'을 선택한 상태에서 적당한 이름을 입력하면 된다. 여기서는 'Caption변경'으로 지정하였다.

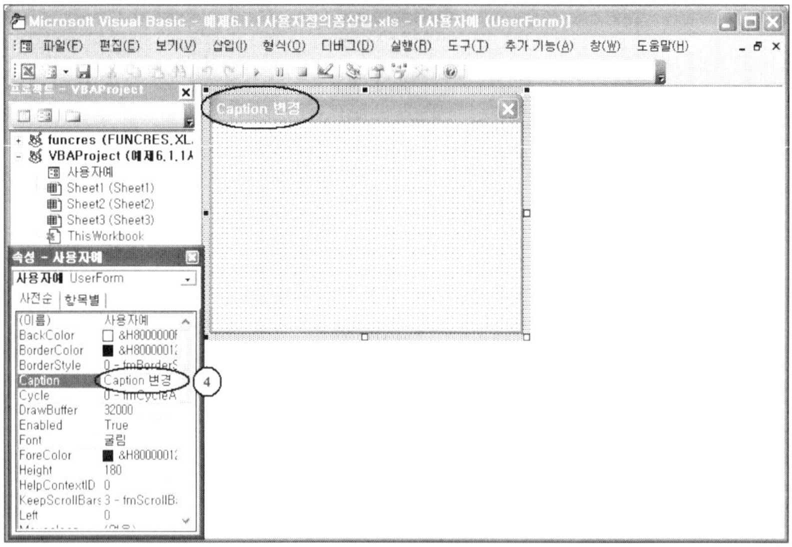

⑤ 사용자 정의 폼의 바탕색을 바꾸기 위해서는 속성 창의 BackColor의 속성을 지정하여야 한다. BackColor의 오른쪽 드롭다운(▾) 단추를 누르면 아래 그림과 같이 색상표와 시스템 두 탭으로 이루어진 대화상자가 나타난다.

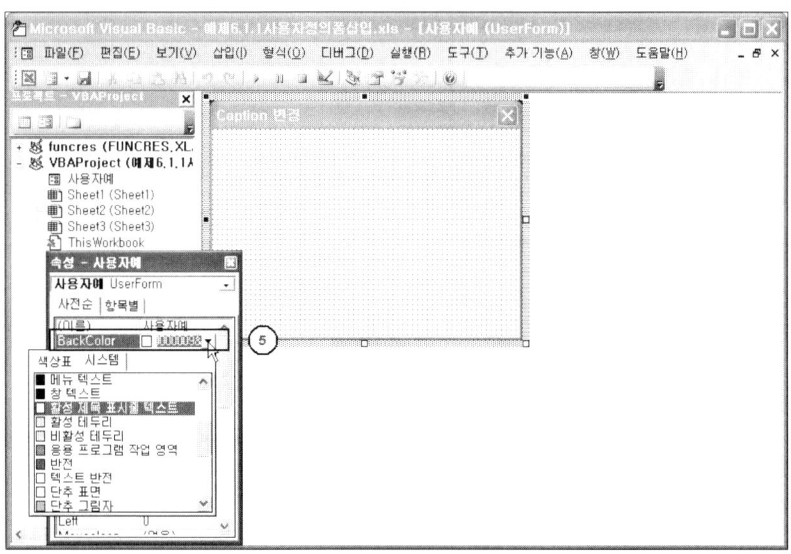

⑥ 색상표 탭에서 적당한 색을 마우스 누르면 사용자 정의 폼의 바탕색을 지정할 수 있다.

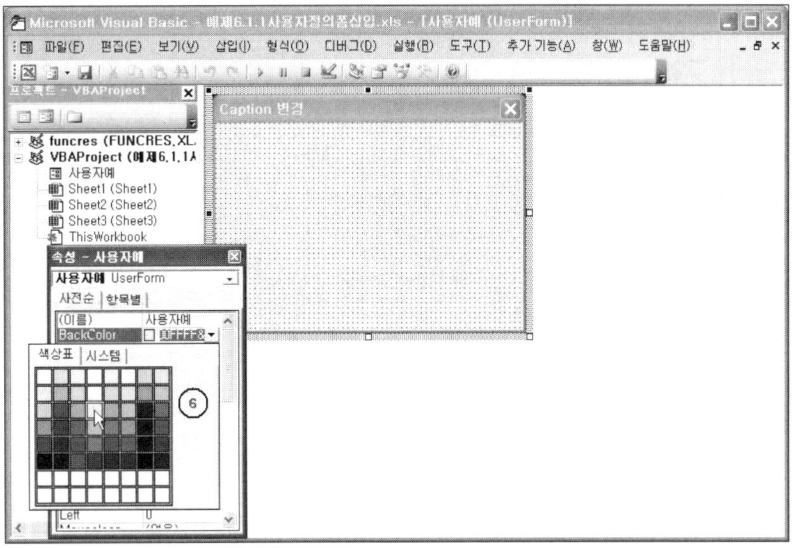

6.2 컨트롤 도구 상자

워크시트에 컨트롤 도구 상자가 있듯이 VBA에서도 컨트롤 도구 상자가 있으며 사용자 정의 폼에 다양한 컨트롤들을 만들어 사용할 수 있다. 각각의 컨트롤을 간단히 알아보면 다음 표와 같다.

아이콘	명칭	개체명	주요기능
A	라벨	Label	문자열의 출력에 활용
ab|	텍스트상자	TextBox	데이터를 입력할 때 활용
	콤보상자	ComboBox	리스트박스와 텍스트박스의 기능을 조합한 컨트롤
	리스트박스	ListBox	리스트의 목록을 표시하여 그 중에서 항목을 선택
☑	체크박스	CheckBox	온/오프 상태를 전환하여, 선택/미선택 상태를 선택

	옵션박스	OptionButton	여러 개의 선택 항목을 갖는 그룹 중에서 하나의 항목만을 선택한다.
	토글단추	ToggleButton	온/오프 상태를 전환하여, 선택/미선택 상태를 선택
	프레임	Frame	관련된 여러 개의 컨트롤들을 그룹으로 묶음
	명령단추	CommandButton	확인이나 취소등의 버튼
	연속탭	TabStrip	동일 컨트롤을 사용하면서 여러 개의 패널에 의해 표시할 정보를 전환
	다중페이지	MultiPage	여러 페이지를 하나의 컨트롤로 그룹
	스크롤막대	ScrollBar	화면의 표시 상태나 값을 스크롤하여 변경
	스핀단추	SpinButton	숫자를 증가시키거나 감소시킴
	이미지	Image	사용자 정의 폼에 이미지를 표시
	RefEdit	RefEdit	셀의 참조를 지정
	개체선택	ObjectSelection	사용자 정의 폼과 그 개체들을 선택

위의 컨트롤 중 앞으로 사용할 컨트롤은 대부분 Label, Text, CommandButton, ScrollBar, SpinButton을 이용하여 다양한 사용자 정의 폼을 만들 것이다. 이들의 사용법을 다음 예제들을 통하여 알아보자.

예제 6.2.1 라벨(Label)만들기

① 라벨(Label)은 문자열이나 숫자를 폼에 보여주는 컨트롤이다. 도구상자에서 A를 선택하면 마우스 포인트가 '+'모양으로 바꾸어지며 사용자 정의 폼 위의 적절한 위치에서 드래그하면 사용자 정의 폼에 Label을 다음 그림과 같이 삽입할 수 있다.

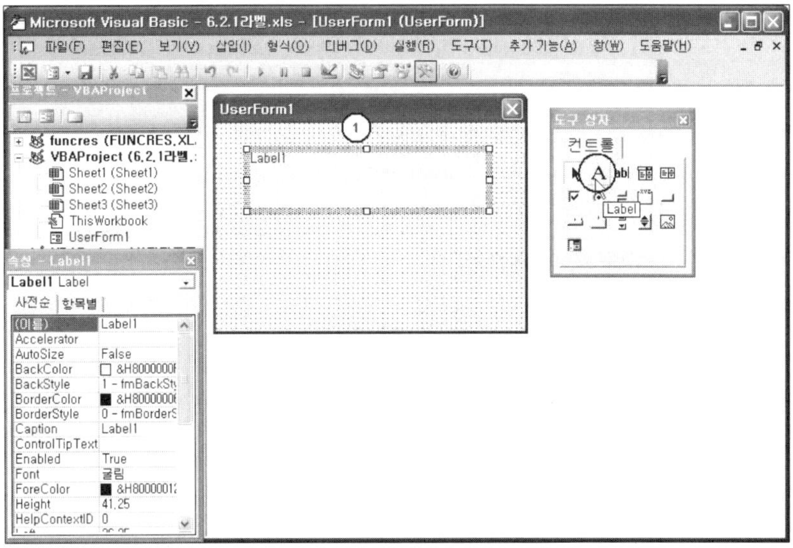

Label을 삽입하는 순간 Label의 이름은 자동으로 "Label1", "Label2", … 등으로 부여되며 Label의 Caption 또한 "Label1", "Label2", … 등으로 나타난다.

② 만들어진 Label을 선택하면 속성 창에 Label에 관련된 속성들이 나타난다. Label에 관련된 대표적인 속성들을 알아보면 다음과 같다.

속성	초기값	설명
AutoSize	False	True면 입력되는 문자열 크기만큼 컨트롤의 크기가 자동으로 설정
BackColor	&H8000000F&	배경색을 반환하거나 설정
BorderStyle	0-fmBackStyleNone	테두리 모양을 설정
Caption	Label1	숫자나 문자열을 나타냄
Font	굴림	Caption의 글꼴 설정
ForeColor	&H80000012&	글자색을 반환하거나 설정

③ Label의 이름과 Caption을 변경하는 방법은 사용자 정의 폼에서 이름과 Caption을 변경하는 방법과 같다. 다음 그림과 같이 이름은 "lab1", Caption은 "창의력"으로 변경하여 보자.

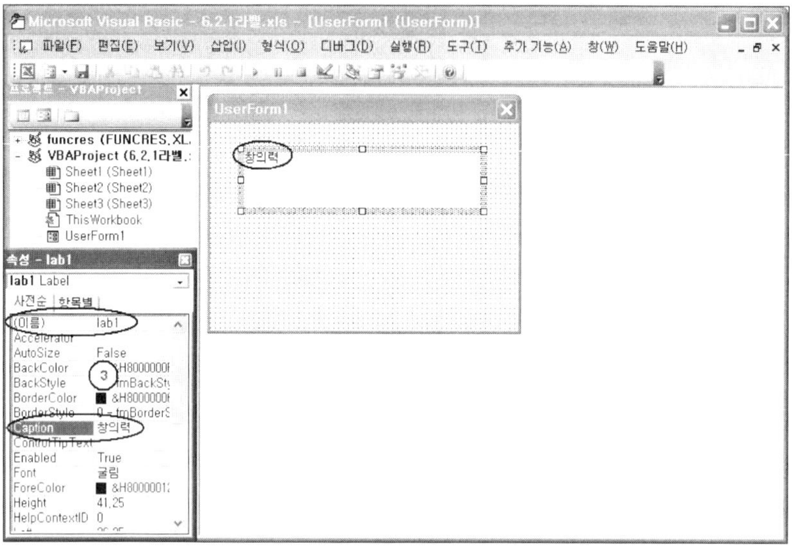

④ Caption의 글꼴을 변경하기 위해 속성 창의 Font 항목을 선택하면 굴림의 오른쪽에 ... 모양의 단추가 생기며 이 단추를 누르면 글꼴 대화상자가 나타난다.

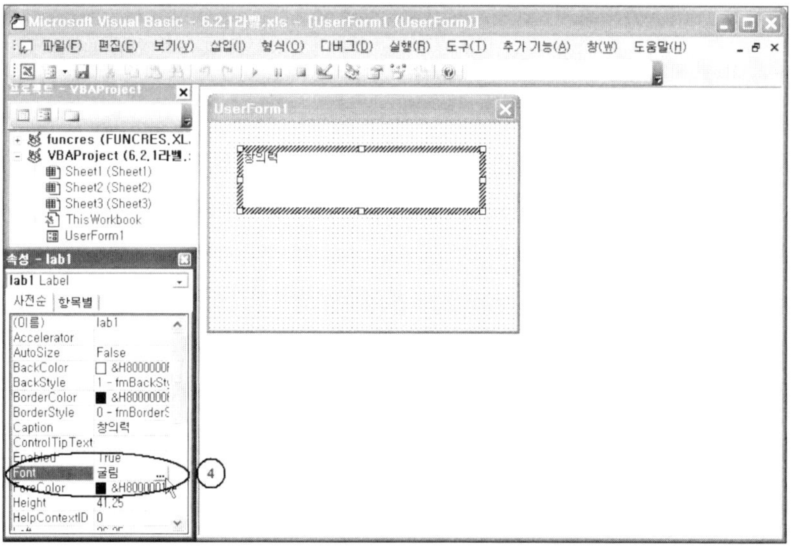

⑤ 글꼴 대화상자에서 글꼴, 스타일, 크기를 결정하면 Caption의 글꼴이 지정된다.

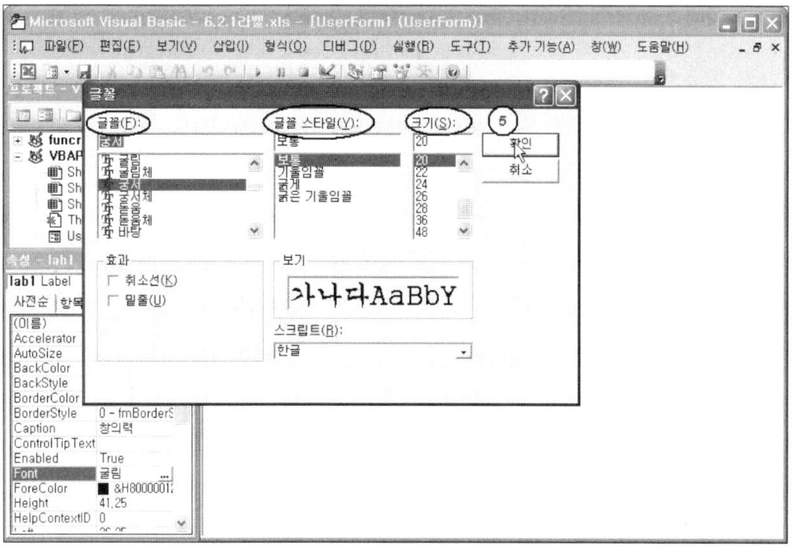

⑥ Label의 크기를 Caption의 글자크기에 맞추려면 속성 창의 AutoSize항목의 초기값 False를 True로 바꾸어주면 된다.

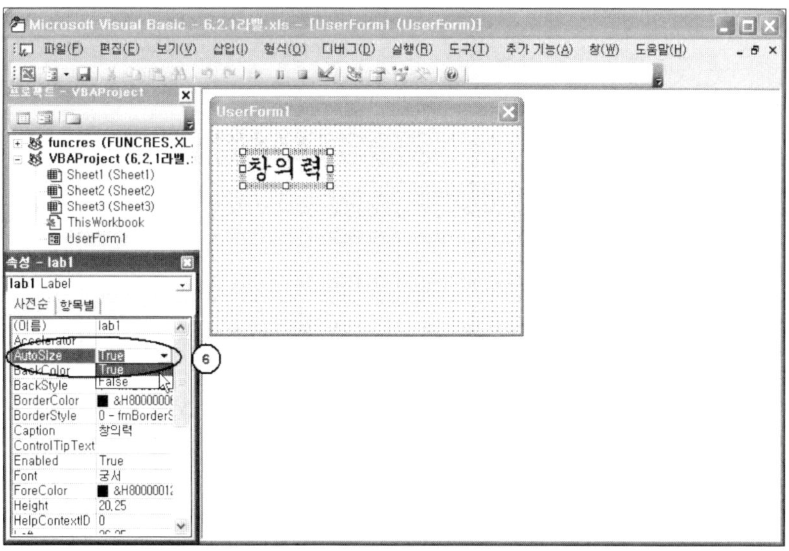

⑦ Label의 글자색을 바꾸어주기 위해서는 ForeColor항목에서 적당한 색을 선택하면 된다. 사용자 정의 폼의 BackColor와 같은 방법으로 색을 지정할 수 있다. 또, Label의 바탕색도 같은 방법으로 지정할 수 있다.

⑧ 만들어진 Label를 확인하기 위해서는 표준도구모음의 "Sub/사용자 정의 폼 실행" 단추를 누르면 워크시트에서 사용자 정의 폼이 나타나는 것을 확인 할 수 있다.

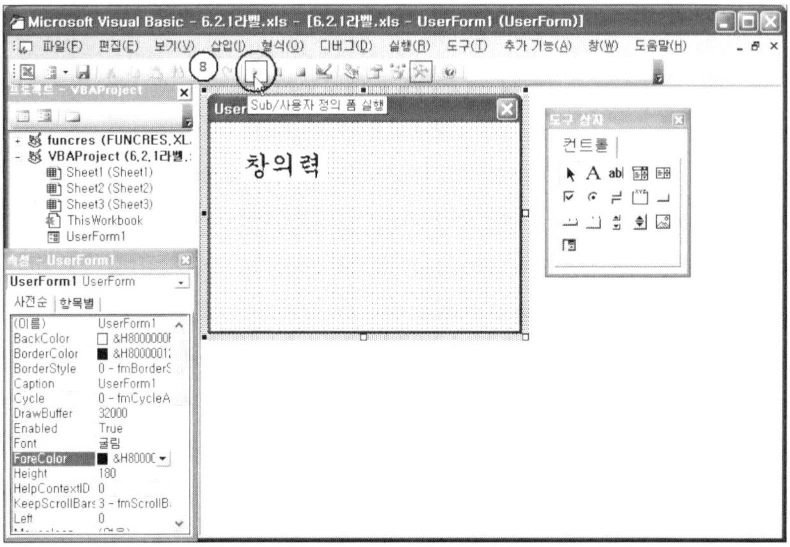

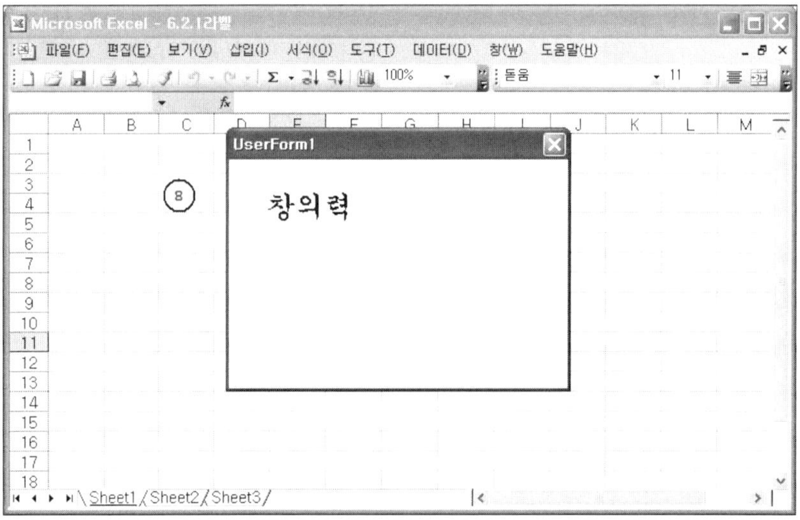

예제 6.2.2 텍스트(Text)와 명령단추(CommandButton) 만들기

텍스트(Text)와 명령단추(CommandButton)을 만들어 라벨에 문자 또는 숫자가 나오도록 만들어보자.

① Text는 문자열이나 숫자를 입력하는 컨트롤로서 도구상자의 텍스트단추 abl 를 눌러 사용자 정의 폼에 적당한 크기로 만들자.

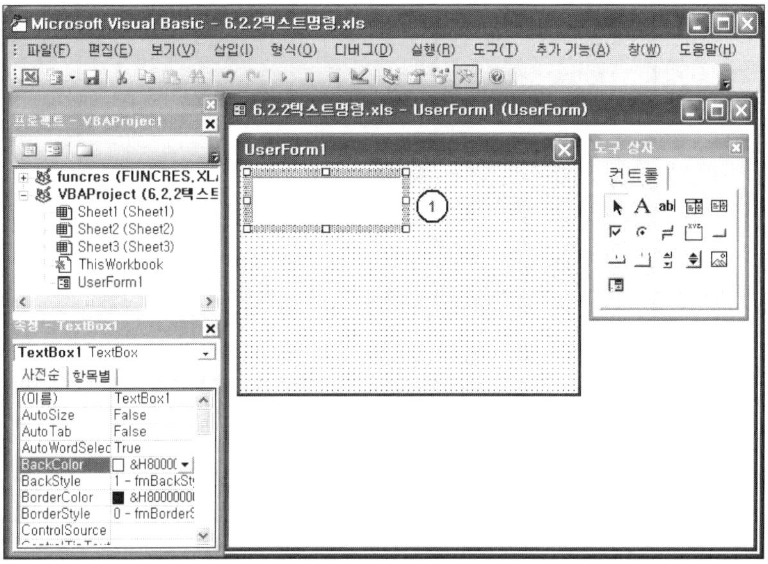

② Text의 속성 중 자주 사용되는 것으로는 다음과 같은 것들이 있다.

속성	초기값	설명
BorderStyle	0–fmBackStyleOpaque	테두리 모양을 설정
Lock	False	텍스트박스 안의 내용 편집 유무를 설정. True이면 편집할 수 없음
MaxLength	0	텍스트박스 안에 입력할 수 있는 문자열의 최대 길이를 설정
MultiLine	False	텍스트박스에서 2줄 이상의 문자열을 편집할지 여부를 설정. True이면 2줄 이상의 문자열을 사용할 수 있음
ScrollBars	0–fmScrollBarsNone	수평, 수직, 양방향 스크롤 바를 텍스트 박스에 보이게 할지 설정, MultiLine속성이 False이면 아무런 변화도 일어나지 않음

③ 명령단추는 확인이나 취소 등을 하는 경우에 사용되는 컨트롤로서 도구상자의 ⊣ 단추를 눌러 만든다. 텍스트 옆에 명령단추를 다음 그림과 같이 적당한 크기로 만들어 보자.

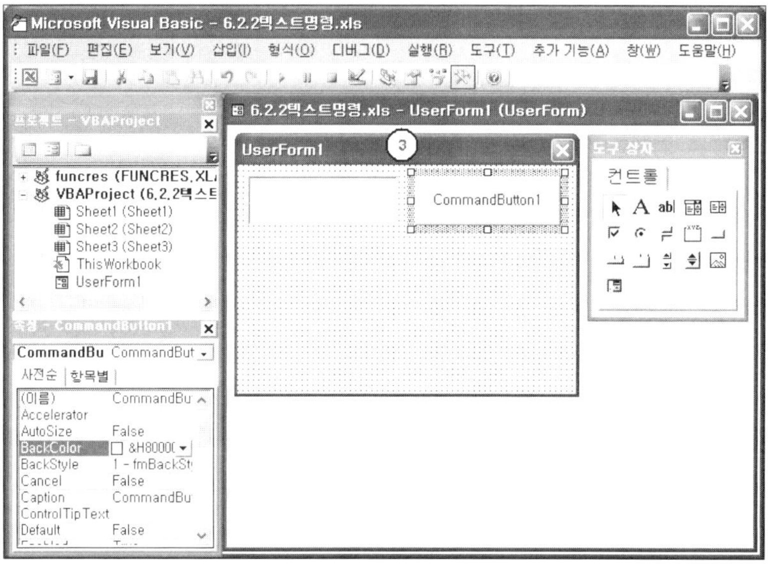

④ 명령단추의 속성 중 자주 사용되는 것으로는 다음과 같은 것들이 있다.

속성	초기값	설명
Caption	CommandButton1	명령버튼에 들어갈 문자열의 설정
Enable	True	텍스트박스 안의 내용 편집 유무를 설정. True이면 편집할 수 없음
Visible	True	명령 버튼을 폼에 보여줄지 우무를 설정

명령단추와 텍스트에는 라벨과 동일한 속성들이 있다. 예를 들면, BorderColor, BackStyle, Font, ForeColor 등이 있다. 이것들에 대한 값은 모두 동일하게 부여하면 된다.

⑤ 텍스트와 명령단추 아래에 라벨을 다음 그림과 같이 적당한 크기로 만들자.

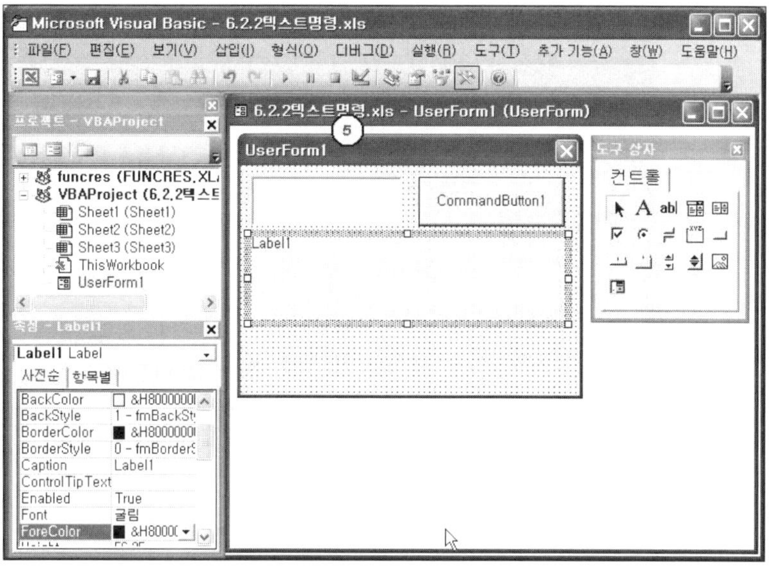

⑥ 각각의 컨트롤의 이름을 부여하자. 사용자 정의 폼의 이름을 지정하는 것과 같은 방법으로 다음을 입력하자.

컨트롤	Text	CommandButton	Label
이름	Txt입력	Com실행	Lab출력

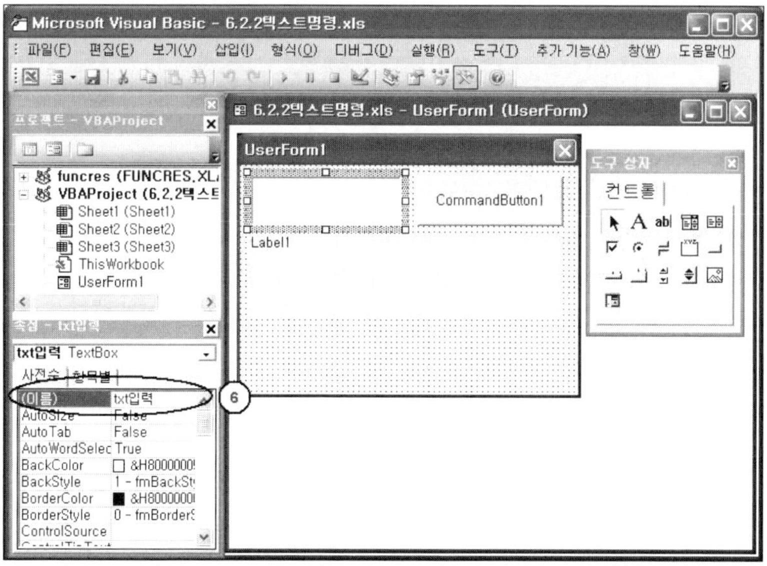

⑦ 명령버튼의 Caption을 "실행"으로 입력하고 라벨의 Caption은 없애자.

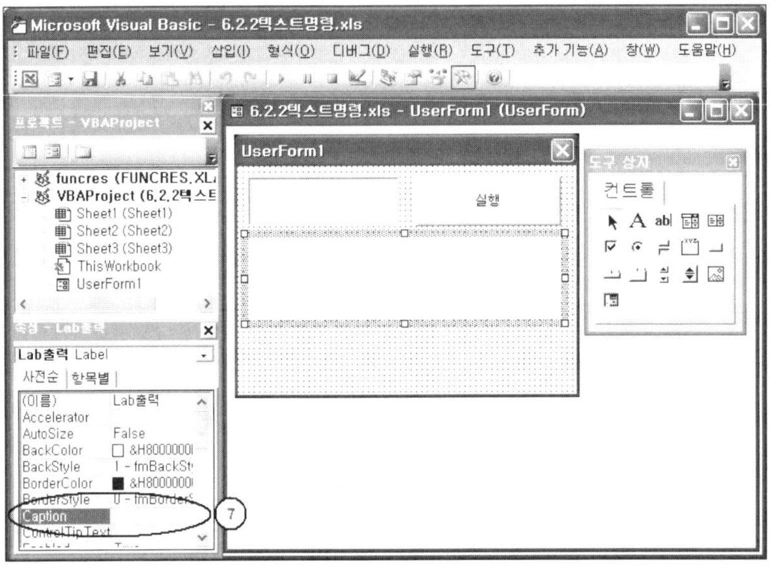

⑧ 명령단추의 Caption에 "실행"이라는 문자가 작으므로, 명령단추의 문자 크기를 조정하자. 물론, 텍스트와 라벨의 문자 크기도 같이 조정하자. 각각의 컨트롤의 속성창의 Font속성에서 글꼴을 지정하면 된다. 모두 글꼴은 '돋음', 글꼴 스타일은 '굵게', 크기는 '20'으로 지정하자.

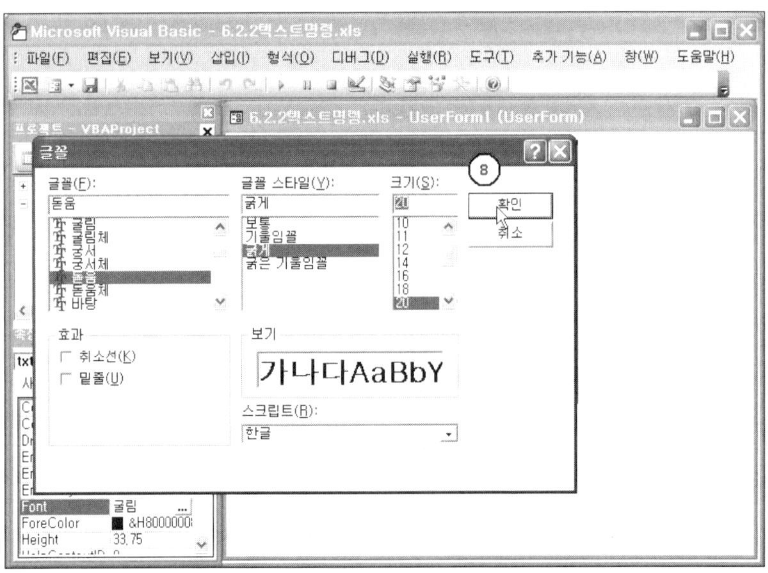

⑨ 명령단추에 코드를 부여하기 위해서는 명령단추를 더블클릭 한다. 명령단추를 더블클릭하면 자동적으로 명령단추에 대한 코드 창이 활성화되면서 프로시저의 시작(Private Sub Com입력_Click)과 끝(End Sub)을 나타내는 부분이 다음 그림과 같이 나타난다.

위의 그림의 코드 창에 나타난 프로시저는 앞에서 다루었던 Sub 프로시저와는 다르게 "이벤트 프로시저"라 부른다. 이벤트 프로시저란 컨트롤에 대한 실행코드의 집합체로 볼 수 있으며 각각의 컨트롤에 대해 모두 만들 수도 있다. 이벤트 프로시저의 시작 앞의 "Private"는 명령단추에 대한 이벤트 프로시저가 이 사용자 정의 폼에서만 실행된다는 것을 의미한다. 물론 "Private"이라는 단어는 명령단추뿐만 아니라 도구상자에 있는 모든 컨트롤에 대하여 항상 앞에 붙어진다. 또, 명령단추의 이름 끝에 "Click"이라는 단어가 있는데 이것은 명령단추를 누르면 코드를 실행하라는 것으로 보통 "이벤트"라 부른다. 이 이벤트 때문에 이와 같은 프로시저를 이벤트 프로시저라 부른다.

명령단추의 이벤트 프로시저의 형식은 보통 다음과 같다.

```
Private Sub 단추이름_이벤트
        【처리내용】
End Sub
```

⑩ 이벤트 프로시저에 다음과 같이 코드를 완성하자.

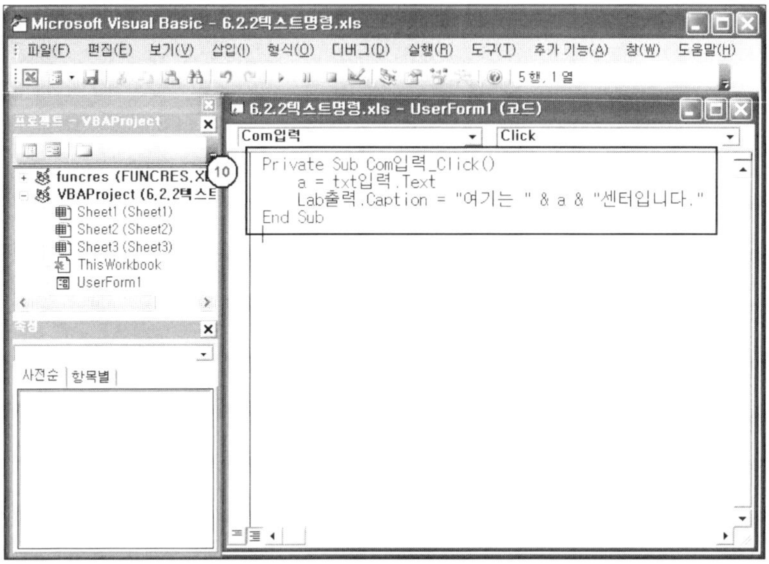

위의 그림의 코드에는 다음과 같이 입력되어 있다.

```
a=txt입력.Text
Lab출력.Caption= "여기는 " & a & "센터입니다."
```

【a=txt입력.Text】는 a라는 변수에 텍스트(txt입력)에 입력된 문자열을 입력하자는 것을 의미하며 【Lab출력.Caption="여기는" & a & "센터입니다."】는 Lab출력의 Caption에 "여기는" 과 a, "센트입니다."라는 단어들을 붙여서 나타내자는 것이다. "&"는 5장의 연산자(Operator)에서 다루었던 산술연산자로서 두 개 이상의 문자열을 결합하는 연산자이다. 변수 a 뒤의 산술연산자 "&"는 변수 a와 항상 띄워서 작성해야만 한다. 만약 띄워 쓰지 않으면 다음 그림과 같이 컨파일 오류 메시지가 자동적으로 나타날 것이다.

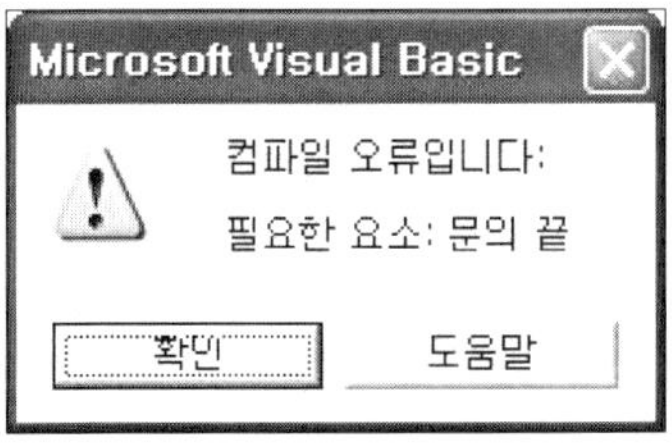

⑪ 위의 이벤트 프로시저를 실행하기 위해서는 사용자 정의 폼의 실행과 같이 표준도구모음의 "Sub/사용자 정의 폼 실행"단추를 누르면 된다. 워크시트 화면에 사용자 정의 폼이 나타나며 텍스트에 적당한 단어를 입력한 후 명령단추를 누르면 라벨에 결과가 다음 그림과 같이 나타나는 것을 확인 할 수 있다.

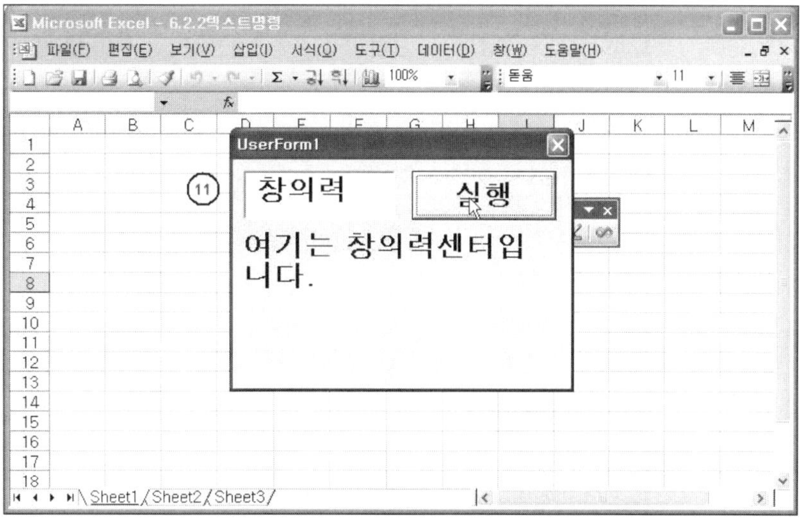

텍스트와 명령단추, 라벨을 이용하여 간단한 사용자 정의 폼을 만들었는데 간단히 정리하면 보통 텍스트는 문자열이나 숫자를 입력하는 역할을 하며 라벨은 주어진 입력에 대한 출력 역할을 한다. 명령단추는 입력과 출력의 중간 연결고리 역할로 명령단추를 누르면 텍스트에 입력된 문자를 라벨에 출력하라는 명령을 전달하여 라벨에 문자를 출력하도록 한다.

숫자를 입력하기 위해서는 텍스트를 사용하여도 상관은 없으나 텍스트를 사용하여 숫자를 입력하는 것은 일정한 값을 입력하는 것으로 변하는 값을 입력하지 못한다. 예를 들면 이차함수 $y = ax^2$에서 이차항의 계수의 값이 변하도록 만들려고 하면 텍스트로는 만들 수 없다. 변하는 값을 만들기 위해서는 스크롤막대와 스핀단추를 이용한다. 다음 예제들을 통하여 스크롤막대와 스핀단추의 중요한 속성과 그 사용법을 알아보자.

예제 6.2.3 스크롤막대(Scrollbar) 만들기

스크롤막대를 이용하여 변하는 숫자를 만들어 보자.

① VB편집기의 프로젝트 탐색기에 사용자 정의 폼을 삽입하고 그 이름과 Caption을 적당하게 입력하자. 여기서는 이름과 Caption에 "스크롤바"라고 부여하였다.

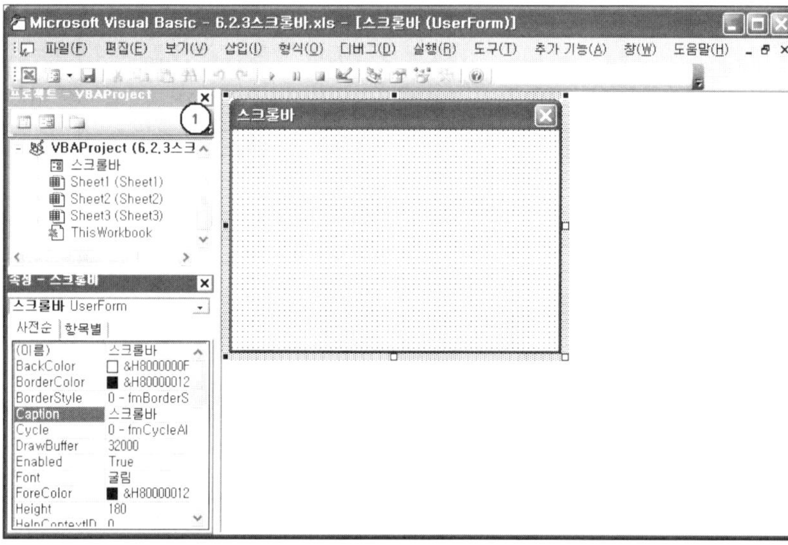

② 사용자 정의 폼에 스크롤막대와 라벨을 다음 그림과 같이 만들자. 스크롤막대를 만들기 위해서는 컨트롤 도구모음에서 단추를 누르면 된다. 또, 사용자 정의 폼의 크기를 적당하게 조절하자. 사용자 정의 폼과 컨트롤의 크기를 적당하게 조절하기 위해서 각각의 컨트롤을 선택하면 아래 그림과 같이 사각조절점이 나타나며 이 사각조절점을 마우스로 드래그하면 크기를 적당하게 조절할 수 있다.

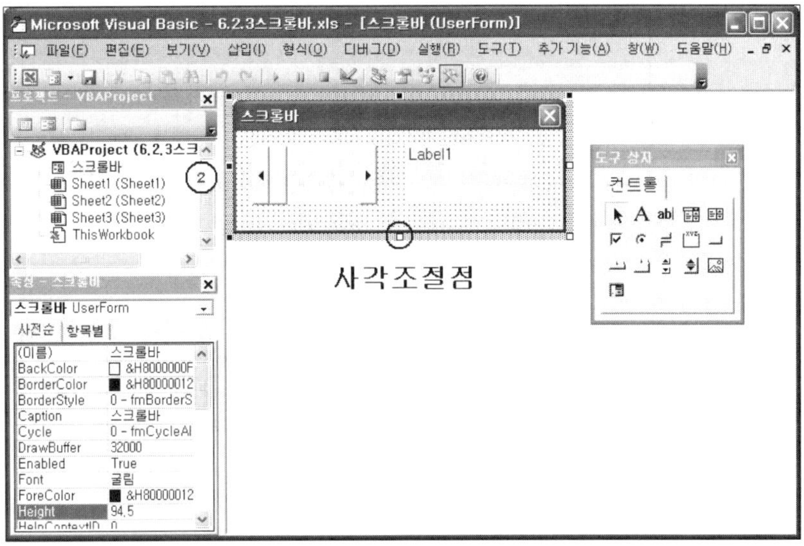

③ 라벨의 이름은 “Lab값”으로 부여하고 라벨의 글꼴을 적당하게 조절하는데 여기서는 글꼴은 “돋음”, 글꼴 스타일은 “굵게”, 크기는 “20”으로 지정하고, “TextAlign”이라는 속성은 2-fmTextAlignCenter을 선택하면 Caption이 가운데에 정렬된다.

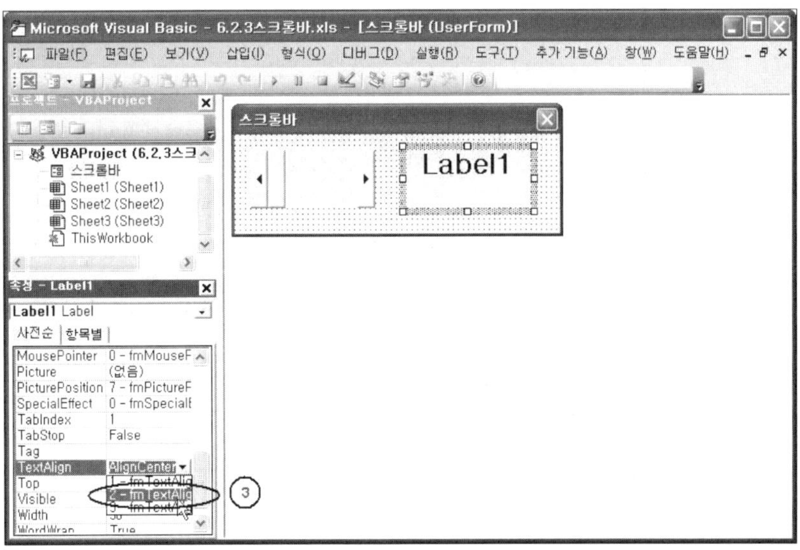

속성	값	설 명
TextAlign	1-fmTextAlignLeft	Caption을 왼쪽 정렬
	2-fmTextAlignCenter	Caption을 가운데 정렬
	3-fmTextAlignRight	Caption을 오른쪽 정렬

여기서 라벨의 Caption은 지우자.

④ 스크롤막대를 눌렀을 때 라벨에 수(값)를 나타나게 하기 위해서 스크롤막대의 속성 중 다음과 같은 것을 지정하여야 한다. 다음과 같이 속성을 지정하자.

속 성	값
이름	Scr1
LargeChange	4
SmallChange	1
Max	20
Min	0
Value	10

속성	설명
LargeChange	스크롤막대의 빈 공간을 한 번 누를 때마다 변하는 값의 양으로 SmallChange보다 큰 값을 입력한다.
SmallChange	스크롤막대의 양 끝 쪽의 삼각형 모양을 한 번 누를 때마다 변하는 값의 양으로 LargeChange보다 작은 값을 입력한다.
Max	스크롤막대가 움직일 때 변할 수 있는 가장 큰 값
Min	스크롤막대가 움직일 때 변할 수 있는 가장 작은 값
Value	사용자 정의 폼이 처음 실행될 때 주어지는 초기값

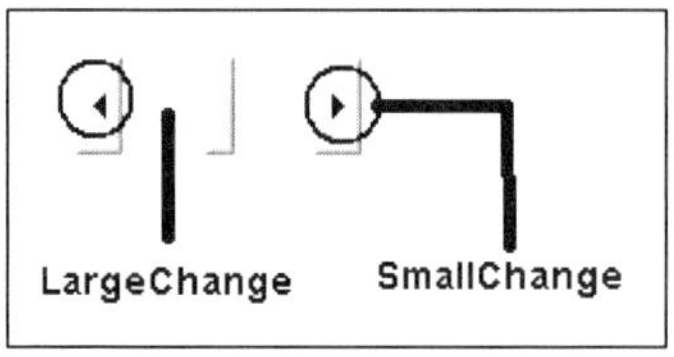

⑤ 스크롤막대를 누르면 라벨에 스크롤막대의 값이 나타나도록 코드를 작성하자. 스크롤막대를 더블클릭하여 코드 창을 불러와서 다음과 같이 코드를 입력하자.

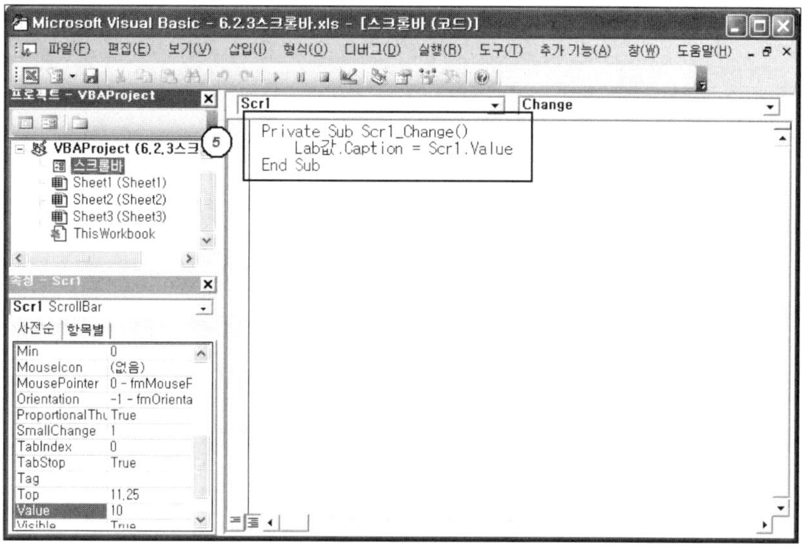

⑥ 표준도구모음의 Sub/사용자 정의 폼 실행 단추를 눌러 사용자 정의 폼을 실행하면 다음 그림과 같이 스크롤막대에 대한 값이 라벨에 나타나는 것을 확인할 수 있다.

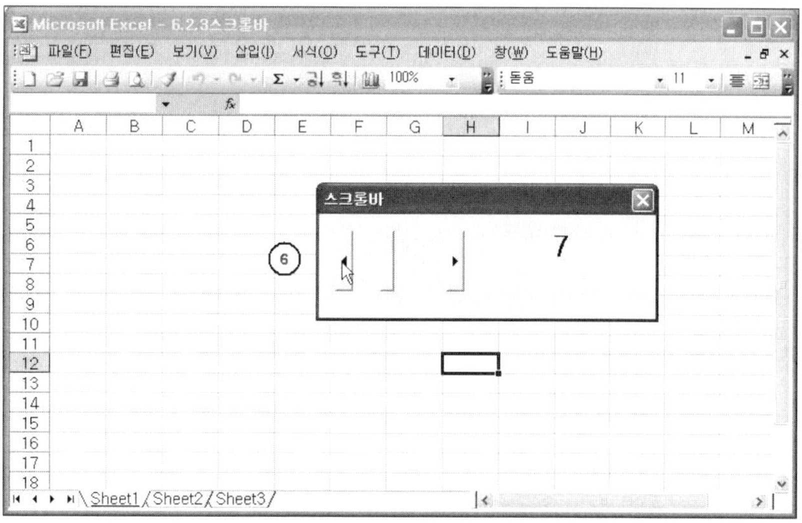

⑦ 사용자 정의 폼을 처음 실행하였을 때 라벨에 스크롤막대의 초기값 10이 나타나지 않는다. 사용자 정의 폼이 실행되는 순간 초기값이 나타나도록 하기 위해서는 사용자 정의 폼에 대하여 간단한 Sub 프로시저를 만들어 주어야 한다. VB편집기에서 사용자 정의 폼을 더블클릭하여 코드 창을 불러오면 다음 그림

과 같이 Sub프로시저의 시작과 끝을 나타난다.(스크롤막대의 Sub 프로시저와 함께 나타난다)

```
Private Sub UserForm_Click()
        【처리】
End Sub
```

사용자 정의 폼의 이름이 지정되어 있더라도 사용자 정의 폼에 대한 Sub 프로시저의 제목은 항상 "UserForm"이다. 또, 사용자 정의 폼의 Sub 프로시저를 만들면 제목 UserForm 뒤에 "Click"이라는 단어는 항상 붙는다. 이것은 UserForm을 마우스로 눌렀을 때 사용자 정의 폼의 【처리】를 진행한다는 것이다. 하지만 여기서는 사용자 정의 폼이 처음 실행되었을 때 바로 스크롤바의 값이 라벨에 주어지도록 만들고자 한다. 이렇게 하기 위해서는 "Click"이라는 단어(이벤트) 대신에 "Activate"라는 단어(이벤트)가 있어야 한다. 직접 입력할 수도 있으나 코드 창의 상단부분에 있는 프로시저를 누르면 입력할 수 있는 모든 것들이 나타나며 여기서 "Activate"를 누르면 다음 그림과 같이 사용자 정의 폼에 대한 Sub 프로시저가 다음 그림과 같이 다시 만들어진다.

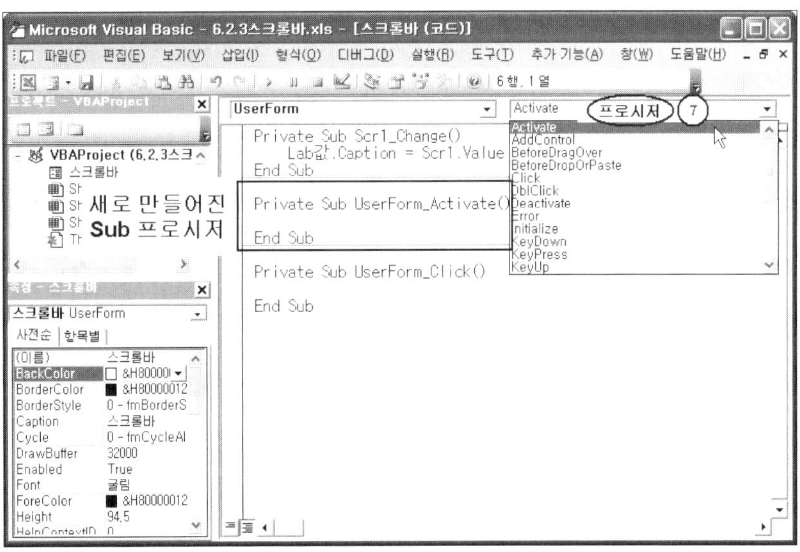

⑧ 스크롤막대와 똑같은 코드를 입력한 후 사용자 정의 폼을 실행하면 실행되는 순간부터 라벨에 스크롤막대의 값이 나타나는 것을 확인할 수 있다.

```
Private Sub UserForm_Click()
        Lab값.Caption=Scr1.Value
End Sub
```

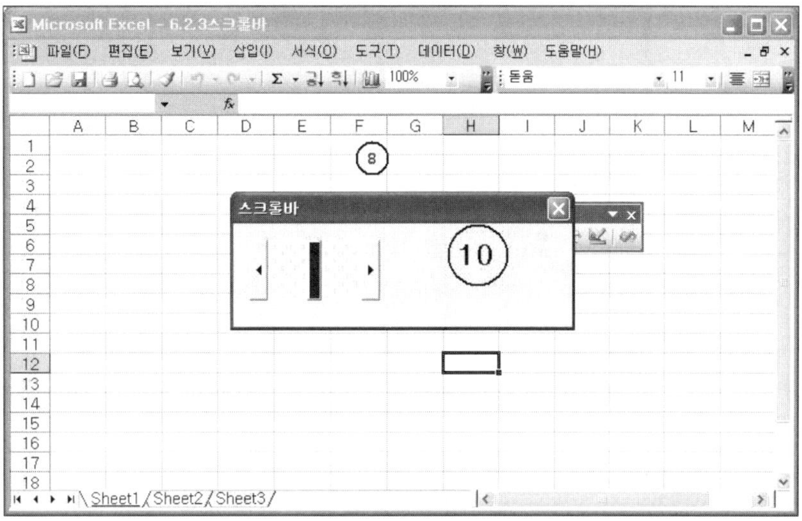

예제 6.2.4 스핀단추(Spinbutton)

스핀단추는 스크롤막대와 그 사용법과 속성이 대부분 같지만 스크롤막대에 있는 LargeChange라는 속성이 스핀단추에는 없다. 스핀단추를 이용하여 두 수의 합을 구하는 사용자 정의 폼을 만들자.

① 사용자 정의 폼에 두 스핀단추와 다섯 개의 라벨을 다음 그림과 같이 삽입하자.

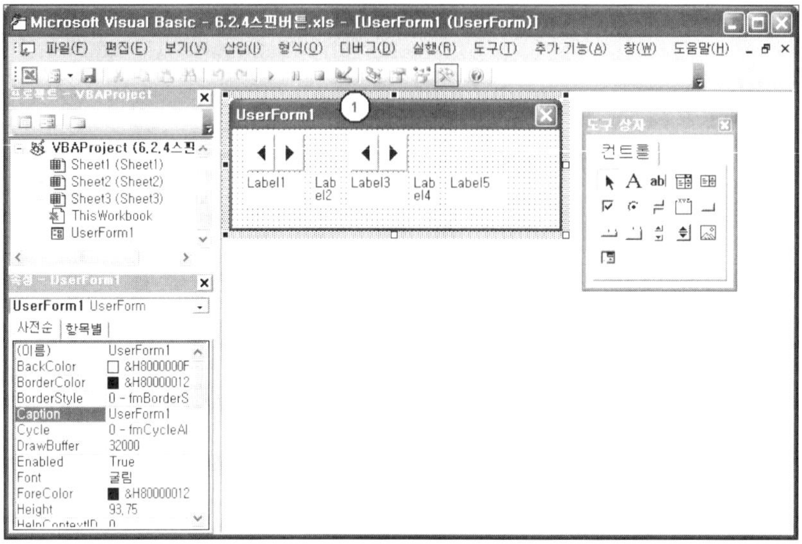

② Label1, Label3, Label5의 이름은 각각 Lab1, Lab2, Lab3으로 지정하고 Caption은 모두 지우자. 또, Label2와 Label4은 이름을 따로 지정하지 않고 그 Caption만 "+", "="로 나타내자.

컨트롤	Label1	Label2	Label3	Label4	Label5
이름	lab1		Lab2		Lab3
Caption		+		=	

또, 다섯 개의 라벨에 대하여 글꼴은 "돋음", 글꼴 스타일은 "굵게", 크기는 "22"로 지정하고 TextAlign는 "2-fmTextAlignCenter"로 지정하자.

③ 두 스핀단추의 속성을 다음과 같이 지정하자.

속 성	값	값
이름	Spin1	Spin2
SmallChange	1	1
Max	10	10
Min	0	0
Value	5	5

④ 사용자 정의 폼과 두 스핀단추에 다음과 같은 Sub 프로시저를 만들자.

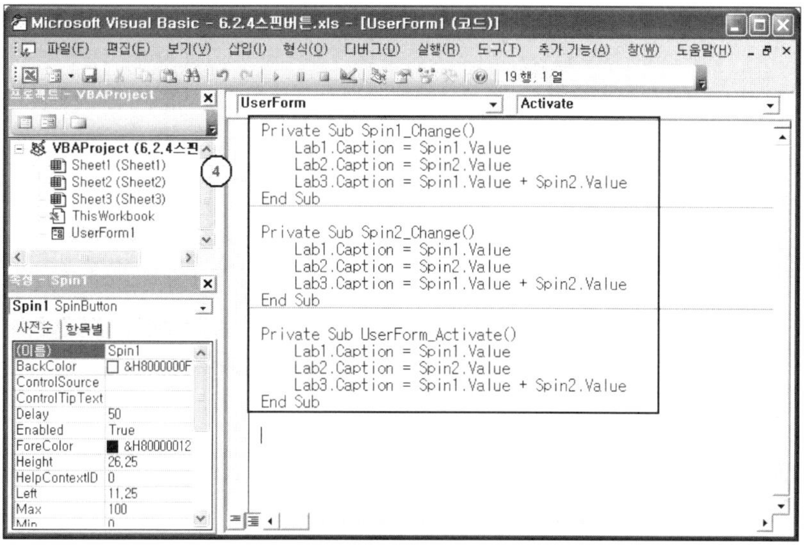

⑤ 사용자 정의 폼을 실행하면 다음 그림과 같이 두 스핀단추의 값에 대한 합을 구할 수 있다.

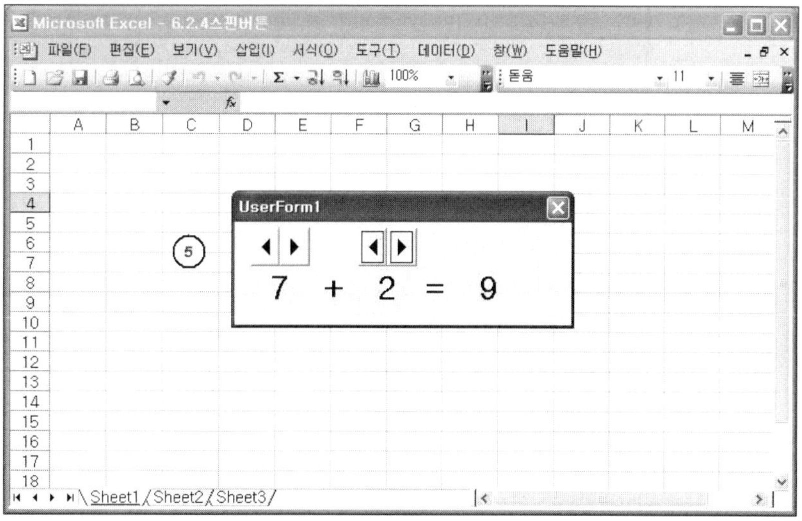

스핀단추와 스크롤막대에는 Oriental 속성이 있으며 이 속성은 두 컨트롤의 방향을 결정하는데 다음 표와 같다.

속성	값	설 명
Oriental	-1-fmOrientationAuto	컨트롤의 가로, 세로의 비율에 따라 자동으로 결정
	0-fmOrientationVertical	컨트롤의 방향이 수직
	1-fmOrientationHorizontal	컨트롤의 방향이 수평

두 컨트롤의 초기값은 항상 "-1-fmOrientationAuto"이다. 아래 그림의 ⓐ부분처럼 가로보다 세로의 길이가 길면 컨트롤이 수직방향으로 만들어지며 ⓑ부분처럼 가로의 길이가 세로의 길이보다 길면 컨트롤이 수평방향으로 만들어진다.

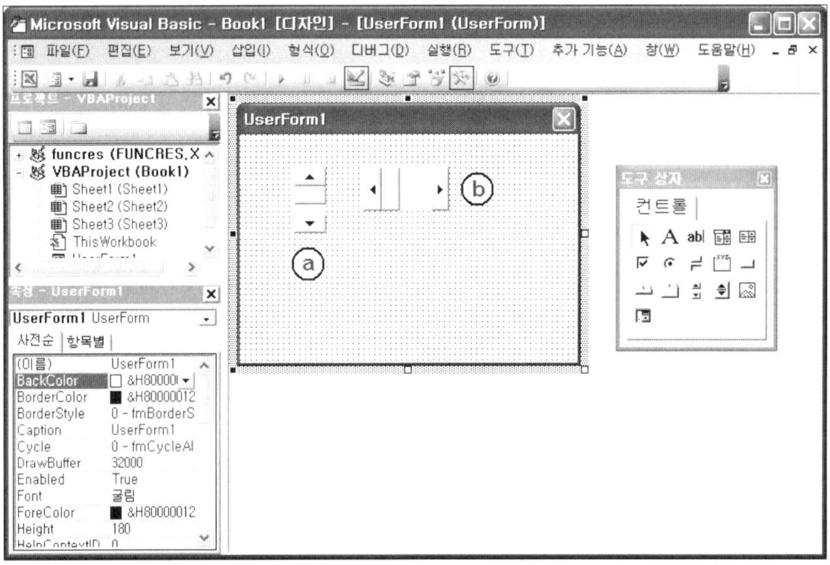

속성을 0-fmOrientationVertical, 1-fmOrientationHorizontal으로 주어지면 컨트롤의 가로 세로 비율과는 무관하게 항상 수직방향 또는 수평방향으로만 만들어 진다.

예제 6.2.5 두 수의 사칙연산

텍스트와 명령단추, 라벨을 이용하여 임의의 두 수에 대한 사칙연산을 하는 사용자 정의 폼을 만들자.

① 다음 그림과 같이 텍스트 2개, 명령단추 4개, 라벨 1개를 사용자 정의 폼에 넣자.

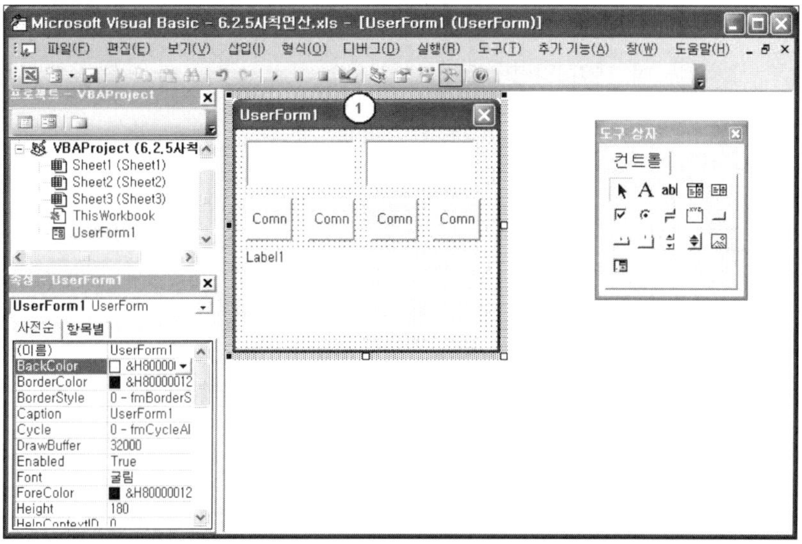

② 각 컨트롤의 이름을 다음과 같이 지정하자.

컨트롤	이름
Text1	txt1
Text2	txt2
CommandButton1	com합1
CommandButton2	com차2
CommandButton3	com곱3
CommandButton4	com비4
Label1	lab1

③ 라벨의 Caption은 지우고 명령단추들의 Caption은 다음과 같이 입력하자.

컨트롤	com합1	com차2	com곱3	com비3
Caption	합	차	곱	비

④ 모든 컨트롤의 글꼴을 지정하자. 글꼴은 "돋음", 글꼴 스타일은 "굵게", 크기는 "20"으로 지정하자.

⑤ 네 개의 명령단추에 대한 Sub 프로시저를 다음 그림과 같이 작성하자.

```
Private Sub com합_Click()
    a = Val(txt1.Text)
    b = Val(txt2.Text)
    c = a + b
    lab1.Caption = "두 수의 합은 " & c & "입니다."
End Sub
```

```
Private Sub com차_Click()
    a = Val(txt1.Text)
    b = Val(txt2.Text)
    c = a - b
    lab1.Caption = "두 수의 차은 " & c & "입니다."
End Sub
```

```
Private Sub com곱_Click()
    a = Val(txt1.Text)
    b = Val(txt2.Text)
    c = a * b
    lab1.Caption = "두 수의 곱은 " & c & "입니다."
End Sub
```

```
Private Sub com비_Click()
    a = Val(txt1.Text)
    b = Val(txt2.Text)
    c = a / b
    lab1.Caption = "두 수의 비은 " & c & "입니다."
End Sub
```

⑥ 사용자 정의 폼을 실행하면 다음 그림과 같이 두 수에 대한 사칙연산의 값을 계산할 수 있다.

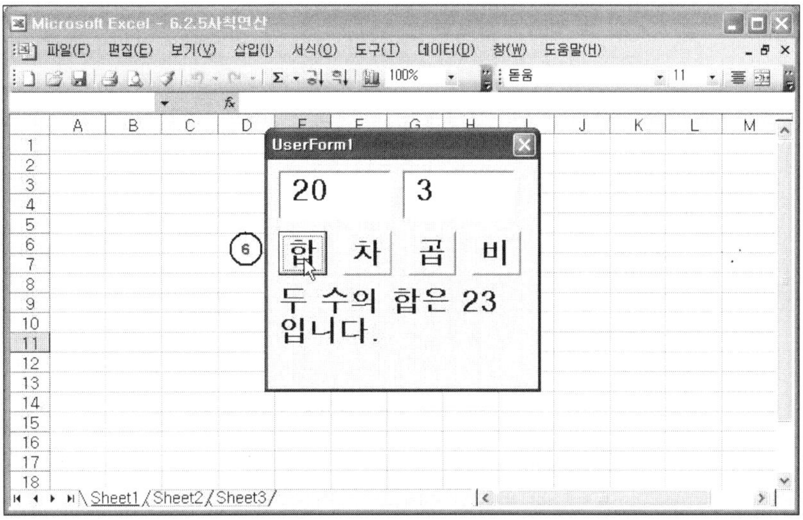

⑦ 사칙연산 중 비를 실행할 때 그 결과가 무한소수일 경우 엑셀은 유효숫자 15개 정도로 반올림하여 다음 그림과 같이 나타난다. 물론 워크시트에서도 비값이 무한소수일 경우 같은 형태의 결과가 나타난다.

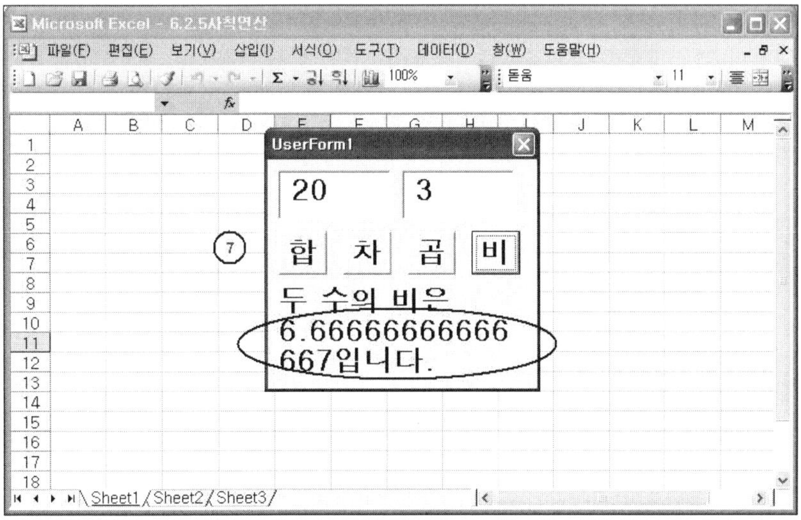

⑧ 비 값의 유효숫자의 개수를 조정하기 위해서는 Format이라는 명령문을 사용하여야 한다. 이 Format문을 사용하여 비 값에 대한 Sub 프로시저를 다음과 같이 수정하여 보자.

```
Private Sub com비_Click()
    a = Val(txt1.Text)
    b = Val(txt2.Text)
    c = Format(a / b,  "0.0000" )
    lab1.Caption = "두 수의 비은 " & c & "입니다."
End Sub
```

Format문의 형식은 다음과 같다.

```
Format(변수,  "0.000" )
```

위의 내용은 변수의 값을 소수점 셋째 자리까지 나타내자는 것이다. 만약, 변수의 값을 소수점 다섯째 자리까지 나타내고 싶으면 Format(변수, "0.00000")으로 하면 된다.

⑨ 사용자 정의 폼을 다시 실행하면 다음 그림과 같이 비 값은 소수점 넷째 자리까지 나타낸다.

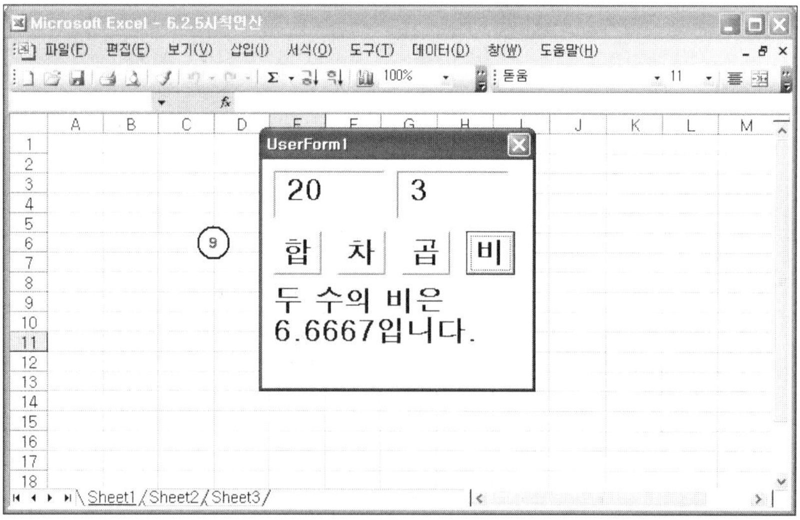

⑩ VB편집기의 “Sub/사용자 정의 폼 실행”단추를 누르면 사용자 정의 폼이 워크시트에서 실행이 되지만 워크시트에는 이 “Sub/사용자 정의 폼 실행”단추가 없어서 워크시트에서 바로 사용자 정의 폼을 실행할 수는 없다. 워크시트에서 사용자 정의 폼을 실행하기 위해서는 사용자 정의 폼을 실행할 수 있는 적당한 Sub 프로시저를 다시 만들어 주어야 하며 이 Sub 프로시저는 VB편집기의 모듈에서 만들어 주어야 한다. VB편집기에서 하나의 모듈을 삽입하고 다음과 같이 Sub 프로시저를 입력하자.

```
Sub 실행()
    UserForm1.Show
End Sub
```

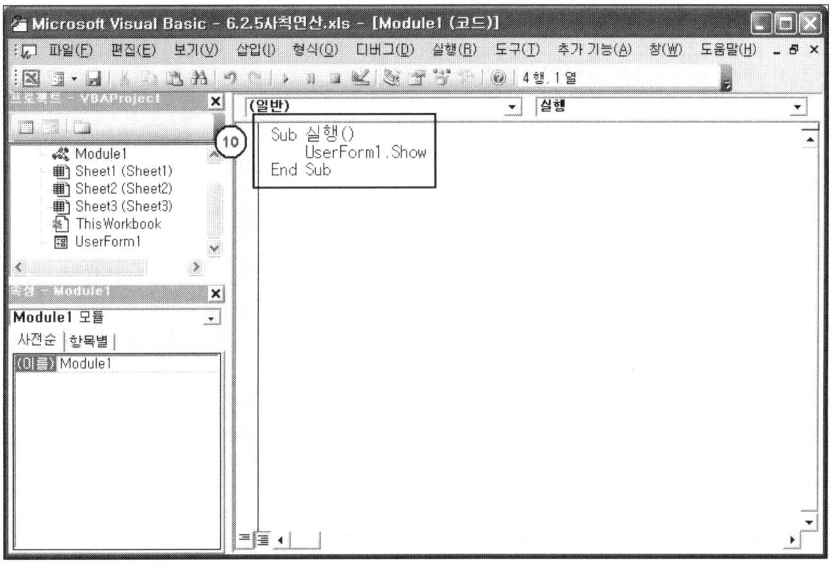

⑪ 워크시트에서 매크로를 실행하면 매크로 대화상자에 모듈에서 만든 Sub 프로시저가 나타나며 이것을 실행하면 사용자 정의 폼이 나타나 우리가 원하는 두 수에 대한 사칙연산을 할 수 있다.

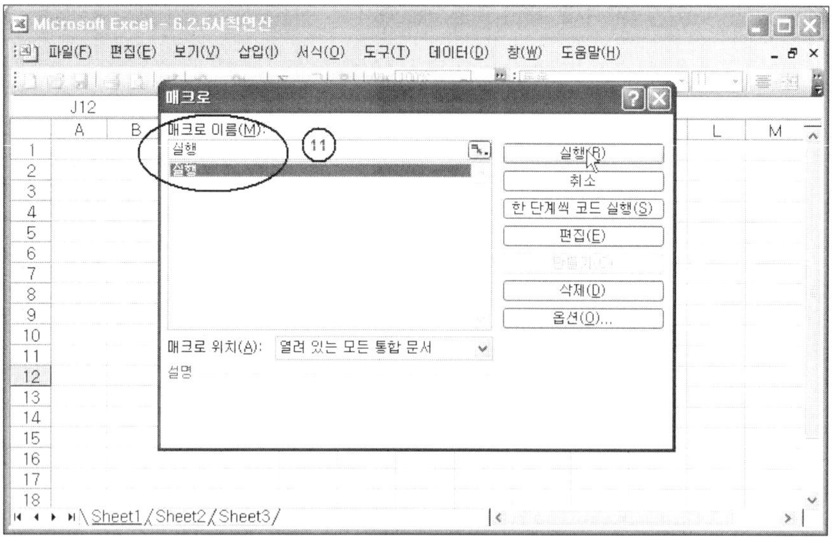
Microsoft Excel - 6.2.5사칙연산
파일(F) 편집(E) 보기(V) 삽입(I) 서식(O) 도구(T) 데이터(D) 창(W) 도움말(H)
J12
매크로
매크로 이름(M):
실행
실행
11
실행(R)
취소
한 단계씩 코드 실행(S)
편집(E)
삭제(D)
옵션(O)...
매크로 위치(A): 열려 있는 모든 통합 문서
설명
Sheet1 Sheet2 Sheet3

Chapter 07

학습자료 제작

지금까지 다루었던 사용자 정의 폼과 Sub 프로시저를 이용하여 함수의 그래프, 확률, 수열 등의 학교현장에서 다루어질 수 있는 교수·학습자료를 만들어보자. 먼저, 함수의 그래프를 만들어보자.

7.1 다항함수의 그래프

함수 $y=f(x)$의 그래프를 나타내기 위해서는 함수의 지나는 점을 만들고 이 점들을 이용하여 차트에 함수의 그래프를 나타내면 된다. 이렇게 하기 위해서는 함수의 지나는 점을 만들 수 있는 사용자 정의 폼부터 만들어야 한다. 다음 예제부터 시작하여 함수의 그래프를 차트에 나타내는 방법을 알아보자.

예제 7.1.1 함수 $y=2x-1$의 그래프

다음 그림과 같이 사용자 정의 폼(ⓒ)을 만들어 두 명령버튼을 누르면 A, B열에 함수의 정의역과 치역이 만들어지거나 지워지며(ⓐ) 이에 따라 차트의 함수 그래프가 나타나거나 없어지도록(ⓑ) 만들자.

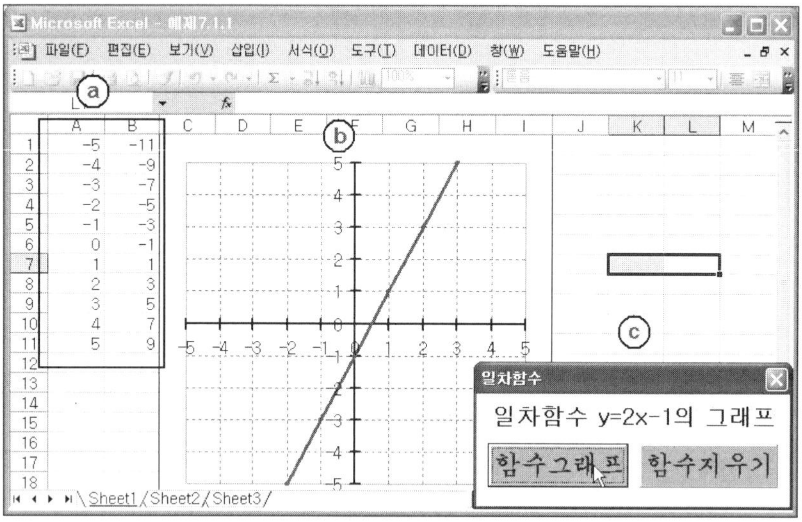

① VB편집기에 사용자 정의 폼을 삽입하고 이 사용자 정의 폼에 라벨과 두 개의 명령버튼을 만들자. 사용자 정의 폼의 크기를 적당하게 조절하자.

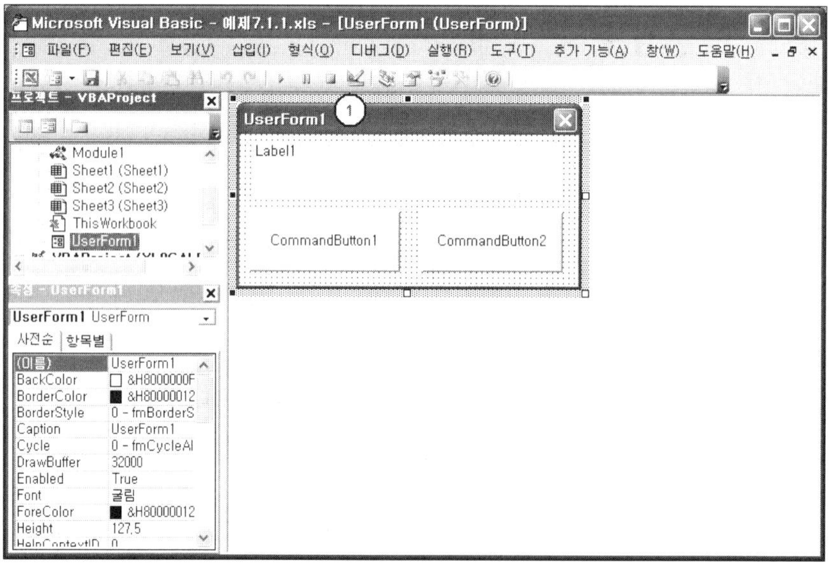

② 라벨의 Caption은 "일차함수의 y=2x-1그래프"로 바꾸고 두 명령단추의 이름과 Caption을 다음과 같이 지정하자.

컨트롤	이름	Caption
CommandButton1	com함수	함수그래프
CommandButton2	com지우기	함수지우기

또, 라벨과 명령버튼의 속성 Font를 글꼴은 "돋움", 글꼴 스타일은 "굵게", 크기는 "18"로 지정하자.

③ 명령버튼에 함수의 정의역과 치역을 만들고 지우는 Sub 프로시저를 만들자. 먼저, 명령버튼을 더블클릭하여 코드 창을 불러와서 다음과 같이 코드를 작성하여 정의역과 치역을 만드는 Sub 프로시저를 작성하자.

```
Private Sub com함수_Click()
        For n = 1 To 11
        a = n - 6
        Cells(n, 1) = a
        Cells(n, 2) = 2 * a - 1
        Next n
End Sub
```

위의 Sub 프로시저는 For ~ Next문을 이용하여 A열에 함수의 정의역, B열에 함수의 치역을 만들 수 있다.

④ 다른 명령버튼에는 다음과 같이 함수의 정의역과 치역을 지우는 Sub 프로시저를 작성하자.

```
Private Sub com지우기_Click()
        Cells.ClearContents
End Sub
```

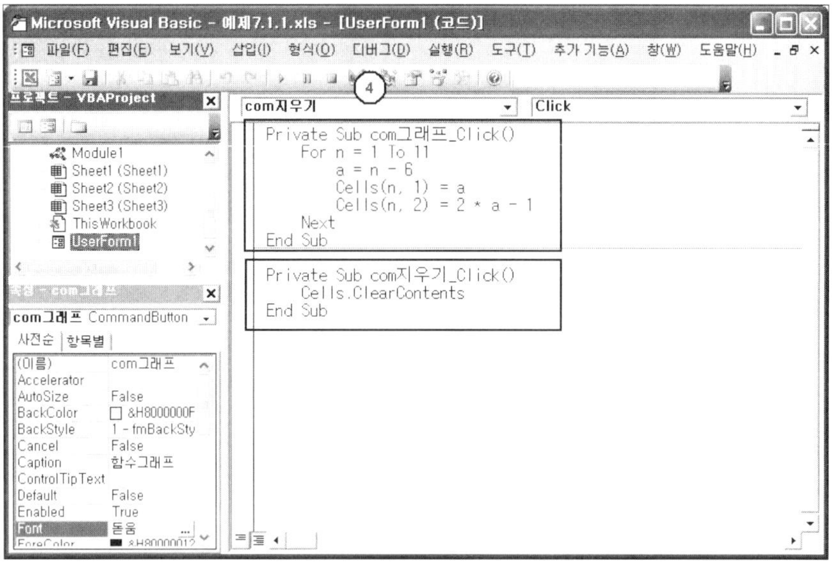

⑤ 프로젝트 탐색기에 모듈(Module)을 삽입하고 사용자 정의 폼을 불러올 수 있는 Sub 프로시저를 작성하자.

```
Sub 그래프()
        UserForm1.Show
End Sub
```

⑥ 워크시트에서 매크로를 실행하면 모듈에서 만든 Sub 프로시저가 나타나며 이것을 실행하면 함수의 정의역과 치역을 만드는 사용자 정의 폼이 나타난다. 두 명령단추를 번갈아 누르면 A, B열에 함수의 정의역과 치역이 만들어졌다 없어지는 것을 다음 그림과 같이 확인할 수 있다.(워크시트에서 매크로를 실행하는 방법은 1장의 내용을 참고하면 알 수 있을 것이다.)

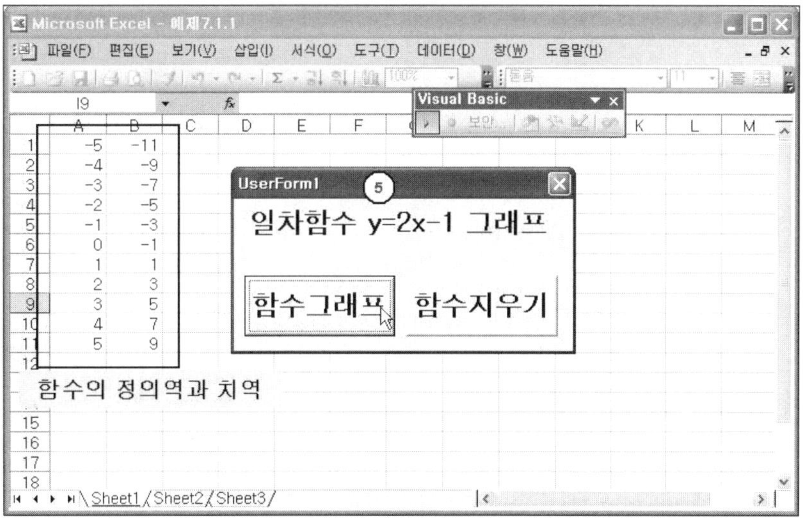

⑦ 함수의 정의역과 치역이 만들어져 있어도 차트가 만들어지는 것은 아니다. 정의역과 치역을 이용하여 일차함수의 그래프를 차트에 나타내자. 사용자 정의 폼을 끈 뒤 마우스를 이용하여 정의역과 치역을 선택한 후 표준도구모음의 차트마법사를 이용하여 함수의 그래프를 다음과 같이 만들자.(함수의 그래프를 나타내는 방법은 다음의 부록에서 간단하게 설명되어 있다.)

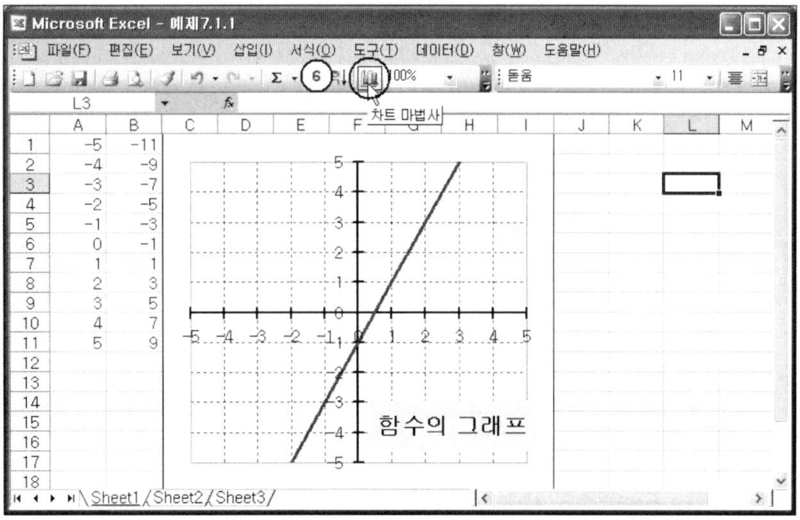

⑧ 사용자 정의 폼을 다시 실행하여 두 명령버튼을 누르면 함수의 그래프가 차트에서 만들어지고 없어지는 것을 확인할 수 있다.

예제 7.1.2 일차함수 $y = ax + b$의 그래프

다음 그림과 같이 스핀단추 또는 스크롤막대를 이용하여 일차함수의 기울기 a와 y절편 b값을 변할 수 있게 하여 임의의 일차함수의 그래프를 나타나게 하자.

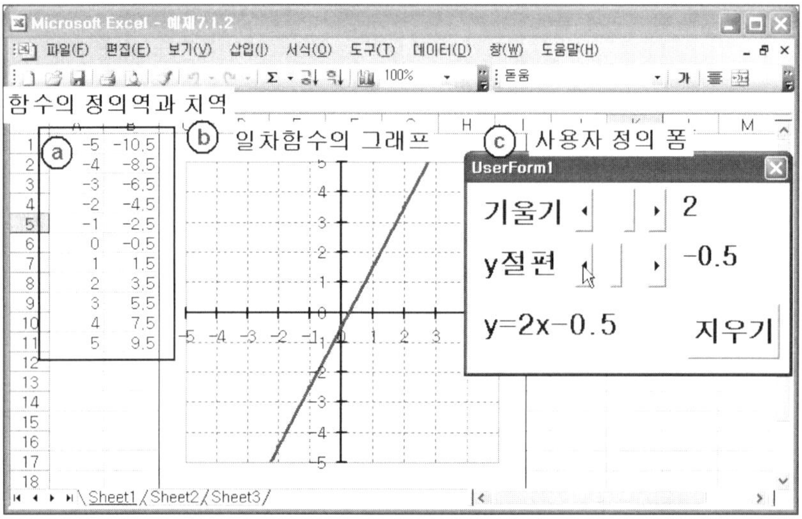

① 사용자 정의 폼을 삽입하고 이름은 "일차함수그래프", Caption은 "일차함수"로 부여하고 사용자 정의 폼에 다섯 개의 라벨과 두 개의 스크롤바, 한 개의 명령버튼을 다음 그림과 같이 만들자.

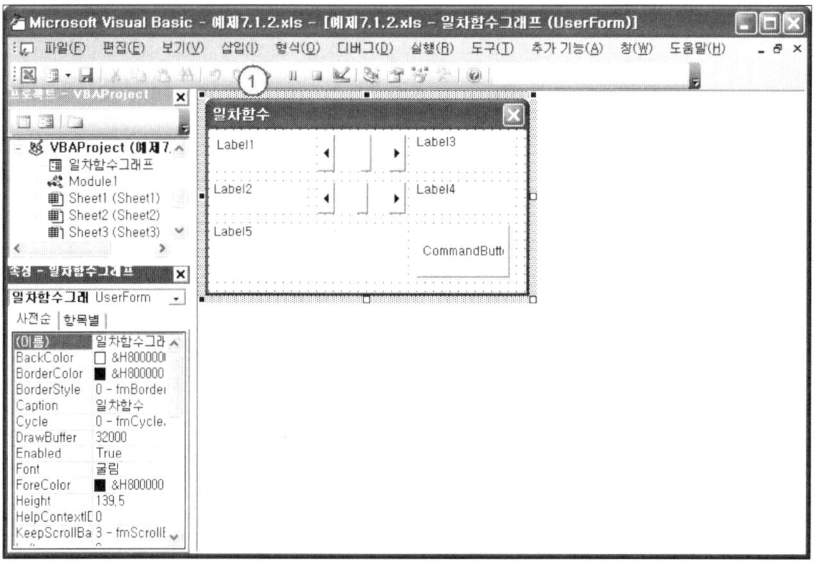

② 각각의 라벨과 명령단추에 이름과 Caption을 다음과 같이 부여하고 글꼴은 적당하게 지정하자. 또, TextAlign는 가운데로 맞추자.

컨트롤	이름	Caption
Label1	Label1	기울기
Label2	Label2	절편
Label3	lab기울기	
Label4	lab절편	
Label5	lab함수식	
CommandButton1	com함수	지우기

③ 두 스크롤막대의 이름과 속성은 다음과 같이 지정하자.

속 성	Scrollbar1	Scrollbar2
이름	scr기울기	scr절편
LargeChange	2	4
SmallChange	1	1
Max	5	12
Min	−5	−12
Value	1	1

④ scr기울기 스크롤막대에 다음과 같은 Sub 프로시저를 작성하자.

```
Private Sub scr기울기_Change()
        a = scr기울기.Value
        b = scr절편.Value / 4
        lab기울기.Caption = a
        lab절편.Caption = b
        For n = 1 To 11
        x = n - 6
        Cells(n, 1) = x
        Cells(n, 2) = a * x + b
        Next n
        lab함수식.Caption = "y=" & a & "x+" & b
End Sub
```

직선의 기울기는 −5부터 5까지 변하지만 직선의 y절편의 −3부터 3까지 0.25씩 변하도록 하기 위해 scr절편의 값을 4로 나누어 주었다. lab함수식 라벨에는 일차함수식을 나타내기 위해 여러 개의 문자열을 혼합하도록 하였다.

⑤ 하나의 스크롤막대에만 Sub 프로시저를 작성하였기 때문에 나머지 하나의 스크롤막대를 움직여도 워크시트의 셀에 값이 변하지 않는다. 나머지 스크롤막대에도 Sub 프로시저를 동일하게 작성하자.

```
Private Sub scr절편_Change()
        a = scr기울기.Value
        b = scr절편.Value / 4
        lab기울기.Caption = a
        lab절편.Caption = b

For n = 1 To 11
        x = n - 6
        Cells(n, 1) = x
        Cells(n, 2) = a * x + b
        Next n

        lab함수식.Caption = "y=" & a & "x+" & b
End Sub
```

⑥ 명령단추와 사용자 정의 폼에 대하여도 다음과 같이 Sub 프로시저를 작성하자.

```
Private Sub com지우기_Change()
        Cells.ClearContents
End Sub
```

```
Private Sub UserForm_Activate()
        a = scr기울기.Value
        b = scr절편.Value / 4
        lab기울기.Caption = a
        lab절편.Caption = b
        lab함수식.Caption = "y=" & a & "x+" & b
End Sub
```

⑦ 사용자 정의 폼을 워크시트에서 실행할 수 있도록 모듈을 삽입하고 다음과 같이 Sub 프로시저도 작성하자.

```
Sub 일차함수()
    일차함수그래프.Show
End Sub
```

⑧ 사용자 정의 폼을 실행하면 다음 그림과 같이 A, B열에 일차함수의 정의역과 치역이 나타나는 것을 확인할 수 있다.

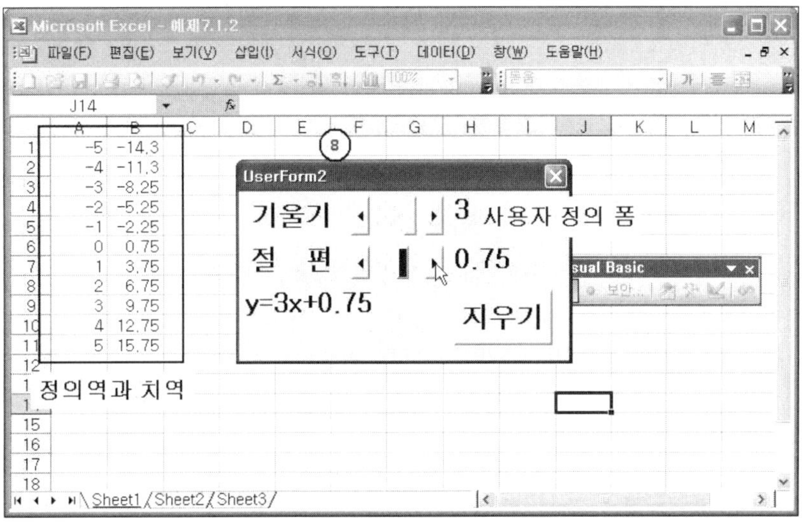

⑨ 사용자 정의 폼을 실행할 때 y절편의 값이 음이면 다음과 같이 부호 "+ -"가 혼용하여 나타난다. 절편의 값이 음수일 때 부호가 음만 나타나게 하려면 다음과 같이 조건문 If ~ Then문을 사용하여야 해결이 된다. 두 스크롤막대의 Sub 프로시저에 다음과 같은 코드를 삽입하여 실행하면 해결된다.

```
If b 〈 0 Then
부호 = ""
Else
부호 = "+"
End If


lab함수식.Caption = "y=" & a & "x" & 부호 & b
```

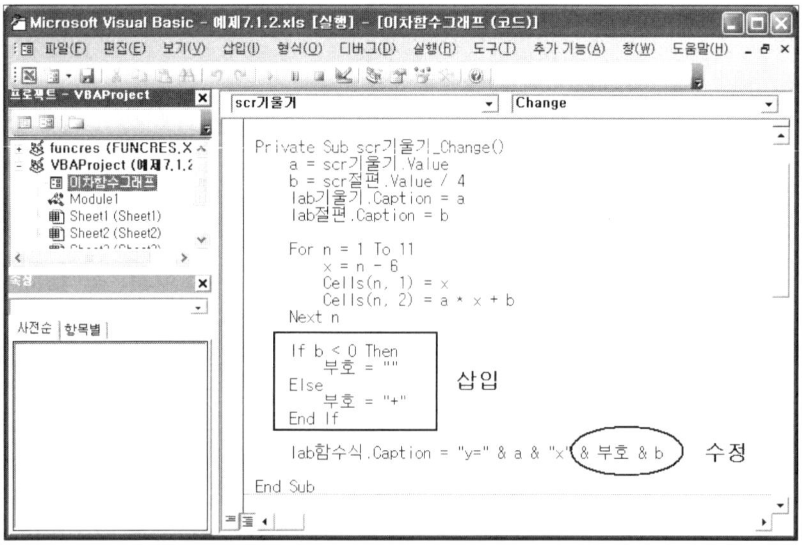

⑩ A, B열의 함수식을 정의역과, 치역을 표준도구모음 차트마법사를 이용해 일차함수의 그래프를 나타내면 다음 그림과 같아진다.

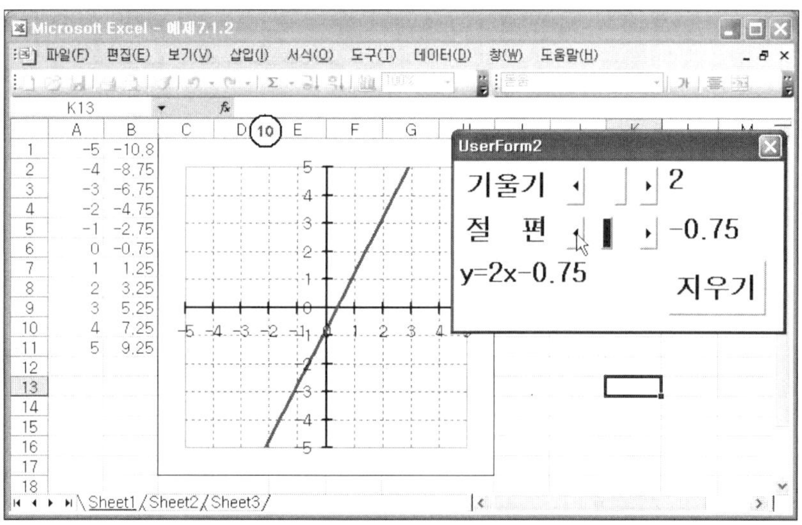

⑪ 두 스크롤막대와 명령단추를 번갈아 누르면 함수의 그래프가 좌표평면에서 나타났다가 없어지는 것을 확인할 수 있다. 여기서 함수의 그래프를 지우는 명령버튼을 눌렀을 때 두 스크롤막대의 값을 처음에 지정된 값(초기값)으로 돌리려고 하면 명령버튼에 대한 코드를 다음과 같이 수정하면 된다.

```
Private Sub com지우기_Change()
        scr기울기.Value=1
        scr절편.Value=1
        Cells.ClearContents
End Sub
```

예제 7.1.3 합성함수의 그래프

다음 그림과 같이 절대값이 포함된 함수 $f(x)=|2x-1|$의 합성함수 $y=(f\circ f)(x)$, $y=(f\circ f\circ f)(x)$, $y=(f\circ f\circ f\circ f)(x)$의 그래프를 한 좌표평면에 만들자.

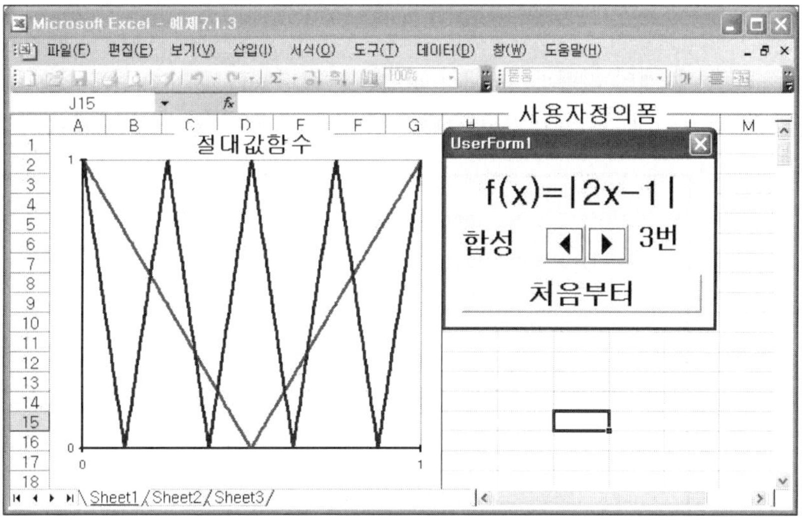

① 다음 그림과 같이 사용자 정의 폼을 삽입하고 사용자 정의 폼의 이름을 "절대값합성함수", Caption을 "합성함수"라 부여하자. 또, 사용자 정의 폼에 세 개의 라벨과 한 개의 스핀단추, 한 개의 명령단추를 만들자.

② 세 개의 라벨과 한 개의 명령단추에 다음과 같이 이름과 Caption을 부여하고, Font를 적당하게 지정하자. 또, 스핀단추에 속성을 부여하자.

컨트롤	이름	Caption
Label1	Label1	y=|2x−1|
Label2	Label2	합성
Label3	lab횟수	
CommandButton1	com처음	처음부터

속 성	SpinButton1
이름	spin횟수
SmallChange	1
Max	3
Min	0
Value	0

③ 함수 $f(x)=|2x-1|$의 정의역을 A열, 치역을 B열에 나타내고, 이 함수의 합성함수 $y=f(f(x))$는 정의역이 $f(x)$이고 치역이 $f(f(x))$이므로 B열을 정의역으로 하고 C열에 치역을 만들면 된다. 같은 방법으로 합성함수 $y=f(f(f(x)))$의 정의역은 $f(f(x))$이고 치역이 $f(f(f(x)))$이므로 C열을

정의역으로 하여 D열에 치역을 만들면 된다. 이렇게 하기 위해서는 스핀단추에 대하여 다음과 같이 Sub 프로시저를 작성하자.

```
Private Sub spin횟수_Change()
    a = Spin1.Value
    lab횟수.Caption = a & "번"

    For n = 1 To a
        For m = 1 To 201
            x = (m - 1) / 200
            Cells(m + 20, 1) = x

        If 2 * Cells(m + 20, n) - 1 < 0 Then
            Cells(m + 20, n + 1) = -2 * Cells(m + 20, n) + 1
        Else
            Cells(m + 20, n + 1) = 2 * Cells(m + 20, n) - 1
        End If

        Cells(m + 20, 5) = Cells(m + 20, n + 1)
        Next m
    Next n
End Sub
```

위의 Sub 프로시저에는 For ~ Next문이 이중으로 사용되었는데 이것은 다음과 같은 예를 의미한다. 다음과 같은 코드가 있으면

```
For n = 1 To 3
    For m = 1 To 201
        【처리문(n)】
    Next m
Next n
```

먼저, n=1에 대하여 변수 m에 대한 For ~ Next문을 반복하고 n=2에 대하여 변수 m에 대한 For ~ Next문을 반복한다. 또, n=3에 대하여 변수 m에 대한 For ~ Next문을 반복한다는 것이다. n이 1부터 3까지 변하고 m이 1부터 201까지 변하므로 모든 과정 3×201번만큼 반복처리를 한다는 것이며 다음과 같

은 과정을 의미한다.

```
n = 1일 때
    For m = 1 To 201
     【처리문(1)】
    Next m
n=2일 때
    For m = 1 To 201
     【처리문(2)】
    Next m
n=3일 때
    For m = 1 To 201
     【처리문(3)】
    Next m
```

④ 명령단추에 대한 Sub 프로시저는 다음과 같이 작성하자.

```
Private Sub com처음_Change()
    spin처음.Value=0
    Cells.ClearContents
End Sub
```

⑤ 사용자 정의 폼을 실행하여 확인하면 다음 그림과 같이 A, B열에 함수의 정의역과 치역이 만들어지는 것을 확인할 수 있다.

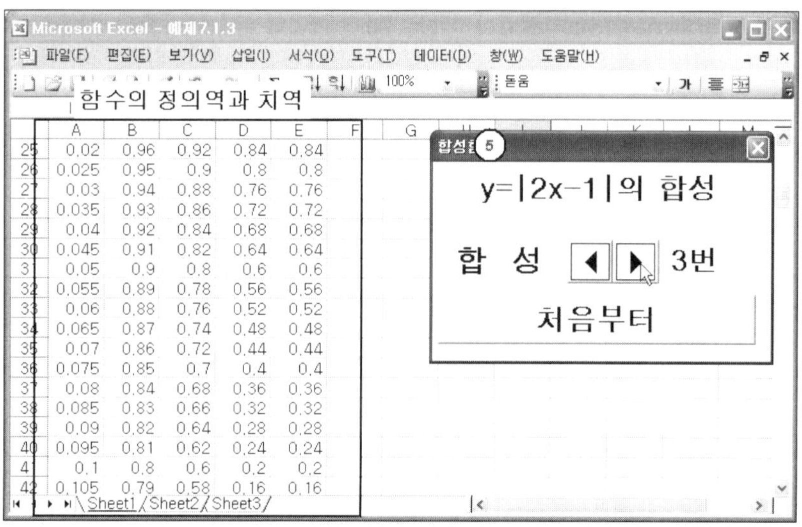

⑥ 함수 $f(x)=|2x-1|$의 정의역은 A열, 치역은 B열이며, 그 합성함수의 정의역은 A열, 치역은 E열에 나타내도록 만들어져 있기 때문 A, B, E열의 값들을 표준도구모음의 차트마법사를 이용하여 좌표평면에 나타내면 다음 그림과 같아진다.

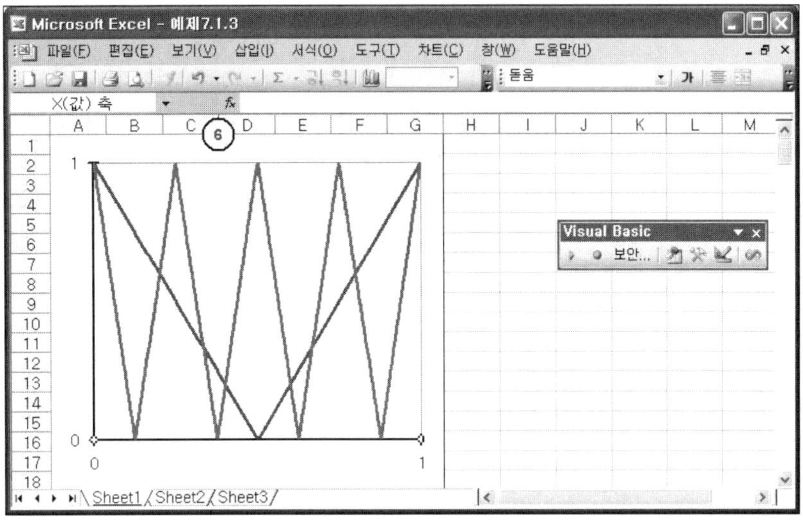

⑦ 사용자 정의 폼을 워크시트에서 실행할 수 있도록 모듈을 삽입한 후 모듈의 Sub 프로시저를 다음과 같이 작성하자.

```
Sub 합성()
    절대값합성함수.show
End Sub
```

⑧ 워크시트에서 다시 한 번 사용자 정의 폼을 실행하면 다음 그림과 같이 절대값 함수의 합성함수 그래프 모양을 결정할 수 있다.

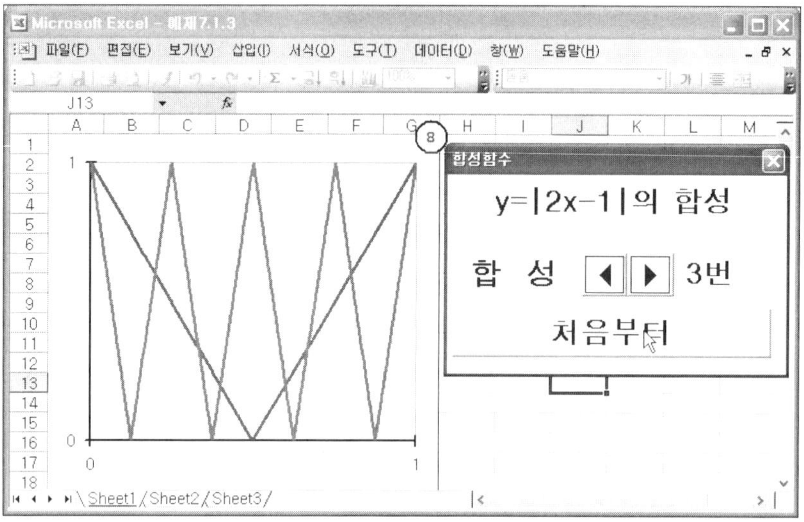

예제 7.1.4 함수와 도함수의 그래프

삼차함수 $y=ax^3+bx^2+cx+d$와 그 도함수 $y=3ax^2+2bx+c$의 그래프를 한 좌표평면에 나타내어 두 함수 사이의 관계를 알아보자. 사용자 정의 폼에 삼차함수의 각각의 계수의 값(ⓐ)을 스핀단추로 변화를 주고, 스핀단추에 대한 삼차함수와 그 도함수의 함수식을 두 라벨(ⓑ)에 나타내며 좌표평면에 나타나는 함수의 그래프를 지우거나 다시 만들 수 있는 네 개의 명령버튼(ⓒ)을 사용자 정의 폼으로 만들고, 이를 좌표평면에 그래프(ⓓ)로 나타내자.

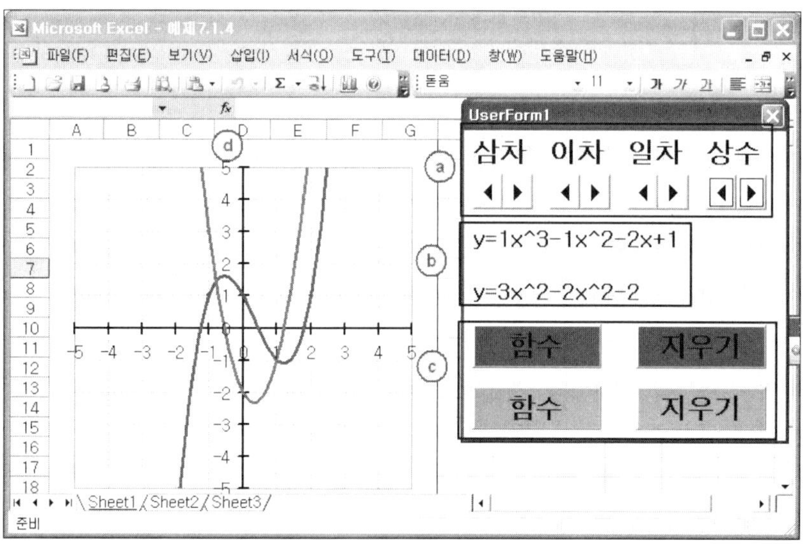

① 사용자 정의 폼을 삽입하고 사용자 정의 폼의 이름을 "함수와 도함수", Caption을 "삼차함수와 그 도함수의 그래프"라 부여하자. 사용자 정의 폼의 Font 속성을 글꼴을 "돋움", 글꼴의 스타일은 "굵게", 크기는 "18"로 지정하고 사용자 정의 폼에 여섯 개의 라벨과 네 개의 스핀단추, 네 개의 명령단추를 다음 그림과 같이 만들자.

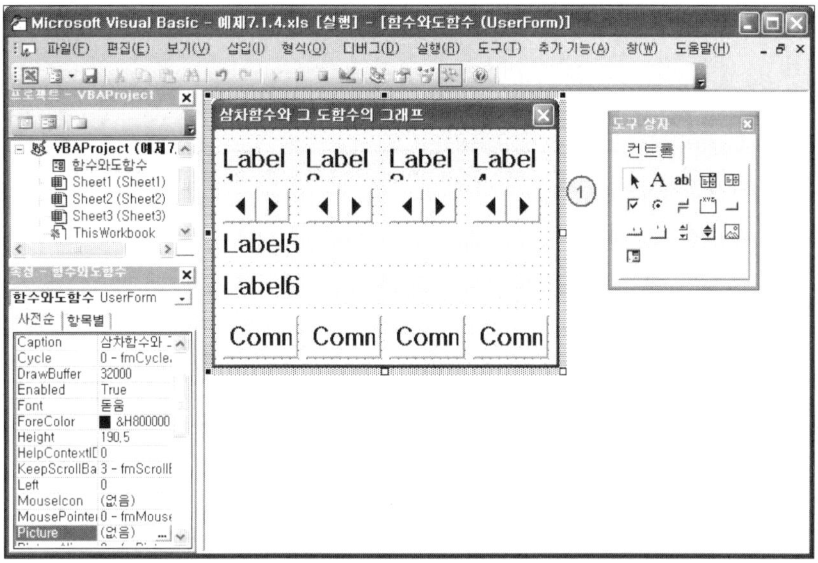

② 여섯 개의 라벨과 네 개의 명령단추에 다음과 같이 이름과 Caption을 부여하고, 스핀단추에 속성을 부여하자.

컨트롤	이름	Caption
Label1	Label1	삼차
Label2	Label2	이차
Label3	Label3	일차
Label4	Label4	상수
Label5	lab함수	
Label6	lab도함수	
CommandButton1	com함수	함수
CommandButton2	com지우기1	지우기
CommandButton3	com도함수	도함수
CommandButton4	com지우기2	지우기

속 성	SpinButton1	SpinButton2	SpinButton3	SpinButton4
이름	spin삼차	spin이차	spin일차	spin상수
SmallChange	1	1	1	1
Max	2	6	6	12
Min	−2	−6	−6	−12
Value	1	0	0	0

③ spin삼차 명령단추에 다음과 같이 Sub 프로시저를 작성하자.

```
Private Sub spin삼차_Change()
    vala = spin1.Value
    valb = spin2.Value / 2
    valc = spin3.Value / 2
    vald = spin4.Value / 4

    For n = 1 To 11
        k = n - 6
        Cells(n, 1) = k
        Cells(n, 2) = vala * k ^ 3 + valb * k ^ 2 + _
                    valc * k + vald
        Cells(n, 3) = k
        Cells(n, 4) = 3 * vala * k ^ 2 + 2 * valb * k + valc
    Next n

    lab함수.Caption = "y=" & vala & "x^3+" & valb & "x^2+" _
                    & valc & "x+" & vald
    lab도함수.Caption = "y=" & 3 * vala & "x^2+" & 2 * valb _
                    & "x^2" & valc
End Sub
```

이차, 일차, 상수 스핀단추에도 동일한 Sub 프로시저를 작성하자.

④ 사용자 정의 폼을 실행하면 다음 그림과 같이 스핀단추에 대한 함수와 그 도함수의 함수식이 라벨에 나타난다.

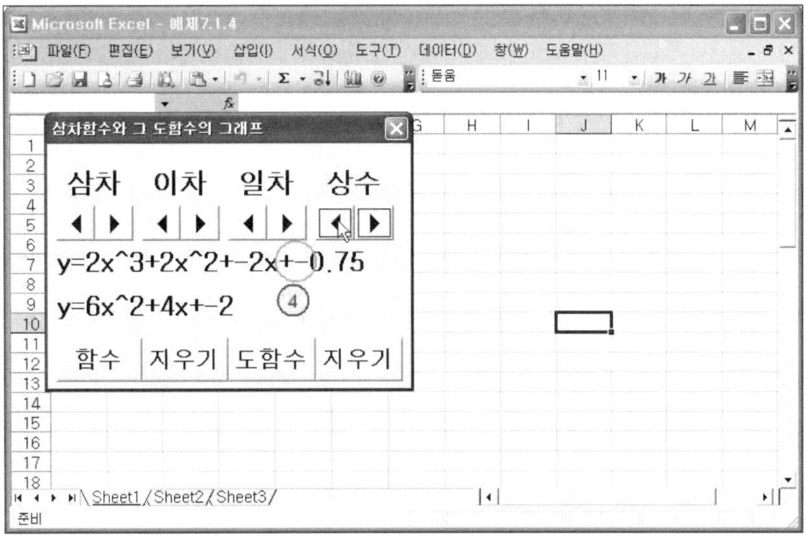

⑤ 위의 그림을 보면 각각의 스핀단추에 대한 각 항의 계수들의 값이 음일 때에는 양과 음의 기호가 "+ -"와 같이 혼합되어 나타난다. 이것을 해결하기 위해서는 예제7.1.2와 같이 If ~ Then문을 For ~ Next문 아래에 다음과 같이 입력하여 Sub 프로시저를 수정하면 기호의 문제는 해결이 된다.

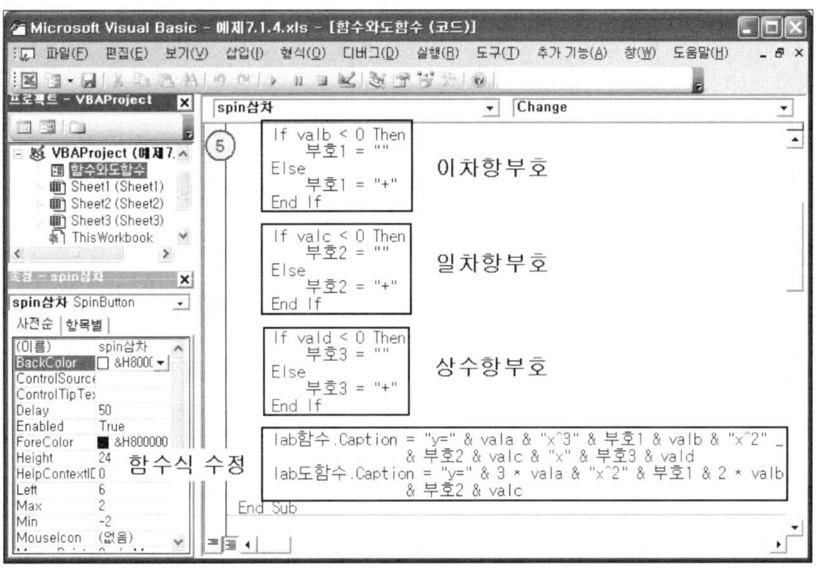

⑥ 네 명령단추에 대하여 다음과 같이 Sub 프로시저를 작성하면 각각의 함수의 정의역과 치역을 만들 수 있다.

```
Private Sub com함수_Click()
    vala = spin삼차.Value
    valb = spin이차.Value / 2
    valc = spin일차.Value / 2
    vald = spin상수.Value / 4

    For n = 1 To 11
        k = n - 6
        Cells(n, 1) = k
        Cells(n, 2) = vala * k ^ 3 + valb * k ^ 2 + valc * k _
                    + vald
    Next n
End Sub
```

```
Private Sub com도함수_Click()
    vala = spin삼차.Value
    valb = spin이차.Value / 2
    valc = spin일차.Value / 2
    vald = spin상수.Value / 4

    For n = 1 To 11
        k = n - 6
        Cells(n, 3) = k
        Cells(n, 4) = 3 * vala * k ^ 2 + 2 * valb * k ^ 2 + valc
    Next n
End Sub
```

```
Private Sub com지우기1_Click()
    Columns("A:B").ClearContents
End Sub
```

```
Private Sub com지우기2_Click()
    Columns("C:D").ClearContents
End Sub
```

⑦ 사용자 정의 폼을 실행하면 A, B, C, D열에 함수와 그 도함수의 정의역과 치역이 만들어지는 것을 확인할 수 있다.

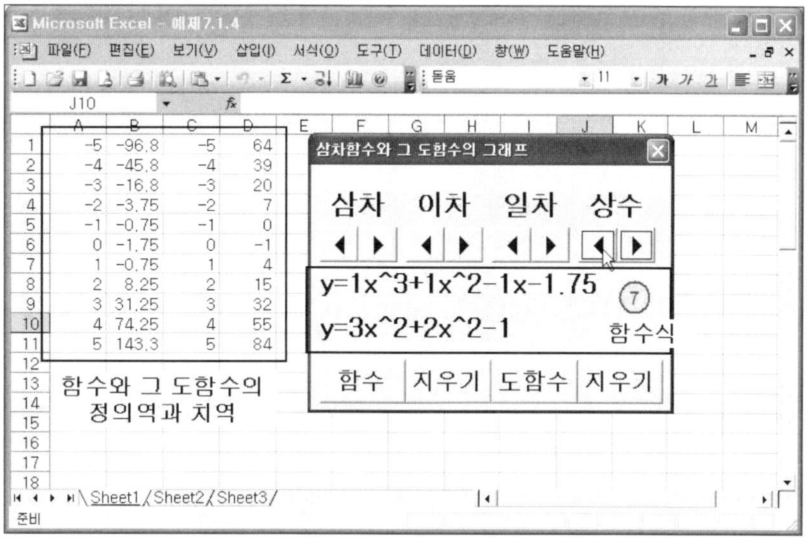

⑧ 표준도구모음을 이용하여 함수와 그 도함수의 정의역과 치역을 이용한 그래프를 좌표평면에 나타내면 다음 그림과 같다.

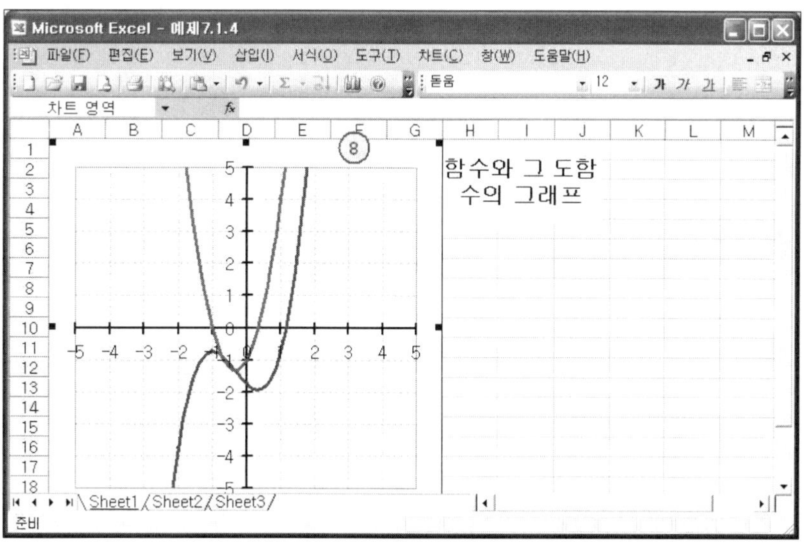

⑨ VB편집기에서 모듈을 삽입하고 사용자 정의 폼을 실행할 수 있도록 Sub 프로시저를 다음과 같이 작성하여 워크시크에서 실행하면 다음 그림과 같이 만들 수 있다.

```
    Sub 함수그래프()
        함수와도함수.show
    End Sub
```

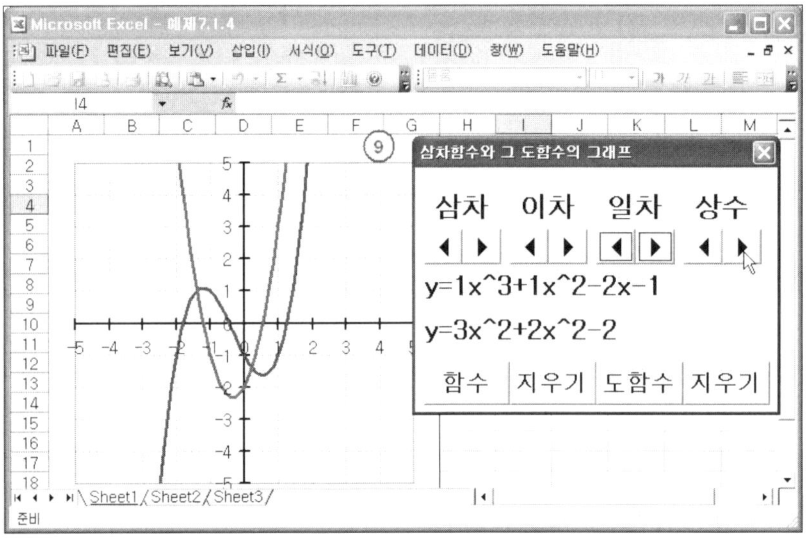

7.2 삼각함수의 그래프

삼각함수의 그래프도 다항함수의 그래프를 나타내는 방식과 동일하다. 먼저, 사용자 정의 폼에 의하여 삼각함수의 정의역과 치역을 워크시트의 각 셀에 만들고 정의역과 치역을 이용하여 차트에 삼각함수의 그래프를 나타내면 된다.

예제 7.2.1 삼각함수 $y = a\sin x$의 그래프(최대값과 최소값)

다음 그림과 같이 사용자 정의 폼(ⓐ)을 만들고 스핀단추를 누르면 차트에서 삼각함수의 그래프(ⓑ)가 a값에 따라 변하도록 하자. 물론 삼각함수의 정의역과 치역은 워크시트의 각 셀에 만들지만 화면상에 나타나지 않는 셀에 만들어 준다.

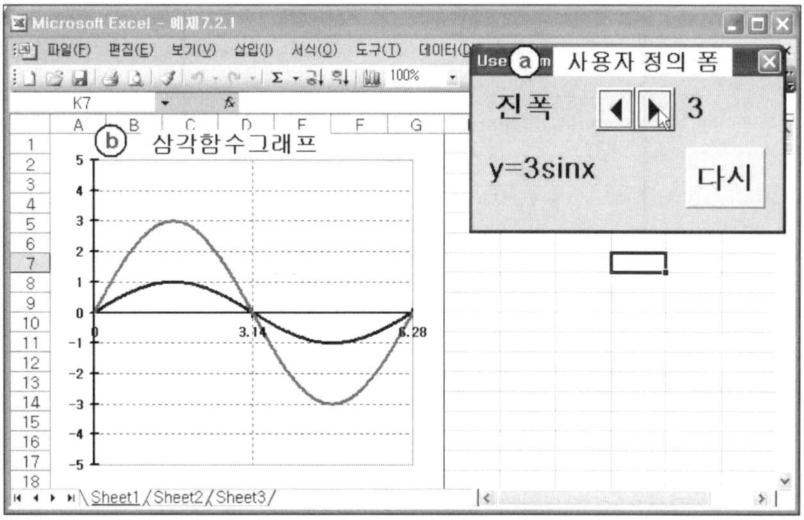

① VB편집기에서 사용자 정의 폼을 삽입하고 이름은 "진폭", Caption은 "사인함수의 진폭"으로 지정하자. 또, 사용자 정의 폼에 세 개의 라벨과 한 개의 스핀버튼, 명령버튼을 만들고 그 속성을 다음과 같이 지정하자.

컨트롤	이름	Caption
Label1	Label1	진폭
Label2	lab진폭	
Label3	lab함수식	
SpinButton1	spin진폭	
CommandButton1	com다시	다시

또, 라벨과 스핀버튼의 속성 Font를 글꼴은 "돋움", 굵기는 "굵게", 크기는 "20"으로 지정하자. 사용자 정의 폼에서 Font를 지정한 후 이 사용자 정의 폼에 컨트롤을 만들면 컨트롤의 Font가 사용자 정의 폼의 Font와 같아진다. 따라서, 사용자 정의 폼에 만들어지는 모든 컨트롤에 동일한 Font를 지정할 경우 사용자 정의 폼의 Font를 처음부터 지정하면 해결할 수 있다. 물론 Font뿐만 아니라 공통된 속성(예를 들면, ForeColor, BackStyle, … 등)에 대해서 적용된다.

스핀단추의 속성은 다음과 같이 지정하자.

속 성	SpinButton1
이름	spin진폭
SmallChange	1
Max	4
Min	0
Value	0

② 스핀단추에 다음과 같은 Sub 프로시저를 작성하자.

```
Private Sub spin진폭_Change()

    a = spin진폭.Value
    lab진폭.Caption = a
    b = Application.WorksheetFunction.Pi / 180

    For n = 0 To 360
        Cells(n + 21, 1) = b * n
        Cells(n + 21, 2) = Sin(b * n)
        Cells(n + 21, 3) = a * Sin(b * n)
    Next

    Lab함수식.Caption = "y=" & a & "sinx"

End Sub
```

For ~ Next문에 사인함수의 정의역과 치역은 모두 21행부터 만들어지게 하였고, 위의 코드 중

```
b = Application.WorksheetFunction.Pi / 180
```

은 변수 b에 원주율 π의 $\frac{1}{180}$의 값을 지정하는 것이다. VBA에는 원주율 π의 값을 나타내는 상수가 없지만 워크시트에서는 원주율의 값이 Pi라는 상수로 지정되어 있어 이 상수의 값을 활용할 때 Application.WorkSheet Function.Pi로 사용한다. 물론, VB편집기에서 워크시트의 내장상수를 사용할 때에는 아래와 같이 사용한다.

```
변수 = Application.WorksheetFunction.내장상수
```

③ 명령단추에 대한 Sub 프로시저도 다음과 같이 작성하자.

```
Private Sub com다시_Click()
    spin진폭.Value = 0
    Cells.ClearContents
End Sub
```

④ 프로젝트 탐색기에 모듈을 삽입하고 워크시트에서 사용자 정의 폼을 실행할 수 있도록 Sub 프로시저를 다음과 같이 작성하자.

```
Sub 진폭불러오기()
    진폭.Show
End Sub
```

⑤ 워크시트에서 사용자 정의 폼을 실행하면 다음 그림과 같이 사인함수 $y = a\sin x$의 정의역과 치역이 A, B, C열에 나타나는 것을 확인 할 수 있다. 물론 A열은 사인함수의 정의역이며, B열은 기본 사인함수 $y = \sin x$, C열은 사인함수 $y = a\sin x$의 치역을 나타낸다.

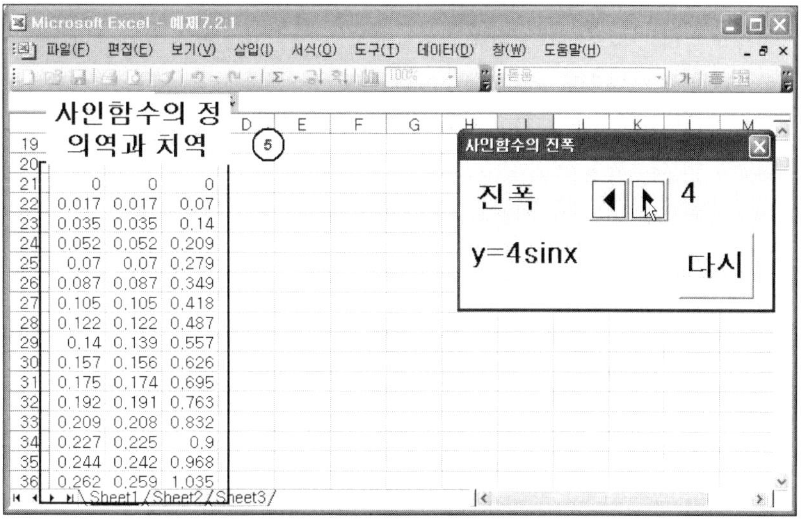

⑥ 사인함수의 정의역과 치역을 표준도구모음의 차트마법사를 이용하여 차트에 나타내면 다음 그림과 같이 사인함수의 최대, 최소값을 나타내는 사인함수의 그래프를 만들 수 있다.

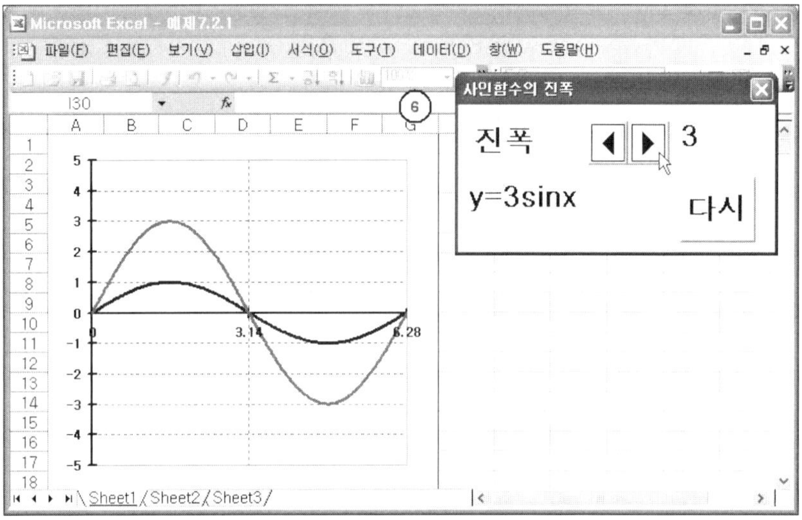

참고

사인함수의 정의역과 치역을 21행부터 나타낸 이유는 그래프를 보다 빠르게 나타나게 하려고 하기 때문이다. VBA에서 데이터를 만들 때 데이터의 개수가 많으면 데이터를 만드는데 약간의 시간이 필요한데(10만개의 데이터를 만드는데 10초 정도의 시간이 예상될 것 같다) 만들어지는 데이터가 보이는 워크시트 화면에서 만들어질 때가 시간이 제일 많이 사용되며 보이지 않는 워크시트 화면에서는 빠르게 진행된다. 따라서, 만드는 데이터의 개수가 많으면 많을수록 보이지 않는 곳에 데이터를 만드는 시간이 제일 절약이 된다. 위의 예제에서도 삼각함수의 정의역과 치역을 21행부터 만드는 것은 이와 같은 이유 때문이다.

예제 7.2.2 삼각함수의 $y = \sin bx$의 그래프(주기)

이번에는 새 파일에 사용자 정의 폼을 만들지 않고 예제7.2.1에서 만든 파일에 사용자 정의 폼을 만들어 두 개의 사용자 정의 폼이 함께 있도록 만들어 보자. 다음 그림과 같이 사용자 정의 폼(ⓐ)을 만들고 스핀단추를 누르면 차트에서 삼각함수의 그래프(ⓑ)가 b값에 따라 변하면서 사인함수의 주기성을 알 수 있도록 만들어 보자.

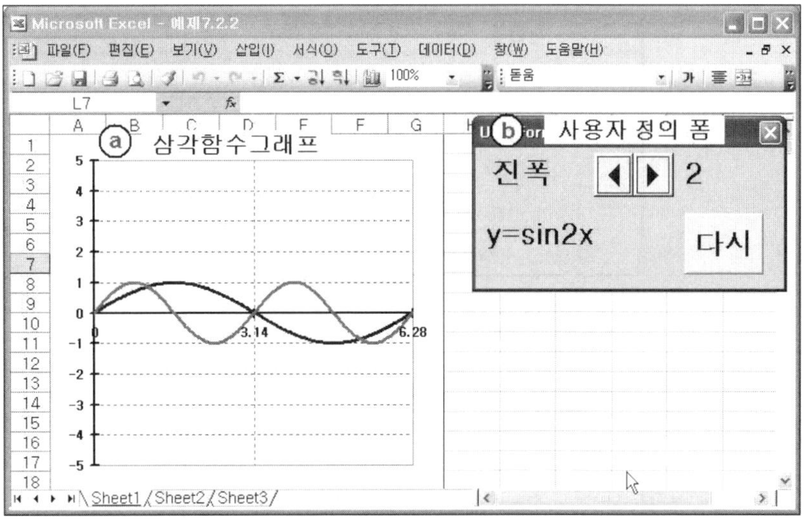

① 예제7.2.1의 VB편집기에서 사용자 정의 폼을 삽입하고 이름은 "주기", Caption은 "사인함수의 주기"로 부여하자. 또, 사용자 정의 폼에 세 개의 라벨과 한 개의 스핀단추, 명령단추를 만들자.

② 라벨과 명령단추의 이름과 Caption을 각각 지정하고 스핀단추에 대한 속성을 지정하자.

컨트롤	이름	Caption
Label1	Label1	주기
Label2	lab진폭	
Label3	lab함수식	
SpinButton1	spin주기	
CommandButton1	com다시	다시

속 성	SpinButton1
이름	spin주기
SmallChange	1
Max	4
Min	0
Value	0

라벨과 명령단추에 대한 속성 Font도 지정하자.

③ 스핀단추와 명령단추에 대한 Sub 프로시저를 다음과 같이 지정하자.

```
Private Sub spin주기_Change()

    b = spin주기.Value
    lab주기.Caption = b
    c = Application.WorksheetFunction.Pi / 180

    For n = 0 To 360
        Cells(n + 21, 1) = c * n
        Cells(n + 21, 2) = Sin(c * n)
        Cells(n + 21, 3) = Sin(b * c * n)
    Next

    Lab함수식.Caption = "y=sin" & b & "x"

End Sub
```

```
Private Sub com다시_Click()
    spin주기.Value = 0
    Cells.ClearContents
End Sub
```

④ 이미 프로젝트 탐색기에는 예제7.2.1에서 삽입한 모듈이 있으며 진폭 사용자 정의 폼을 실행할 수 있는 Sub 프로시저도 있다. 이 모듈에 주기 사용자 정의 폼을 실행할 수 있는 Sub 프로시저를 더 작성하여 주자.

```
Sub 주기불러오기()
    주기.Show
End Sub
```

다음 그림과 같이 두 개의 Sub 프로시저가 한 모듈 안에 작성되어 있는 것을 확인 할 수 있다.

⑤ 워크시트에서 매크로를 실행하면 다음 그림과 같이 두 개의 Sub 프로시저가 나타나는 것을 확인 할 수 있다.

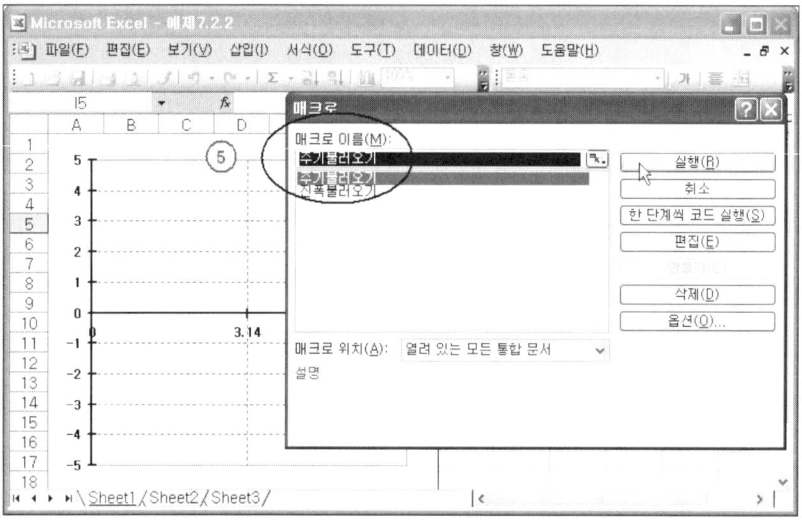

⑥ 주기 Sub 프로시저를 실행하면 사인함수의 주기를 나타내는 사용자 정의 폼이 나타나며 스핀단추을 누르면 차트에 사인함수의 그래프가 나타나는 것을 확인할 수 있다. 이미 예제7.2.1에서 A, B, C열의 값으로 차트를 만들어 놓았고 똑같은 셀에 데이터를 만들어 주었기 때문에 따로 차트를 만들지 않아도 사인함수의 그래프가 나타난다.

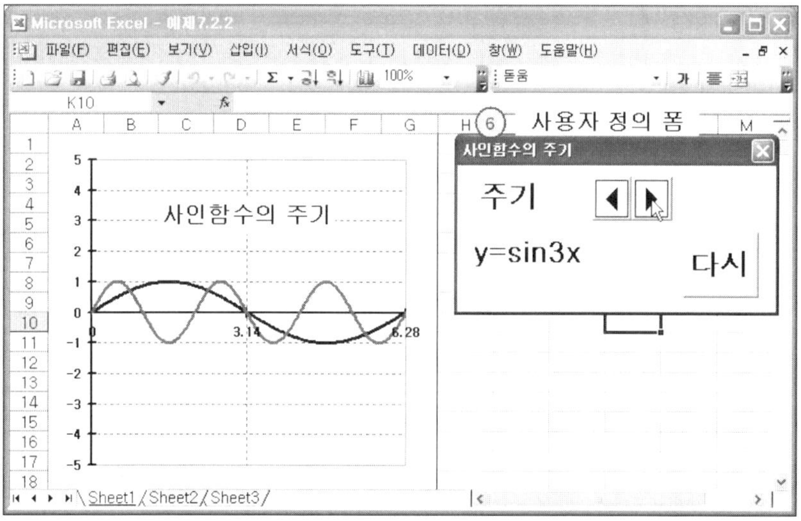

예제 7.2.3 사인함수 $y = a\sin bx$의 그래프

앞의 예제에 사용자 정의 폼만 하나 더 만들어 주면 a와 b값에 대한 사인함수의 그래프를 만들 수 있다. 다음 그림처럼 만들어 보자.

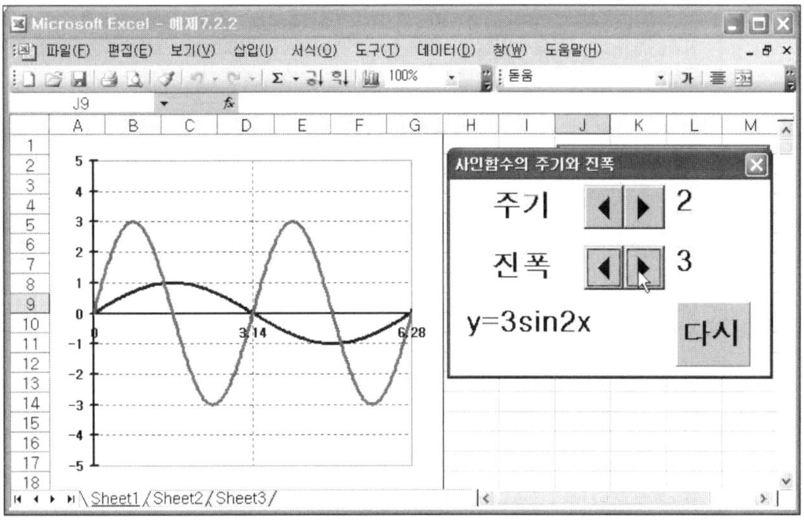

7.3 확률과 통계

사용자 정의 폼을 이용하여 워크시트에 임의의 데이터를 만들고 이 데이터를 이용하여 수학적 확률과 통계적 확률이 시행횟수가 많으면 많을수록 같아진다는 것을 보이자. 또, 독립시행에 대한 이항분포에서 독립시행의 횟수가 많으면 이항분포가 정규분포에 가까워지는 것을 그래프로서 확인하여 보자. 통계와 확률에 대해서는 부록 3을 참조바라며, 먼저 임의의 데이터를 만드는 사용자 정의 폼을 만들어 보자.

예제 7.3.1 난수 만들기(주사위의 눈)

VBA에서는 0과 1 사이의 값에 임의로 추출하는 수학함수가 내장되어 있다. 이 내장함수는 "Rnd"이다. 이 내장함수를 적절하게 사용하여 Sub 프로시저를 작성

하여 워크시트의 각 셀에 1부터 6까지 주사위의 눈을 만들 수 있다.

① 다음 그림과 같이 사용자 정의 폼을 삽입한 후 사용자 정의 폼에 명령단추를 적당하게 만들고 명령단추의 속성 또한 적절하게 부여하자.

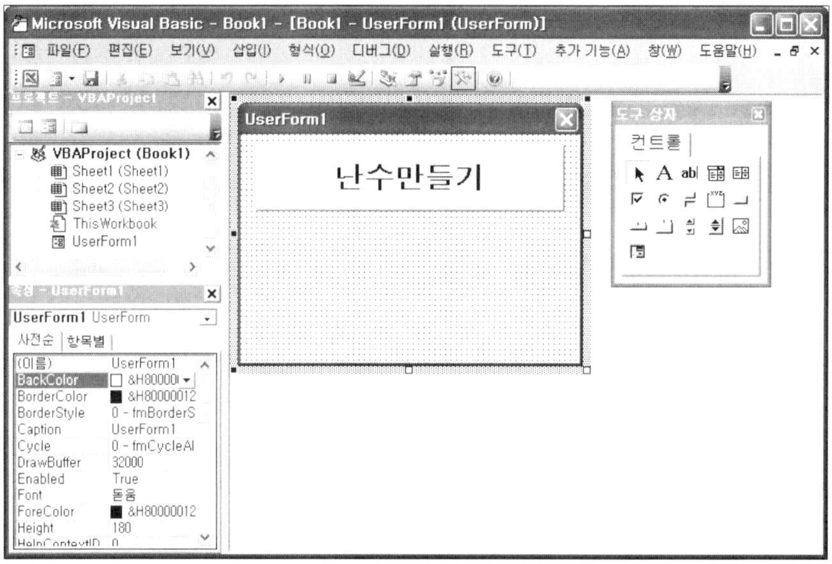

② 명령단추에 대한 Sub 프로시저를 다음과 같이 작성하자. A열의 1행부터 100행까지 0과 1 사이의 임의의 값을 입력하는 Sub 프로시저이다.

```
Private Sub CommandButton1_Click()
    For n = 1 To 100
        Cells(n, 1) = Rnd
    Next
End Sub
```

③ 사용자 정의 폼을 실행하면 다음 그림과 같이 A열에 임의의 값이 나타나는 것을 확인할 수 있다. 명령단추를 누를 때마다 A열의 값은 항상 바꾸어진다.

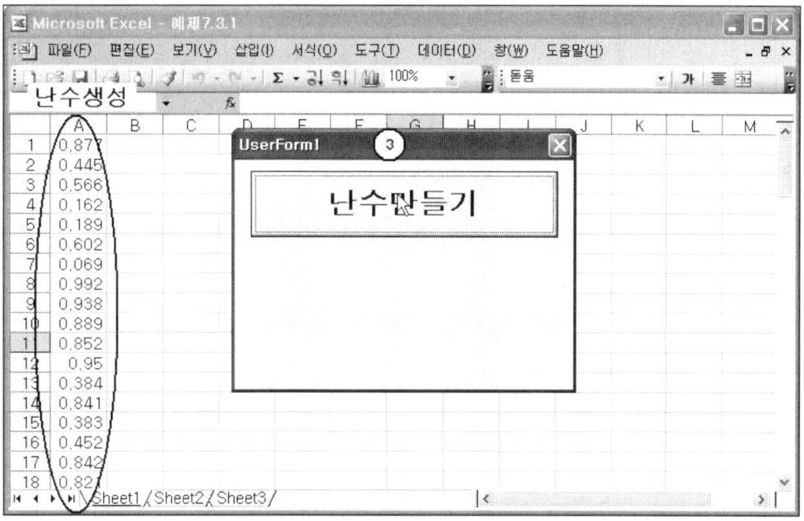

④ Rnd에 6을 곱하면 0과 6 사이의 임의의 값이 만들어지며 Int라는 VBA 내장 함수를 사용하며 0과 6 사이의 임의의 값에 대한 가우스 값을 나타낼 수 있다. 명령단추에 Sub 프로시저를 다음과 같이 수정하고 사용자 정의 폼을 실행하면 A열에 1부터 6까지의 정수가 나타난다.

```
Private Sub CommandButton1_Click()
    For n = 1 To 100
        Cells(n, 1) = Int(6 * Rnd) +1        (← 수정)
    Next
End Sub
```

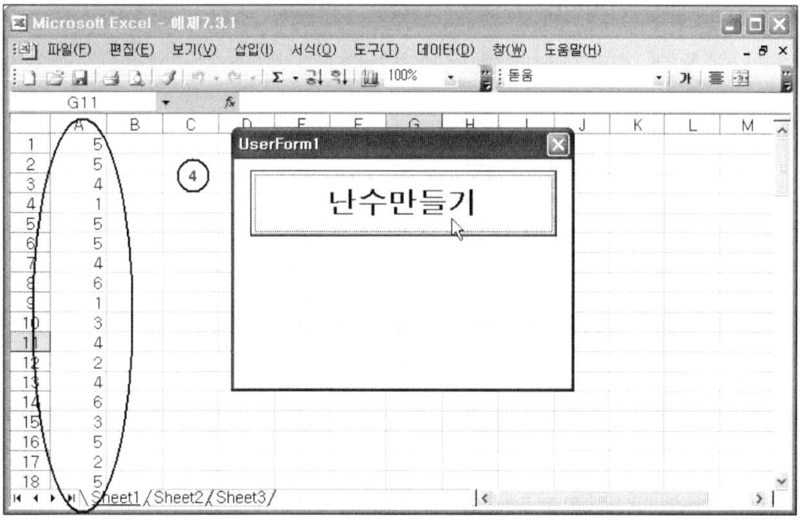

⑤ 위의 사용자 정의 폼은 항상 100개의 난수만 만들 수 있다. 하지만 사용자에 따라서 만들고자 하는 난수의 개수는 달라질 수 있으며 사용자가 원하는 난수의 개수에 따라 난수를 만들려고 하면 첫째, 명령버튼에 대한 Sub 프로시저 안에 InputBox를 삽입하여 난수의 개수를 정하든지 둘째, Text 컨트롤을 이용하여 사용자 정의 폼에서 난수의 개수를 정하면 된다. 먼저, Sub 프로시저에 InputBox를 넣어서 난수의 개수를 정하여보자. 다음과 같이 Sub 프로시저를 수정하여 사용자 정의 폼을 실행하면 다음 그림과 같이 InputBox가 활성화되면서 만들 난수의 개수를 입력할 수 있게 된다.

```
Private Sub CommandButton1_Click()
    k = Val(InputBox("몇 개의 수를 만들까요?", "난수의 개수", 1000))
    For n = 1 To k
        Cells(n, 1) = Int(6 * Rnd) +1
    Next
End Sub
```

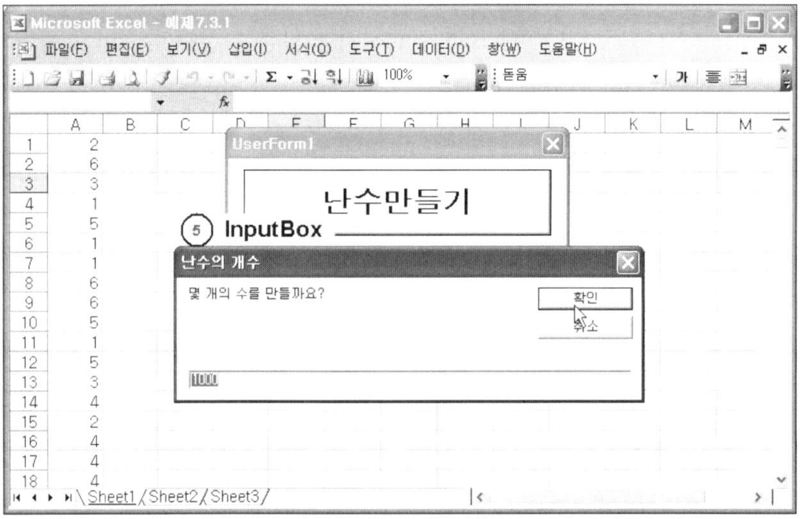

⑥ 또, 사용자 정의 폼에 텍스트를 추가하여 이 텍스트에 난수의 개수를 입력하여 난수를 생성할 수 있다. VB편집기에서 텍스트를 추가하고 Font에서 글꼴은 "돋움", 글꼴의 스타일은 "굵게", 크기는 "20"으로 지정하고 명령단추의 Sub 프로시저를 다음과 같이 수정한 후 사용자 정의 폼을 실행하면 입력하는 난수의 개수에 따라 A열에 난수가 만들어진다.

```
Private Sub CommandButton1_Click()
    k = Val(TextBox1.Text)
    For n = 1 To k
        Cells(n, 1) = Int(6 * Rnd) +1
    Next
End Sub
```

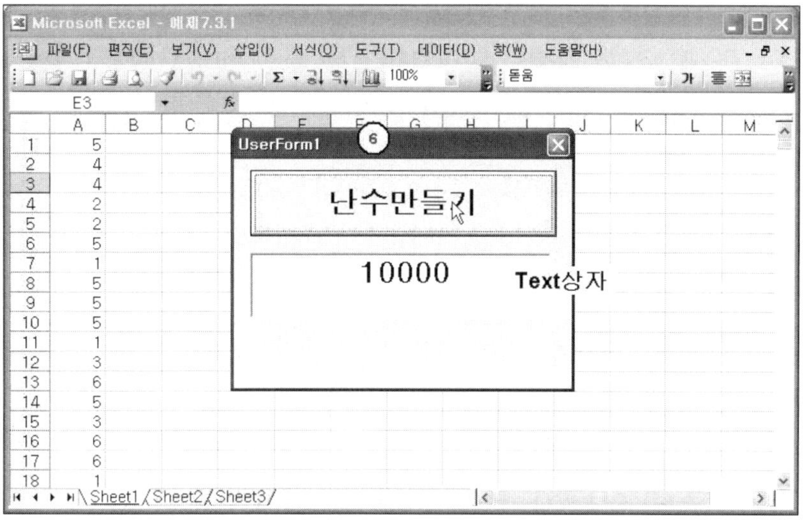

⑦ 명령단추의 Sub 프로시저를 다음과 같이 수정하여 명령단추를 누르면 워크시트의 셀에 난수를 만든 후 텍스트에 입력한 난수의 개수는 지워지고 다시 입력할 수 있게 활성화 된다.

```
Private Sub CommandButton1_Click()
    k = Val(TextBox1.Text)
    For n = 1 To k
        Cells(n, 1) = Rnd
    Next
    TextBox1.Text = ""          (←난수의 개수를 지움)
    TextBox1.SetFocus           (←Text컨트롤를 활성화)
End Sub
```

⑧ 사용자 정의 폼을 실행할 수 있도록 모듈을 삽입하고 Sub 프로시저를 다음과 같이 작성하면 워크시트에서 난수를 만드는 사용자 정의 폼을 실행할 수 있다.

```
Sub 난수생성()
    UserForm1.Show
End Sub
```

참고

텍스트 컨트롤과 InputBox를 이용하여 난수를 생성하고 생성된 난수를 워크시트의 셀에 나타낼 때 그 개수가 65536개를 초과하여서는 안 된다. 이유는 엑셀의 셀의 개수가 행(밑)으로 $2^{16} = 65536$개이기 때문이다. 이것을 확인하기 위해서는 단축키 "Ctrl+↓"를 누르면 된다. 또, 엑셀의 열(옆)의 개수는 256개이며 이것을 초과하여 데이터를 만들 수는 없다.

예제 7.3.2 수학적 확률과 통계적 확률

주사위를 던질 때 1의 눈이 나올 확률은 $\frac{1}{6}$이다. 실제 주사위를 던지는 시행을 VBA를 통하여 난수를 만들고 이 난수들에 의하여 통계적 확률을 구하고 이것을 바탕으로 수학적 확률과 통계적 확률 사이의 관계를 알아보자. 다음 그림과 같이 사용자 정의 폼을 만들어 주사위를 던지는 횟수(ⓐ)를 지정하고 이를 바탕으로 통계적 확률(ⓑ)을 나타내도록 하자.

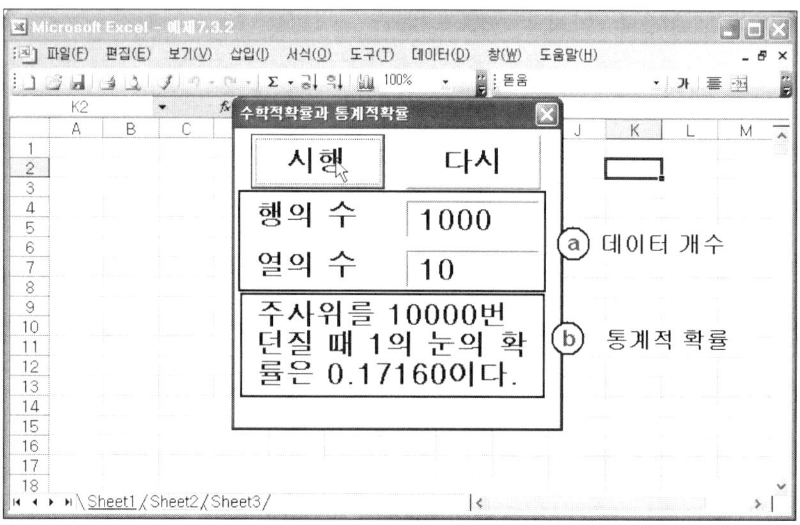

① 사용자 정의 폼에 두 명령단추와 세 개의 라벨, 두 개의 텍스트를 만들자.

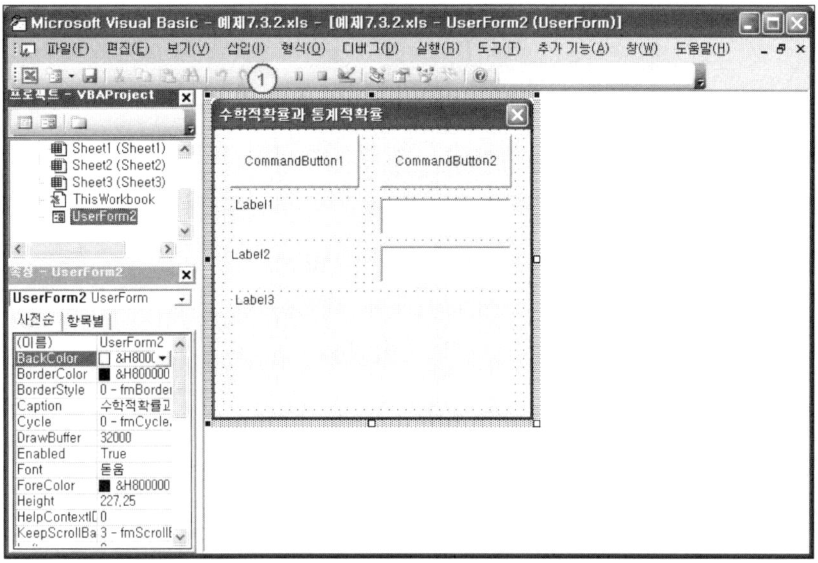

② 각각의 컨트롤에 다음과 같이 이름, Caption(Text)를 지정하고 Font도 적절하게 지정하자. 또, 사용자 정의 폼의 이름은 "확률", Caption은 "수학적 확률과 통계적 확률"로 지정하자.

컨트롤	이름	Caption
Label1	Label1	행의 수
Label2	Label1	열의 수
Label3	lab확률	
CommandButton1	com시행	시행
CommandButton2	com다시	다시
TextBox1	txt행	
TextBox2	txt열	

③ 두 명령단추에 대하여 다음과 같이 Sub 프로시저를 작성하자.

```
Private Sub com다시_Click()
    txt행.Text = ""
    txt열.Text = ""
    lab확률.Caption = ""
    txt행.SetFocus
    Cells.ClearContents
End Sub
```

```
Private Sub com시행_Click()
    a = Val(txt행.Text)
    b = Val(txt열.Text)

    For n = 1 To a
       For m = 1 To b
       k = Int(6 * Rnd) + 1
       Cells(n + 20, m) = k
          If k = 1 Then
                cot = cot + 1
          End If
       Next m
    Next n
    c = a * b
    p = Format(cot / c, "0.0000")
    lab확률.Caption = "주사위를 " & c & _
          "번 던질 때 1의 눈의 나올 확률은 " & p & "이다."
End Sub
```

com시행 명령단추의 Sub 프로시저의 마지막 두 줄에는 밑줄(_)이 삽입되어 있는데 이것은 하나의 명령문을 두 줄로 나눌 때에 사용된다. 물론 첫 줄의 끝에 공백과 함께 사용하여야 한다.

For ~ Next문(반복문)이 이중으로 사용되어 난수의 개수를 충분히 많이 만들 수 있게 하였고 For ~ Next문 안에 If ~ Then문(조건문)을 사용하여 주사위의 눈이 나오면 변수 cot의 값을 1씩 증가시켜 1의 눈이 몇 개인지 구하라는 것이다. 물론 변수 cot에 대하여 처음 아무런 값을 입력하지 않았기 때문에 초기값은 0(Null)으로 인식된다.

또, 1부터 6까지의 주사위의 눈이 21행부터 나타나게 하여 워크시트의 보이는 셀에서는 그 값이 나타나지 않도록 하였다.

④ 사용자 정의 폼을 실행할 수 있도록 모듈을 삽입하고 이 모듈에 다음과 같이 Sub 프로시저를 작성하자.

```
Sub 확률실행()
    확률.Show
End Sub
```

⑤ 워크시트에서 사용자 정의 폼을 불러와 사용자 정의 폼을 실행하면 다음 그림과 같은 결과를 얻을 수 있다.

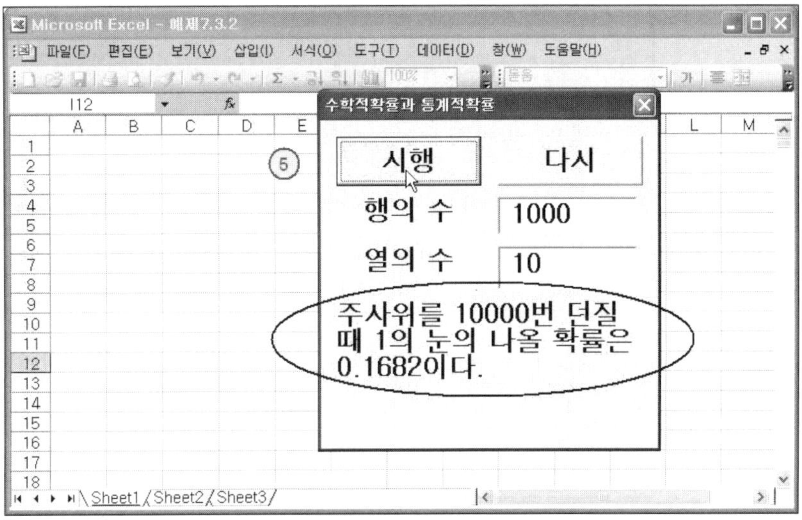

물론, 시행 명령단추를 누를 때마다 주사위의 1의 눈이 나올 확률은 계속해서 변하게 된다.

⑤ 난수를 21행부터 만들었기 때문에 워크시트 화면 상에는 나타나지 않지만 조금만 밑으로 내려가면 난수가 만들어진 것을 다음 그림과 같이 확인 할 수 있다.

⑥ VBA가 실행될 때 시간이 약간 걸리는 것은 난수를 만들어서 워크시트의 셀에 난수를 입력하기 때문이다. 만약, 만들어지는 난수를 워크시트 셀에 입력하지 않고 단순히 계산만 할 경우 시간은 조금 더 단축할 수 있다. 앞의 명령단추에 대한 Sub 프로시저에서 다음과 같은 부분을 삭제하면 보다 짧은 시간에 1의 눈에 대한 통계적 확률을 구할 수 있다.

```
Cells(n + 20, m) = k          (←삭제)
```

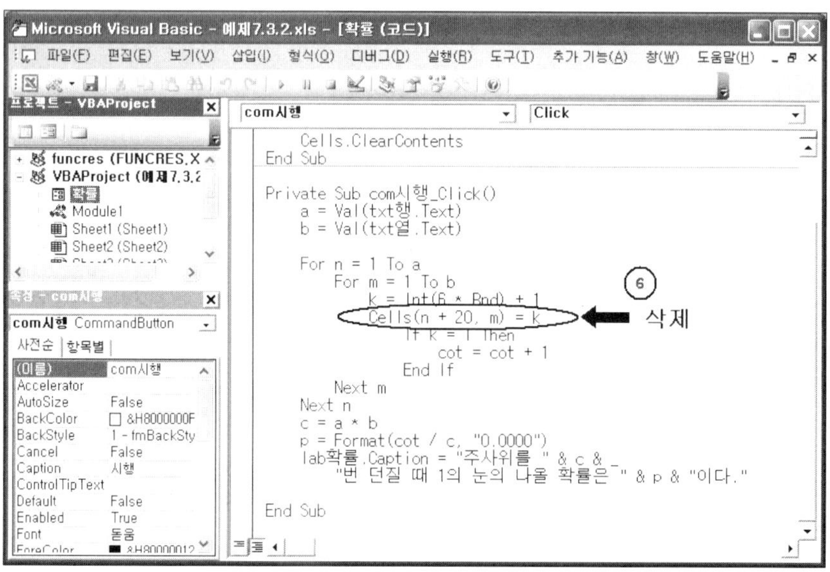

⑦ 이 코드를 삭제하면 행의 개수를 65536보다 많아도 아무런 상관이 없으며 또, For ~ Next문을 이중으로 사용하지 않고 한 번만 사용하여도 무관하다며 실행되는 시간도 많이 절약할 수 있다. 다음 그림과 같이 실행하여 보자.

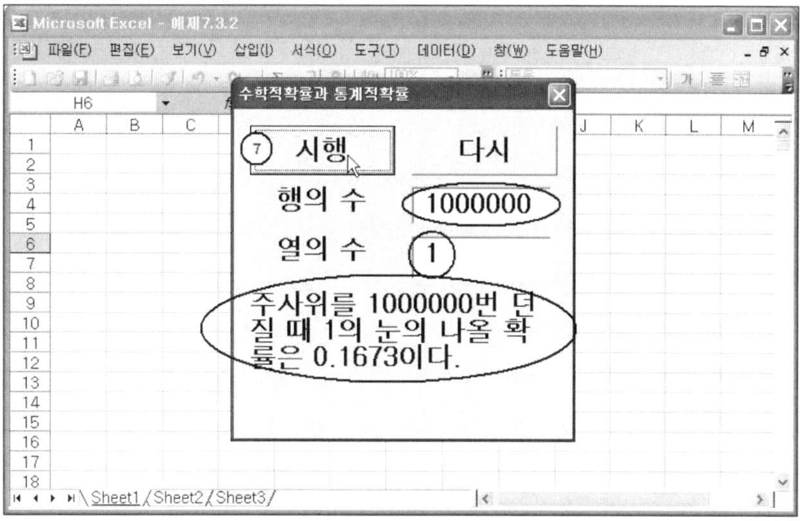

위의 난수와 같은 데이터를 VBA를 이용하면 만들 때, 데이터를 워크시트의 각 셀에 나타내면 그만큼의 시간이 많이 소요된다. 시간을 절약하기 위해서는 데이터를 생성만 하고 각 셀에 데이터를 나타내지 않으면 되지만 경우에 따라서는 워크시트의 각 셀에 나타내어야 하는 경우도 있다. 각각의 경우에 따라 적절하게 사용하면 된다.

예제 7.3.3 π의 근사값

통계적 확률을 이용하여 원주율 π의 근사값을 구하는 사용자 정의 폼을 만들자. 아래 그림과 같이 한 변의 길이가 2인 정사각형에 임의로 점을 n개 찍을 때 n개의 점 중 r개가 정사각형의 내부에 찍힐 확률은 $\frac{r}{n}$이며 n값이 충분히 크면 이것은 사각형의 넓이에 대한 원의 넓이의 비값 $\frac{\pi}{4}$와 같다. 즉, $\frac{r}{n} \fallingdotseq \frac{\pi}{4}$이다. 따라서, 원주율 π의 근사값은 $\frac{4r}{n}$이다. 이와 같이 π의 근사값을 구하는 과정이 고등학교

수학교과서에도 소개되어 있다. 사용자 정의 폼을 이용하여 원주율 π의 근사값을 구하여 보자.

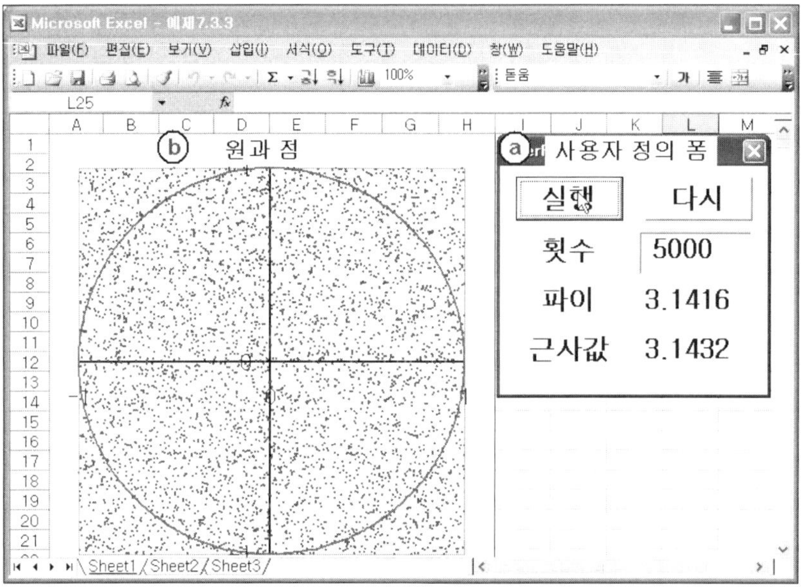

① 사용자 정의 폼을 삽입하여 두 개의 명령버튼, 다섯 개의 라벨, 한 개의 텍스트를 만들자.

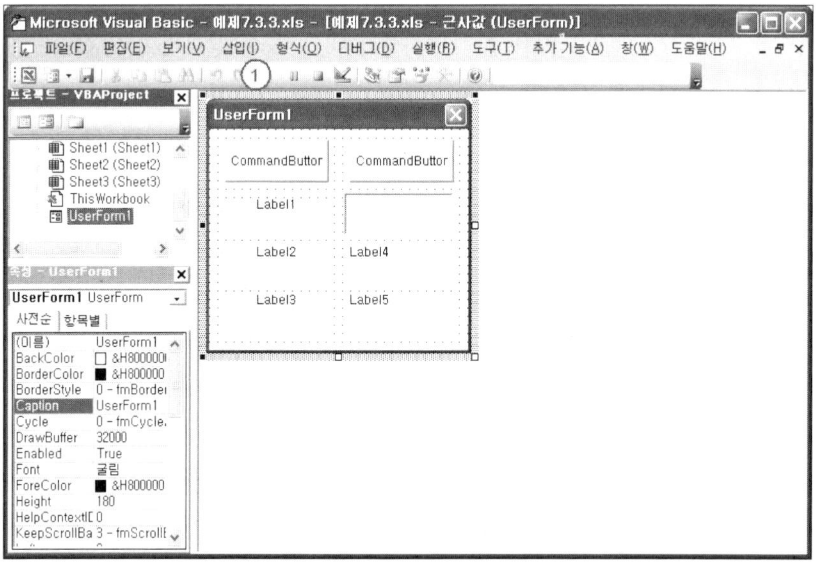

② 각각의 컨트롤에 이름과 Caption을 다음과 같이 지정하자. 속성 Font도 적절하게 지정하자. (사용자 정의 폼의 이름과 Caption을 각각 "근사값", "원주율의 근사값"으로 지정하자.)

컨트롤	이름	Caption
Label1	Label1	횟수
Label2	Label2	원주율
Label3	label3	근사값
Label4	lab원주율	
Label5	lab근사값	
CommandButton1	com시행	실행
CommandButton2	com다시	다시
TextBox1	txt횟수	

③ 두 명령단추에 대하여 Sub 프로시저를 다음과 같이 작성하자.

```
Private Sub com실행_Click()
    a = Val(txt횟수.Text)
    p = Format(Application.WorksheetFunction.Pi, "0.0000")

    For i = 1 To a
        rnx = (Rnd - 0.5) * 2
        rny = (Rnd - 0.5) * 2
        Cells(i + 50, 1) = rnx
        Cells(i + 50, 2) = rny

        dis = Sqr(rnx ^ 2 + rny ^ 2)
        If dis <= 1 Then
            cot = cot + 1
        End If
    Next i

    lab원주율.Caption = p
    lab근사값.Caption = Format(cot / a * 4, "0.0000")

End Sub
```

```
Private Sub com다시_Click()
    txt횟수.Text = ""
    lab원주율.Caption = ""
    lab근사값.Caption = ""
    Cells.ClearContents
    txt횟수.SetFocus
End Sub
```

com실행 명령단추의 For ~ Next문에서 rnx=(Rnd-0.5)*2과 rnx=(Rnd-0.5)*2는 0과 1사이의 난수를 -1과 1 사이의 난수로 바꾸어주는 명령문으로 좌표평면 위에 정의역과 공역의 범위를 -1에서 1까지에서 점의 좌표를 만드는 것이며 dis = Sqr(rnx ^ 2 + rny ^ 2)는 원점으로 부터의 거리를 구하는 것이며 If ~ Then문은 원점으로 부터의 거리가 1이하인 점의 개수를 구하는 것이다.

④ 사용자 정의 폼을 실행하기 위하여 모듈을 삽입하고 모듈에 Sub 프로시저를 다음과 같이 작성하자.

```
Sub 근사값실행()
    근사값.Show
End Sub
```

⑤ 워크시트에서 사용자 정의 폼을 실행하면 다음 그림과 같이 각각의 셀에 점의 좌표가 나타나고 원주율 파이의 근사값이 나타난다.

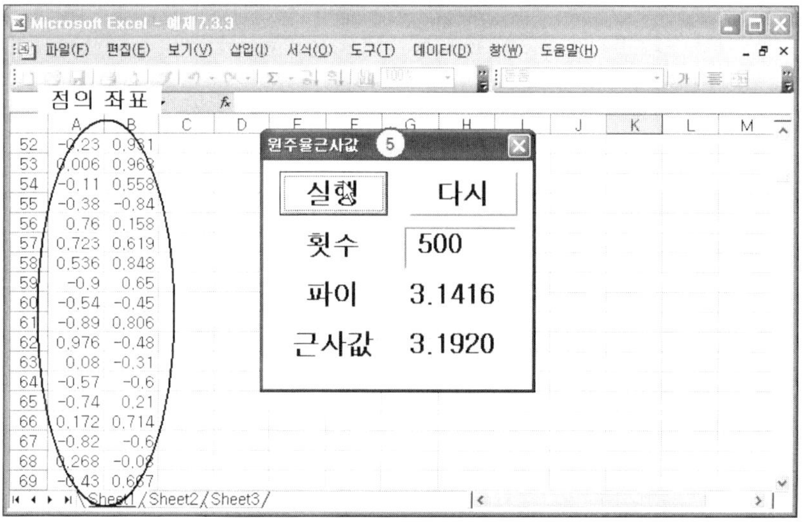

⑥ 점의 좌표를 선택하여 표준도구모음의 차트마법사를 이용하여 좌표평면에 나타내면 다음 그림과 같이 나타난다.

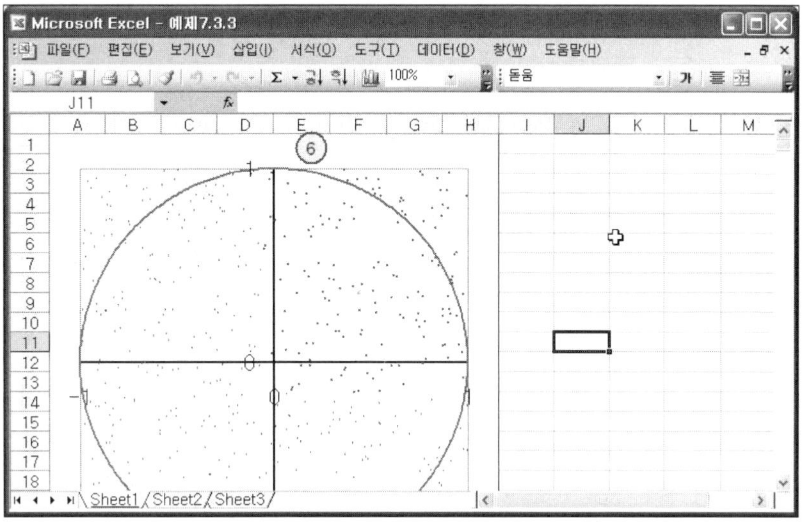

⑦ 사용자 정의 폼을 다시 실행하여 원주율의 근사값을 구하면 시행횟수에 따라 좌표평면에 점이 나타나면서 원주율의 근사값을 구할 수 있다.

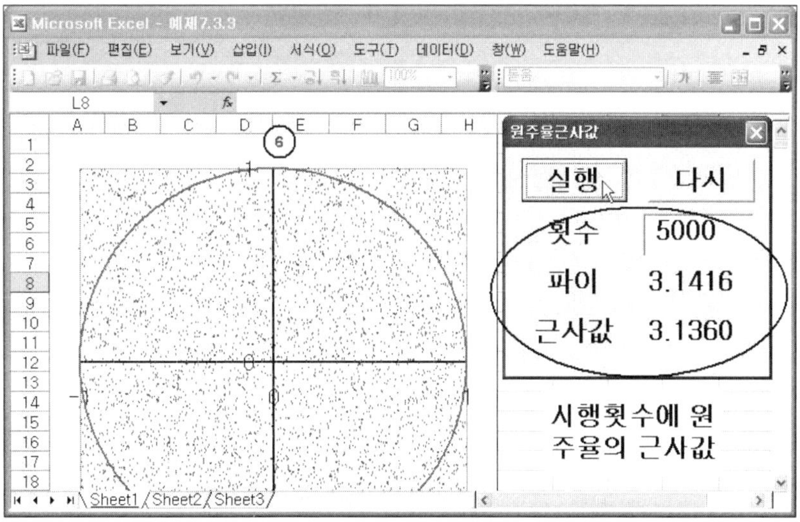

예제 7.3.4 이항분포와 정규분포

다음 그림과 같이 사용자 정의 폼에 이항분포의 독립시행 횟수와 특정한 사건이 일어날 확률을 두 스크롤막대에 의해서 만들고 리스트 박스를 이용하여 특정한 사건이 일어날 횟수와 확률, 누적확률(ⓑ)을 나타내며 워크시트에 이항분포의 확률에 대한 그래프(ⓒ)가 나타날 수 있게 만들어 보자.

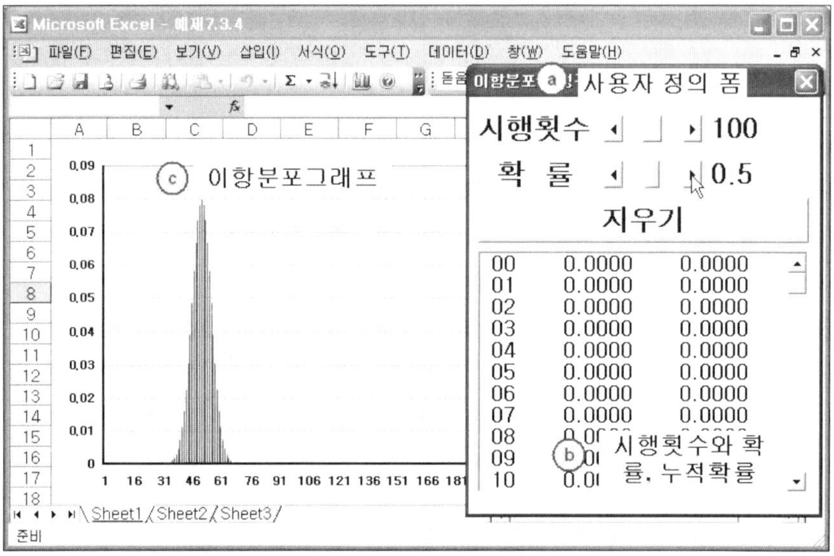

① 사용자 정의 폼을 삽입하고 네 개의 라벨과 두 개의 스크롤막대, 한 개의 명령단추, 한 개의 리스트 박스를 만들자.

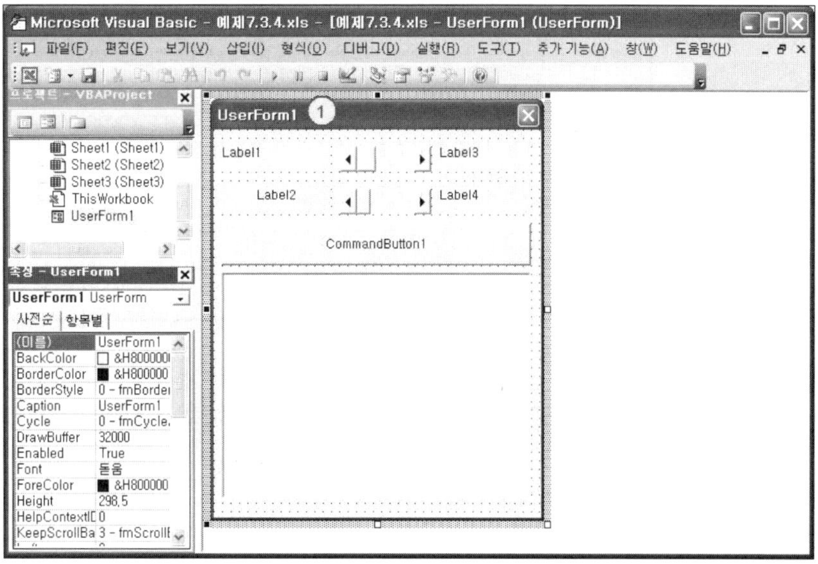

② 각각의 컨트롤에 이름과 Caption을 다음과 같이 부여하자. (사용자 정의 폼의 이름과 Caption은 각각 "이항분포", "이항분포와 정규분포"로 부여하자.)

컨트롤	이름	Caption
Label1	Label1	시행횟수
Label2	Label2	확률
Label3	lab횟수	
Label4	lab확률	
Scrollbar1	scr횟수	
Scrollbar2	scr확률	
CommandButton1	com지우기	지우기
ListBox1	lst확률	

③ 스크롤막대에 대한 속성을 다음과 같이 지정하자.

속 성	Scrollbar1	Scrollbar2
이름	scr횟수	scr확률
LargeChange	100	20
SmallChange	10	10
Max	200	80
Min	10	20
Value	10	20

④ scr횟수 스크롤막대의 Sub 프로시저를 다음과 같이 작성하고 scr확률 스크롤막대도 동일한 Sub 프로시저를 작성하자.

```
Private Sub scr횟수_Change()
    lst확률.Clear
    Cells.ClearContents

    n = scr횟수.Value
    p = scr확률.Value * 0.01
    lab횟수.Caption = n
    lab확률.Caption = p

    For k = 0 To n
        pdf = Application.WorksheetFunction. _
                    BinomDist(k, n, p, False)
        cdf = Application.WorksheetFunction. _
                    BinomDist(k, n, p, True)
        lst확률1.AddItem Format(k, "00") & "        " _
                    & Format(pdf, "0.0000") & "        " _
                    & Format(cdf, "0.0000")
        Cells(k + 1, 1) = Application. WorksheetFunction. _
                            BinomDist(k, n, p, False)
        Cells(k + 1, 2) = Application.WorksheetFunction. _
                            BinomDist(k, n, p, True)
    Next k
End Sub
```

For ~ Next문에는 워크시트 함수인 BinomDist함수가 사용되었다. 이 함수는 워크시트 내장함수로 독립시행의 확률을 구하며 그 형식은 다음과 같다.

```
BinomDist(k, n, p, False)
```

k는 성공횟수, n번의 독립시행횟수, p는 확률이며, False는 n번의 독립시행 중 특정사건이 k번 일어날 확률이다. 만약, 동전을 세 번 던질 때 앞면이 두 번 일어날 확률을 구할 때에는 다음과 같이 입력하면 된다.

BinomDist(2, 3, 0.5, False)

위의 False에 True로 바꾸어 입력하면 세 번이 시행 중 앞면이 2번까지 일어날 누적확률을 구할 수 있다.

⑤ 명령단추에 대해서도 다음과 같이 Sub 프로시저를 작성하여 차트에 이항분포의 확률이 사라지도록 만들자.

```
Private Sub com지우기_Click()
    Cells.ClearContents
End Sub
```

⑥ 워크시트에서 사용자 정의 폼을 실행하면 다음 그림과 같이 A, B열에 이항분포의 확률과 누적확률이 나타나는 것을 확인할 수 있다. 시행횟수에 대한 스크롤바의 값이 최대값까지 증가하도록 한 후 A열(A1:A200)을 선택한 후 차트마법사를 이용하여 이항분포의 확률을 차트에 나타내면 다음 그림과 같이 만들 수 있다.

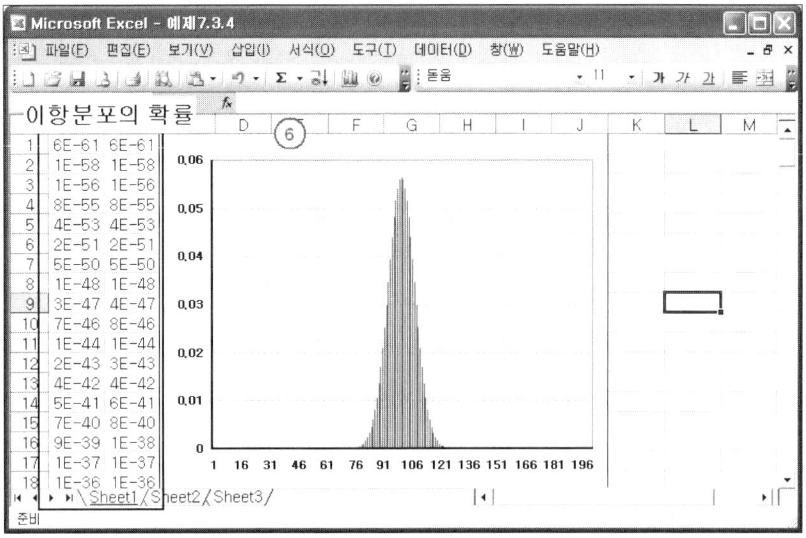

⑦ 모듈을 삽입한 후 사용자 정의 폼이 워크시트에서 실행할 수 있도록 다음과 같이 Sub 프로시저를 작성하자.

```
Sub 이항분포실행()
    이항분포.Show
End Sub
```

⑧ 워크시트에서 사용자 정의 폼을 실행하면 다음 그림과 같이 이항분포의 확률의 값이 독립시행의 횟수가 많으면 많을수록 정규분포에 가까워진다는 것을 확인할 수 있다.

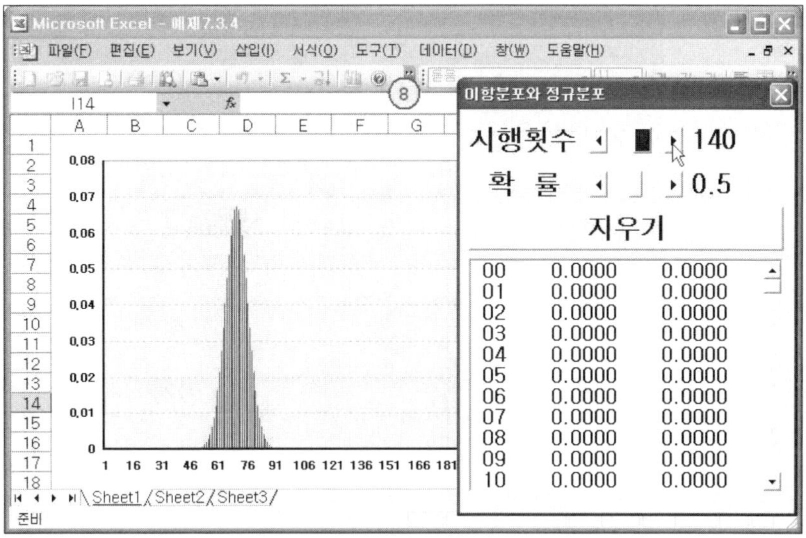

7.4 수열

고등학교에서 다루어지는 등차수열, 등비수열, 계차수열 등을 사용자 정의 폼을 이용하여 여러 가지 교수·학습 자료를 만들어 보자.

예제 7.4.1 등차수열

다음 그림과 같이 첫째항과 공차가 주어질 때 등차수열의 n항과 n번째 항까지의 합을 구하는 사용자 정의 폼을 만들어보자.

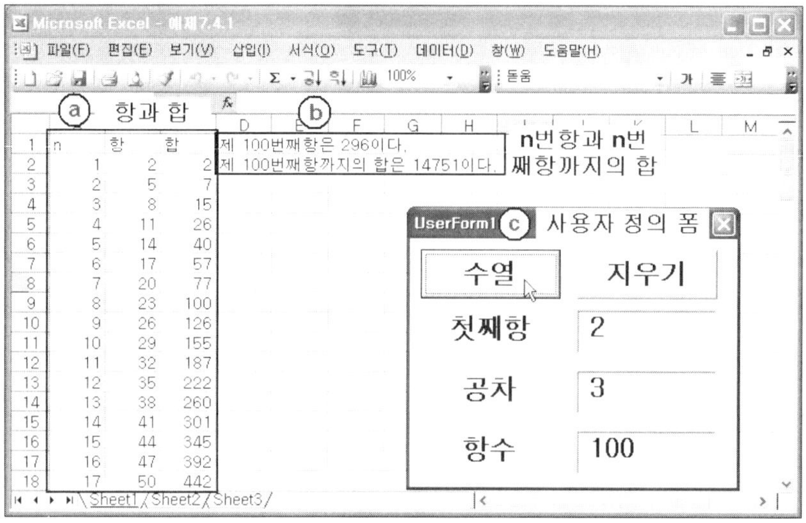

① 사용자 정의 폼을 삽입하고 두 개의 명령단추, 세 개의 라벨, 세 개의 텍스트를 만들자.

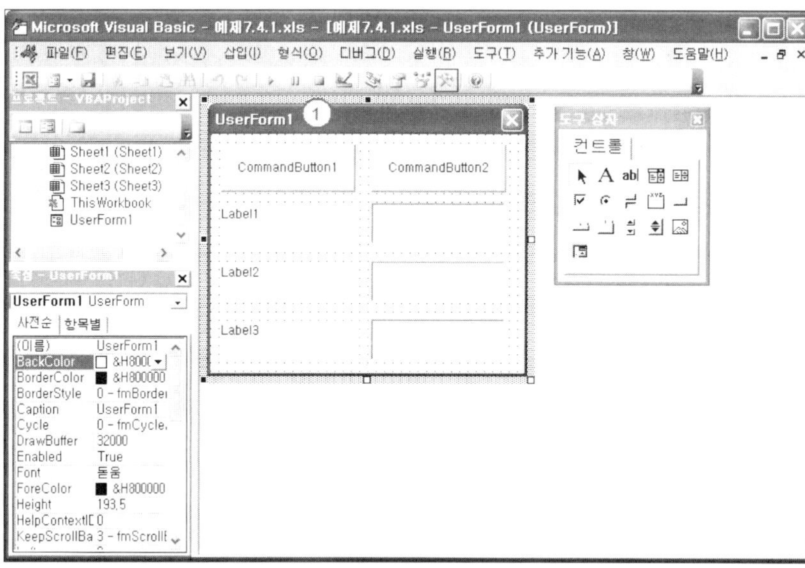

② 각각의 컨트롤에 이름과 Caption을 다음과 같이 지정하자.(사용자 정의 폼의 이름과 Caption은 각각 “등차수열”, “등차수열”로 지정하자.)

컨트롤	이름	Caption
Label1	Label1	첫째항
Label2	Label2	공차
Label3	Label3	항수
CommandButton1	com수열	수열
CommandButton2	com지우기	지우기
TextBox1	txt첫째항	
TextBox2	txt공차	
TextBox3	txt항수	

③ 두 명령버튼과 사용자 정의 폼에 대하여 Sub 프로시저를 다음과 같이 작성하자.

```
Private Sub com수열_Click()
    a = Val(txt첫째항.Text)
    d = Val(txt공차.Text)
    n = Val(txt항수.Text)
    Cells(1, 1) = "n"
    Cells(1, 2) = "항"
    Cells(1, 3) = "합"

    For k = 1 To n
        Cells(k + 1, 1) = k
        Cells(k + 1, 2) = a + (k - 1) * d
        Cells(k + 1, 3) = (k / 2) * (2 * a + (k - 1) * d)
    Next k

    Cells(1, 4) = "제 " & n & "번째항은 " _
                    & Cells(n, 2) & "이다."
    Cells(2, 4) = "제 " & n & "번째항까지의 합은 " _
                    & Cells(n, 3) & "이다."
End Sub
```

```
Private Sub com지우기_Click()
    txt첫째항.Text = ""
    txt공차.Text = ""
    txt항수.Text = ""
    Cells.ClearContents
    txt첫째항.SetFocus
End Sub
```

```
Private Sub UserForm_Activate()
    Cells.ClearContents
    txt첫째항.SetFocus
End Sub
```

com수열 명령단추의 Sub 프로시저에서는 For ~ Next문을 이용하여 등차수열의 각 항과 그 합을 구하는데 일반적인 등차수열의 일반항과 합의 공식을 그대로 사용하였다.

사용자 정의 폼에 대한 Sub 프로시저에는 처음 실행될 때 모든 셀에 값이 있으면 지우라는 명령어 “Cells.ClearContents”, txt첫째항에 바로 값을 입력할 수 있도록 명령어 “txt.첫째항.SetFocus”를 작성하였다.

④ 모듈을 삽입하여 사용자 정의 폼을 실행할 수 있도록 Sub 프로시저를 다음과 같이 작성하자.

```
Sub 등차수열불러오기()
    등차수열.Show
End Sub
```

⑤ 워크시트 화면에서 사용자 정의 폼을 실행하면 다음 그림과 같이 사용자가 입력하는 등차수열의 첫째항과 공차에 대하여 n번째 항과 그 합을 구할 수 있다.

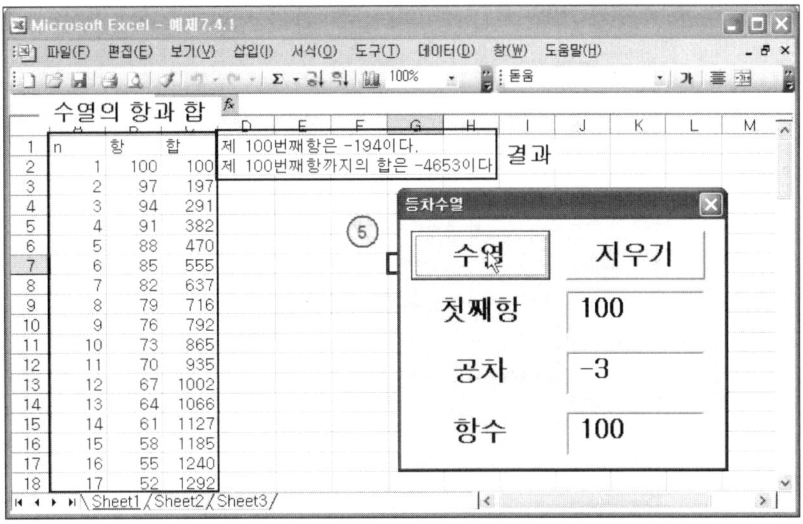

예제 7.4.2 등비수열

첫째항과 공비가 주어지는 등비수열에서 무한등비급수의 합과 제 n항까지의 부분합의 차가 특정한 값(예를 들면, $\frac{1}{10000}$)보다 작게 되는 것은 몇 번째 항이 되는지 알 수 있는 사용자 정의 폼을 만들어 보자. (단, 등비수열의 공비의 값이 0과 1 사이일 때 구한다.)

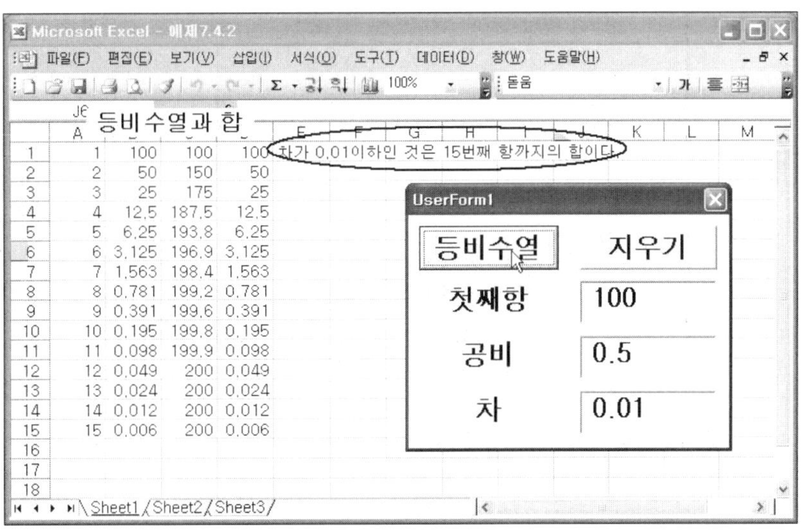

① 사용자 정의 폼을 삽입하여 두 개의 명령단추와 세 개의 라벨, 세 개의 텍스트를 만들자.

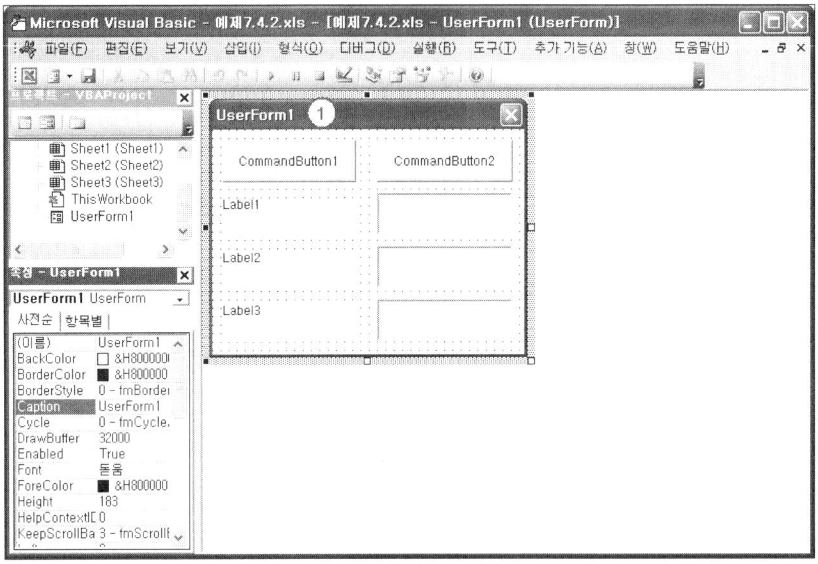

② 각각 컨트롤에 이름과 Caption을 다음과 같이 부여하자. (사용자 정의 폼의 이름과 Caption은 각각 "등비수열", "무한등비급수와 부분합의 차"로 부여하자.)

컨트롤	이름	Caption
Label1	Label1	첫째항
Label2	Label2	공비
Label3	Label3	차
CommandButton1	com등비	등비수열
CommandButton2	com지우기	지우기
TextBox1	txt첫째항	
TextBox2	txt공비	
TextBox3	txt차	

③ 두 명령단추와 사용자 정의 폼에 대하여 Sub 프로시저를 다음과 같이 작성하자.

```
Private Sub UserForm_Activate()
    Cells.ClearContents
    txt첫째항.SetFocus
End Sub
```

```
Private Sub com지우기_Click()
    txt첫째항.Text = ""
    txt공비.Text = ""
    txt차.Text = ""
    Cells.ClearContents
    txt첫째항.SetFocus
End Sub
```

```
Private Sub com등비_Click()
    a = Val(txt첫째항.Text)
    r = Val(txt공비.Text)
    d = Val(txt차.Text)
    s = a / (1 - r)
    k = 1
    sum1 = a
    d1 = s - sum1
    Cells(k, 1) = k
    Cells(k, 2) = a
    Cells(k, 3) = sum1
    Cells(k, 4) = d1

    Do While s - sum1 >= d
      k = k + 1
      a = a * r
      sum1 = sum1 + a
      Cells(k, 1) = k
      Cells(k, 2) = a
      Cells(k, 3) = sum1
      Cells(k, 4) = s - sum1
    Loop

    Cells(1, 5) = "차가 " & d & "이하인 것은 " & k & _
            "번째 항까지의 합이다."
End Sub
```

무한등비급수의 합과 부분합의 차가 텍스트에 입력되는 값보다 작을 때까지 구하기 위하여 Do While ~ Loop문(조건반복문)을 사용하였다. Do While ~ Loop문 속에는 등비수열의 n항까지의 합과 무한등비급수와의 차 값을 각각의 셀에 나타내도록 하였다.

④ 모듈을 삽입하여 사용자 정의 폼을 실행할 수 있도록 Sub 프로시저를 다음과 같이 작성하자.

```
Sub 등비수열불러오기()
    등비수열.Show
End Sub
```

⑤ 워크시트에서 사용자 정의 폼을 실행하면 다음 그림과 같이 등비수열의 부분합과 무한등비급수와의 차 값을 각각의 셀에 나타낼 수 있으며 두 값의 차 값이 입력되는 값보다 작아지는 항을 구할 수 있다.

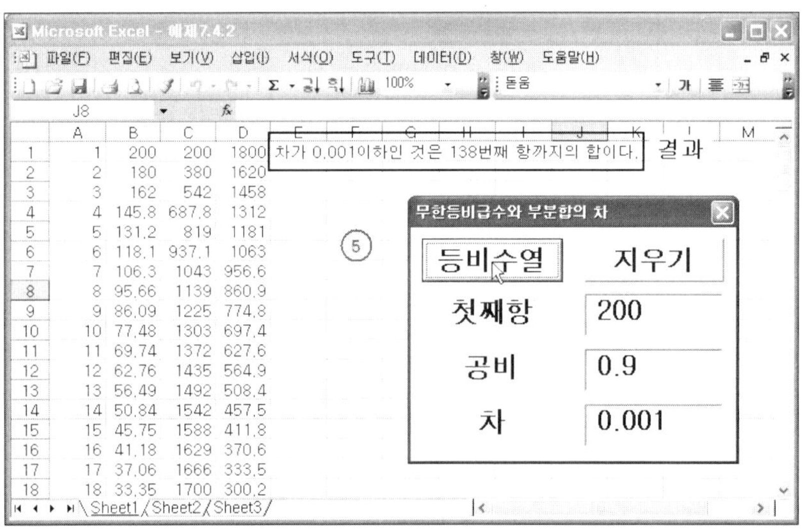

예제 7.4.3 피보나치수열

고등학교 교육과정에 자주 등장하는 수열 중 대표적인 것이 피보나치수열이다. 수열 $\{a_n\}$이 $a_1 = 1,\ a_2 = 1$이고, $a_{n+2} = a_{n+1} + a_n$을 만족하는 수열이다. 이

수열에 대하여 $b_n = \frac{a_{n+1}}{a_n}$에 대하여 $\lim_{n \to \infty} b_n$의 극한값은 일정한 값에 수렴하는데 이것을 황금비라 한다. 다음 그림과 같이 사용자 정의 폼을 이용하여 피보나치수열을 구하고 이 수열의 비 값의 극한값을 구하여 보자.

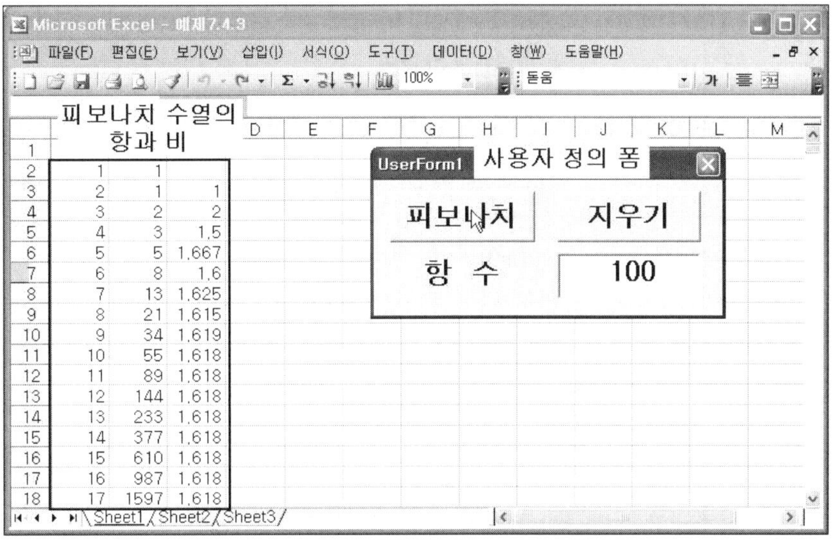

① 사용자 정의 폼에 두 개의 명령단추와 한 개의 라벨, 한 개의 텍스트를 만들고 각각의 이름과 Caption을 다음과 같이 부여하자.(사용자 정의 폼의 이름과 Caption을 각각 "피보나치", "피보나치수열"이라 하고 속성 Font에서 글꼴은 "돋움", 굵기는 "굵게", 크기는 "18"으로 지정하자.)

컨트롤	이름	Caption
Label1	Label1	
CommandButton1	com피보나치	피보나치
CommandButton2	com지우기	지우기
TextBox1	txt항수	

② 사용자 정의 폼과 두 명령단추에 대하여 다음과 같이 Sub 프로시저를 작성하자.

```
Private Sub UserForm_Activate()
    Cells.ClearContents
    txt항수.SetFocus
End Sub
```

```
Private Sub com피보나치_Click()
    n = Val(txt항수.Text)
    a1 = 1
    a2 = 1
    Cells(1, 1) = "n"
    Cells(1, 2) = "항"
    Cells(1, 3) = "비값"

    For k = 1 To n
        a3 = a1 + a2
        Cells(k + 1, 1) = k
        Cells(k + 1, 2) = a1
        Cells(k + 2, 3) = a2 / a1
        a1 = a2
        a2 = a3
    Next k

    txt항수.SetFocus
End Sub
```

```
Private Sub com지우기_Click()
    txt항수.Text = ""
    Cells.ClearContents
    txt항수.SetFocus
End Sub
```

③ 모듈을 삽입하여 사용자 정의 폼을 실행할 수 있도록 Sub 프로시저를 다음과 같이 작성하자.

```
Sub 피보나치불러오기()
    피보나치.Show
End Sub
```

④ 워크시트에서 사용자 정의 폼을 실행하면 다음 그림과 같이 피보나치수열의 모든 항과 그 비 값을 구할 수 있다.

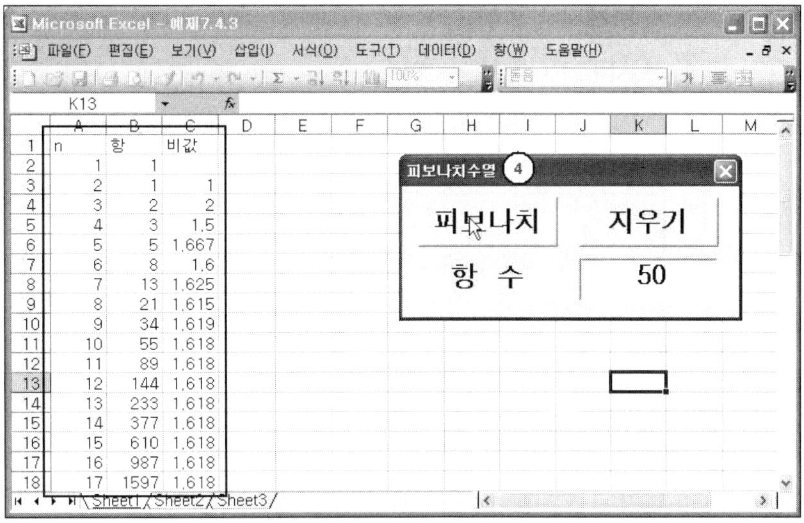

⑤ 피보나치수열의 이웃하는 항 사이의 비 값이 10번째부터 같아 보이는데 실제로는 같지 않다. C열의 간격이 너무 좁아서 나타낼 수 있는 부분까지만 적당하게 반올림하여 보여주는 것이다. 실제 조금 더 정확한 값을 보기 위해서는 C열의 간격을 넓혀주면 되는데 마우스 포인트를 C열과 D열 사이의 구분선에 갖다 대면 [C ✚ D] 와 같이 마우스 포인트 모양이 바꾸어지며 왼쪽 마우스 버튼을 더블클릭하면 적당한 범위까지 C열의 가로 길이를 늘려 보다 정확한 값을 보여준다.

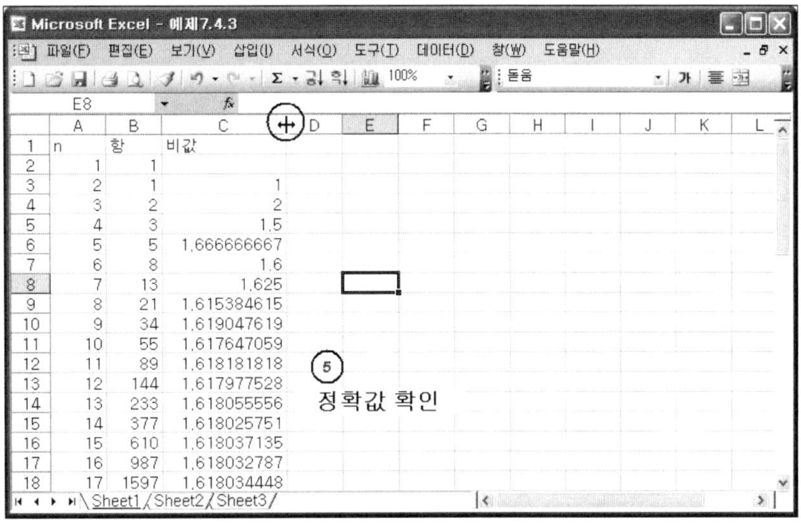

⑥ 이와 같이 보다 정확한 값을 확인하더라도 30행부터 값을 확인하면 이웃하는 항 사이의 비 값에 변화가 없다는 것을 확인할 수 있을 것이며 이것을 이용하면 비 값의 극한값이 수렴한다고 말할 수 있다.

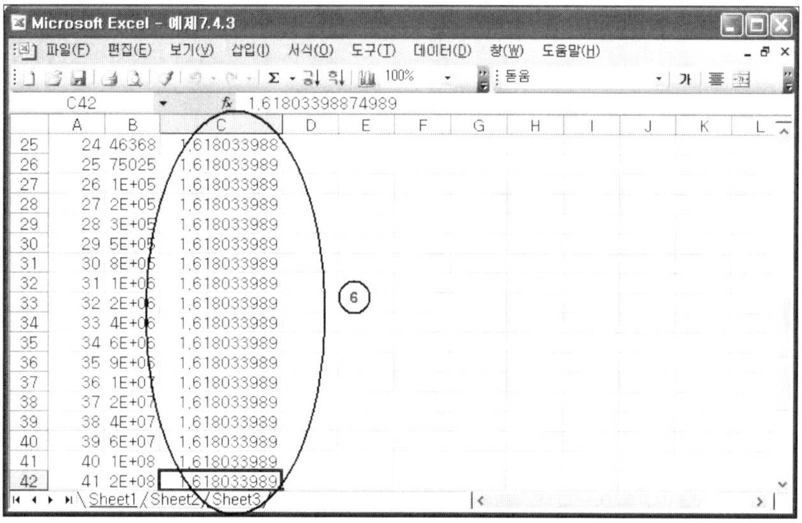

Appendix 01

부록 1 함수의 그래프

1. 차트를 이용한 함수의 그래프

1.1 차트마법사(함수의 그래프 만들기)

함수의 그래프를 차트에 나타내기 위해서는 함수의 정의역과 치역을 적당한 셀에 만든 후 차트마법사를 이용하여 만들어야 한다. 차트마법사를 이용하여 함수의 그래프를 만드는 방법을 다음 예제를 통하여 알아보자.

1.1.1 좌표평면(이차함수 $y=x^2$의 점의 좌표 차트에 나타내기)

① 이차함수 $y=x^2$의 점의 좌표를 좌표평면에 나타내기 위해서는 적당한 셀에 함수의 정의역과 치역을 만들어 주어야 한다. 다음 그림과 같이 이차함수의 정의역과 치역을 각각 B, C열에 만들어 주고(단, 정의역은 -5부터 5까지 1씩 증가하며 치역은 함수값을 바로 입력하여도 상관은 없으나 수식을 입력하여 함수값을 구하는 것이 나머지 함수값을 구하기가 쉬우며 변하는 함수식에 대해서도 적용하기가 용이할 것이다.) 함수의 정의역과 치역을 마우스로 드래그하여 선택한 후 표준도구모음의 차트마법사를 눌러 차트마법사를 실행하자.

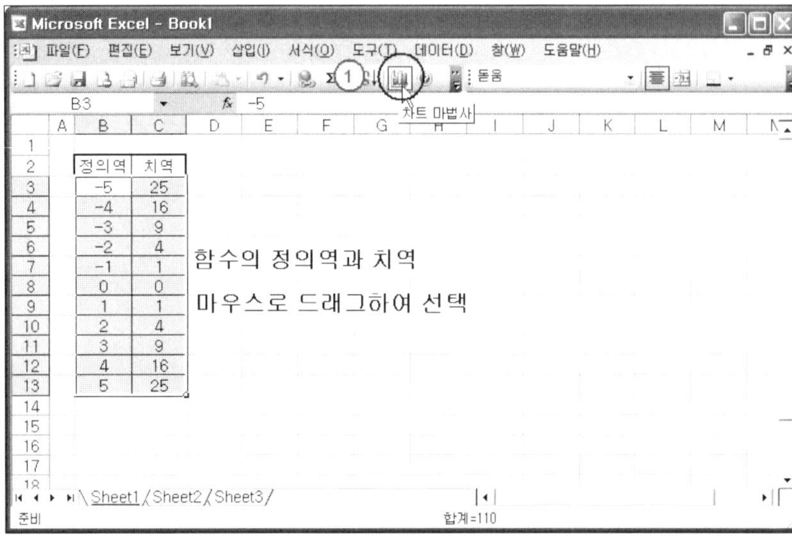

② 차트 마법사 1단계는 차트 종류 대화상자이다. 차트 종류 대화상자에는 "표준 종류"와 "사용자 지정 종류" 두 가지의 탭이 있으며 여기서 함수의 그래프를 나타낼 적당한 차트의 종류를 선택하면 된다. "표준종류"에는 가장 기본적인 차트가 있으며 "사용자 정의 종류"에는 표준 종류에 없는 다양한 차트와 사용자가 직접 만든 차트가 있다.

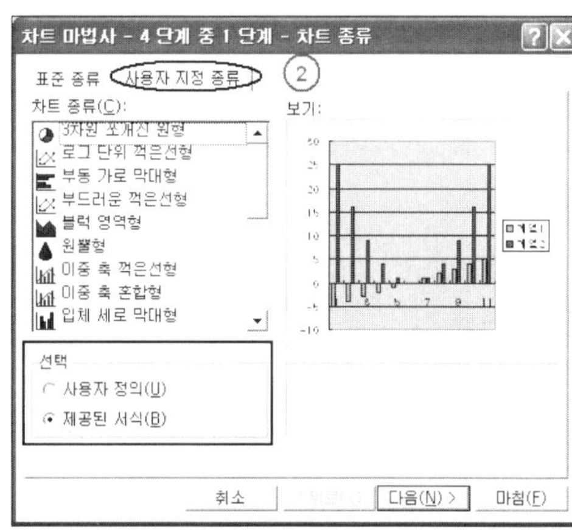

③ 사용자 지정 종류 탭의 아래 부분의 선택 항목에서 사용자 정의 항목을 선택하면 다음 그림과 같이 차트 종류에는 "기본값"이라는 차트만 있다. 여기에 앞으로 만들 함수의 그래프를 등록하여 동일한 함수의 그래프를 만들 때 사용

할 것이다. 차트마법사 1단계에서는 표준 종류 탭에서 차트 종류는 “분산형”, 차트 하위 종류는 “분산형, 값을 점으로 비교합니다”항목을 선택하자.

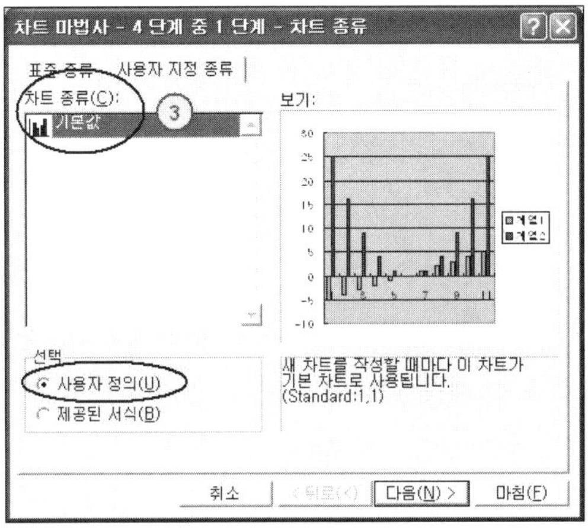

④ 차트마법사 2단계는 “<u>원본 데이터</u>” 대화상자이다. “데이터 범위”와 “계열” 두 가지의 탭이 있다. 데이터 범위 탭은 데이터가 존재하는 범위와 데이터의 방향이 행과 열 중 어느 것인지를 나타낸다. 함수의 정의역과 치역이 A, B열에 존재하므로 방향을 열로 지정하여야 한다. 계열 탭은 계열의 개수와 데이터 중 어느 것을 정의역, 치역으로 사용할 것인지를 나타낸다. 계열 항목의 아래 부분에 추가와 삭제 버튼이 있어야 얼마든지 함수를 추가하거나 삭제가 가능하다. 함수가 하나만 주어져 있기 때문에 계열의 추가는 없다.

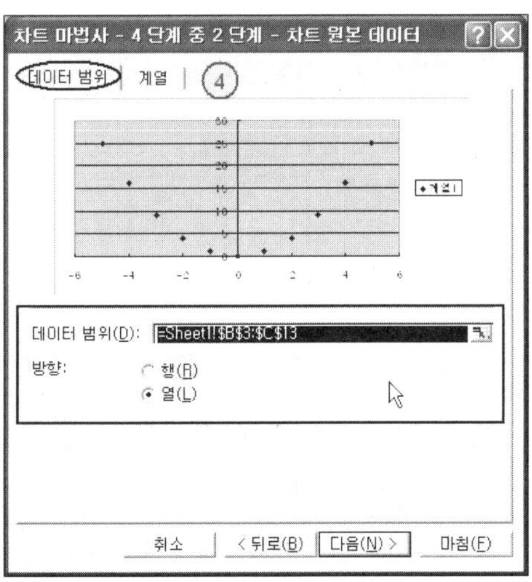

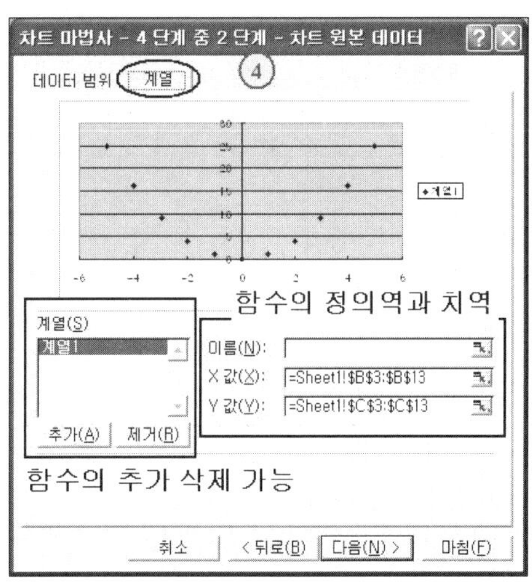

⑤ 차트 마법사 3단계는 <u>차트 옵션</u> 대화상자이다. 차트 옵션에는 “제목”, “축”, “눈금선”, “범례”, “데이터 레이블” 등 다섯 개의 탭이 있다. 제목 탭은 차트의 제목을 넣는 옵션으로 “차트 제목”, “X축”, “Y축” 항목이 있으며 여기에 적당한 제목을 입력하면 오른쪽 미리보기화면에 나타나는 것을 확인할 수 있다. 제목은 아무것도 입력하지 않겠다. 축 탭은 차트에 사용될 축을 어느 것으로 사용할 것인지 선택하는 것으로 기본값으로 모두 선택하고 눈금선 탭은 차트에 X, Y축이 사용될 눈금선을 무엇으로 할 것인지를 결정하고 나타내는 것으로 모두 선택하겠다. 범례 탭은 차트의 범례를 표시할 것인지 또, 표시한다면 차트의 어느 쪽에 범례를 나타낼 것인지 결정하게 되어 있다. 여기서는 범례를 차트에 표시하지 않겠다. 데이터 레이블에는 차트 각각의 점에 특정한 값(예를 들면, 정의역 또는 함수값, 계열)을 같이 표시할 것인지를 결정하는 것으로 한 번씩 클릭해보면 그 쓰임새를 알 수 있지만 함수의 그래프를 나타낼 때에는 부적절하다.

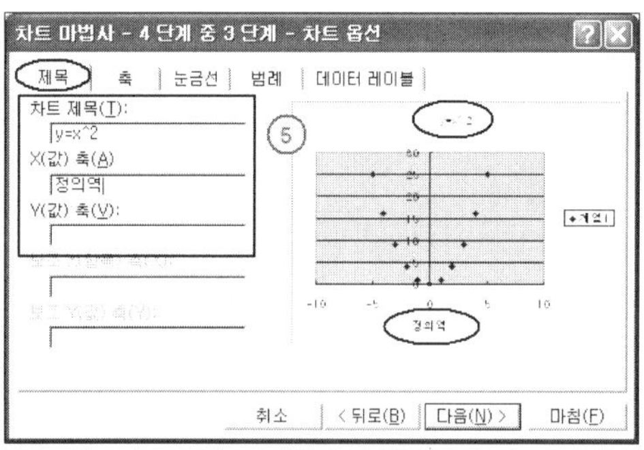

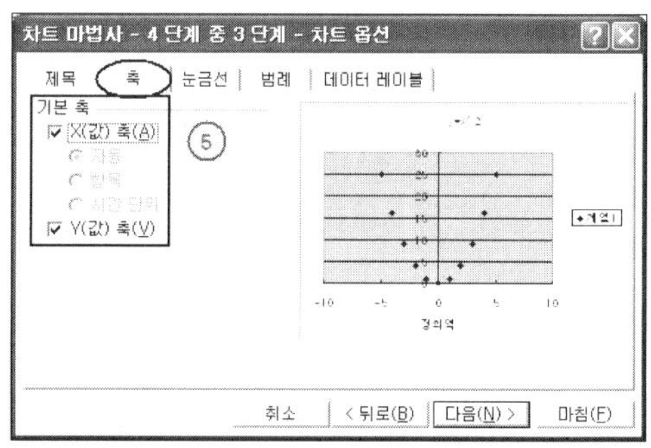

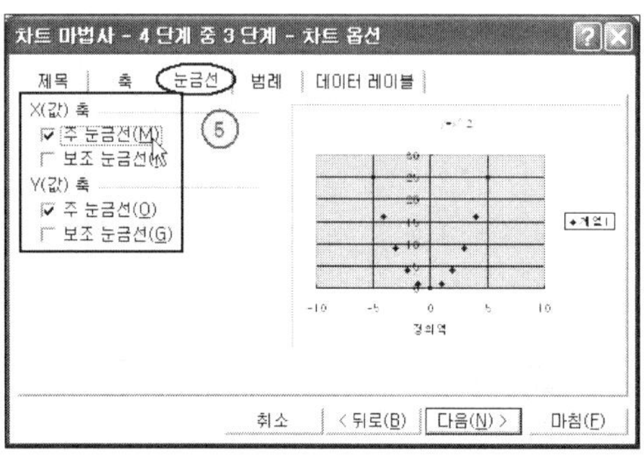

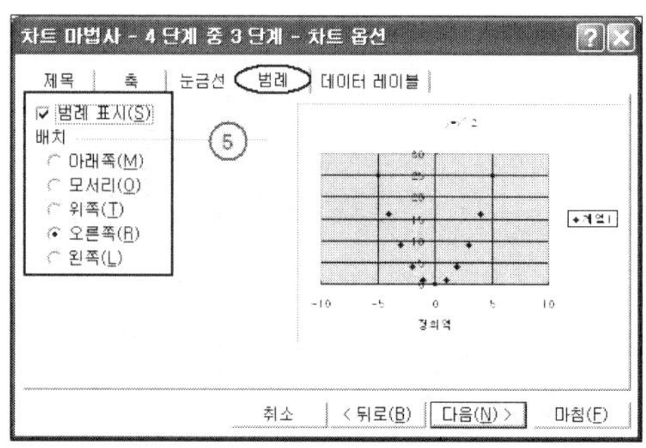

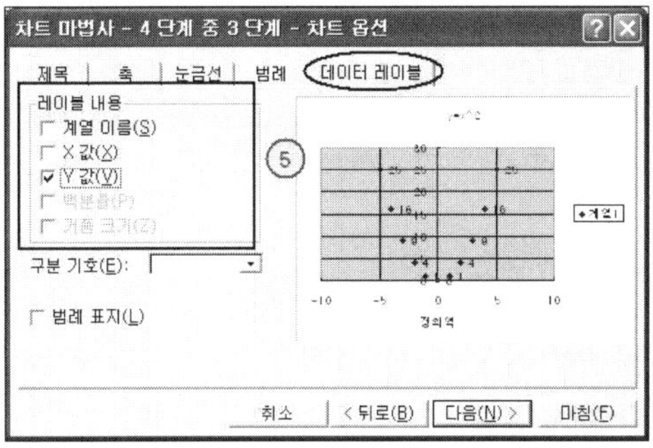

⑥ 차트 마법사 4단계는 차트 위치 대화상자이다. 4단계에 의해서 만든 차트를 새로운 시트에 만들 것인지, 기존의 워크시트에 삽입할 것이지를 결정하는 것이다. 여기서는 기존의 워크시트(Sheet1)에 삽입하자.

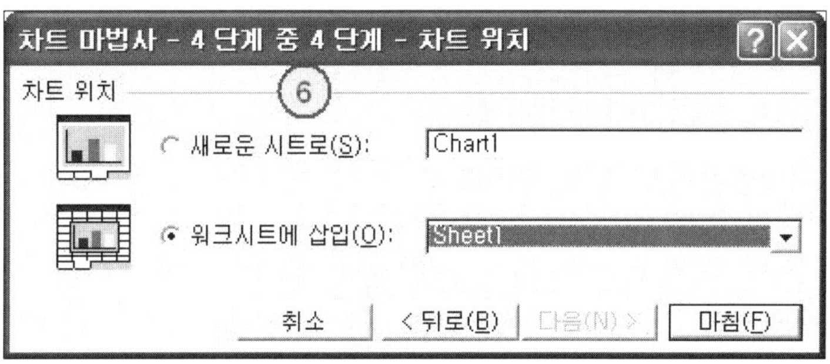

⑦ 차트 마법사를 마치면 다음 그림과 같이 차트에 이차함수 $y=x^2$의 11개의 점의 좌표가 좌표평면에 나타나는 것을 확인할 수 있다.

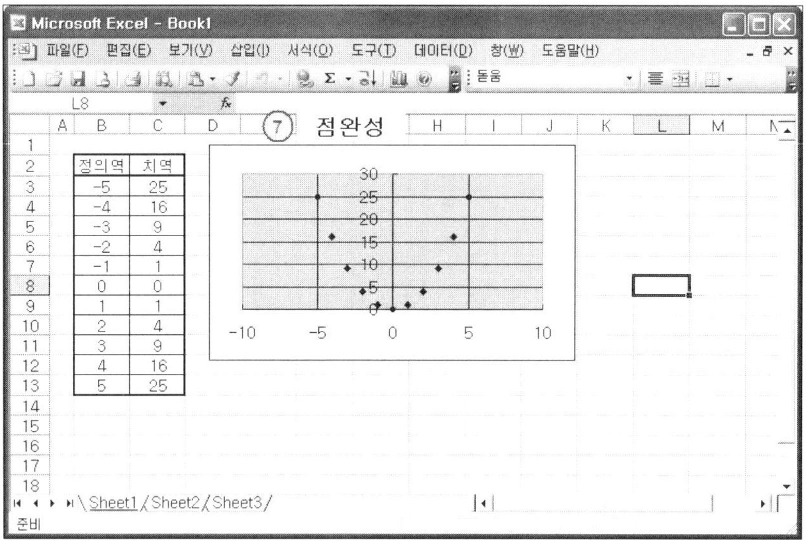

1.1.2 추세선(이차함수의 점 연결하기)

앞에서 만든 좌표평면에서 이차함수의 11개의 점의 좌표를 추세선이라는 기능을 이용하여 연결하여 보자.

① 모든 점의 모양이 마름모꼴로 주어졌는데 이 점들을 추세선으로 연결하기 전에 점의 모양을 바꾸어 보자. 임의의 한 점을 선택한 후 메뉴의 【서식 ⇒ 선택한 데이터 계열】을 선택한다.(또는, 점을 선택한 후 오른쪽 마우스 버튼을 누르면 팝업 메뉴가 나타나며 이 팝업 메뉴의 데이터 계열 서식 항목을 선택하여도 상관이 없다.)

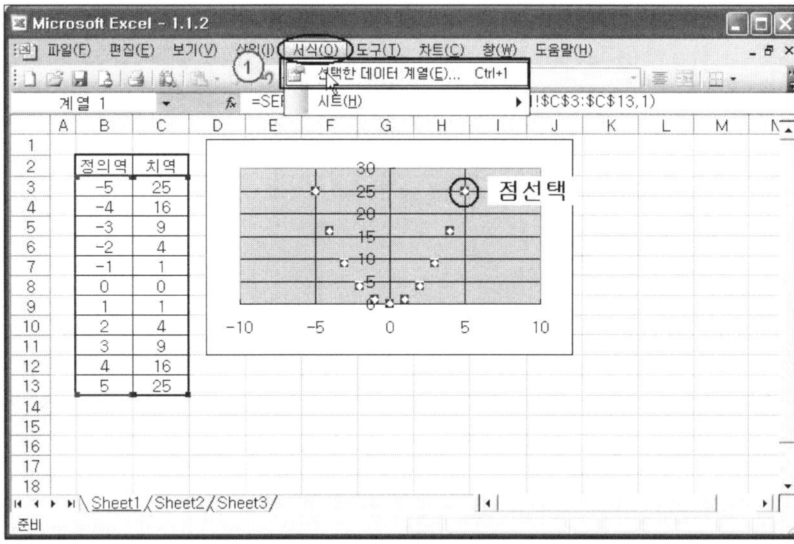

② 데이터 계열 서식 대화상자에는 일곱 가지의 탭 중 무늬 탭의 표식 항목만 수정 하자. 표식 항목의 사용자 지정에 스타일과 전경, 배경에 적당하게 수정하자. 각각의 오른쪽에 드롭다운 단추(▼)가 있으며 이 버튼을 누르면 점의 모양과 색을 결정할 수 있다.

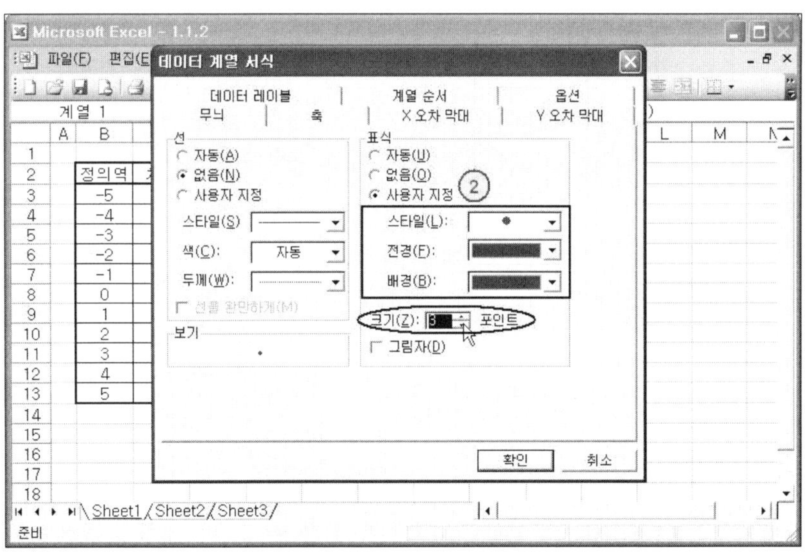

스타일은 점의 모양을 결정하고 전경은 점의 둘레의 색, 배경은 점의 내부의 색을 결정하는 것으로 여기서는 다음 그림과 같이 스타일은 동그라미, 전경과

배경은 빨강으로 지정하겠다. 점의 크기는 조금 작게 3포인트로 지정한다.

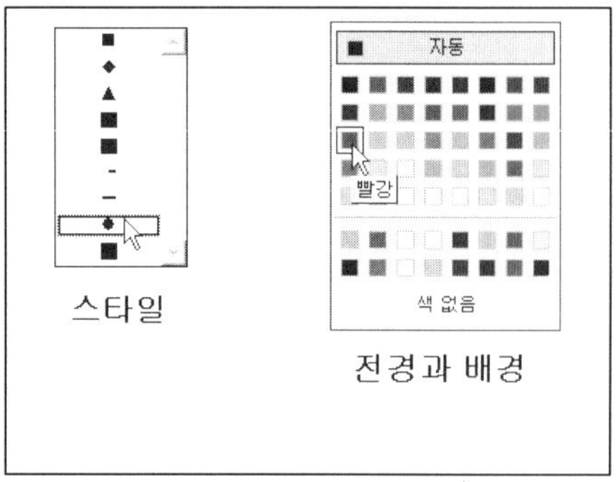

③ 점의 좌표를 추세선을 이용하여 연결하자. 좌표평면(차트)에 있는 11개의 점 중 임의의 한 점을 선택한 후 메뉴의 【차트 ⇒ 추세선 추가】항목을 선택한다.(또는, 임의의 한 점을 선택한 후 오른쪽 마우스 버튼을 누르면 팝업 메뉴가 나타나며 여기에서도 추세선 추가 항목을 선택하여도 상관이 없다.)

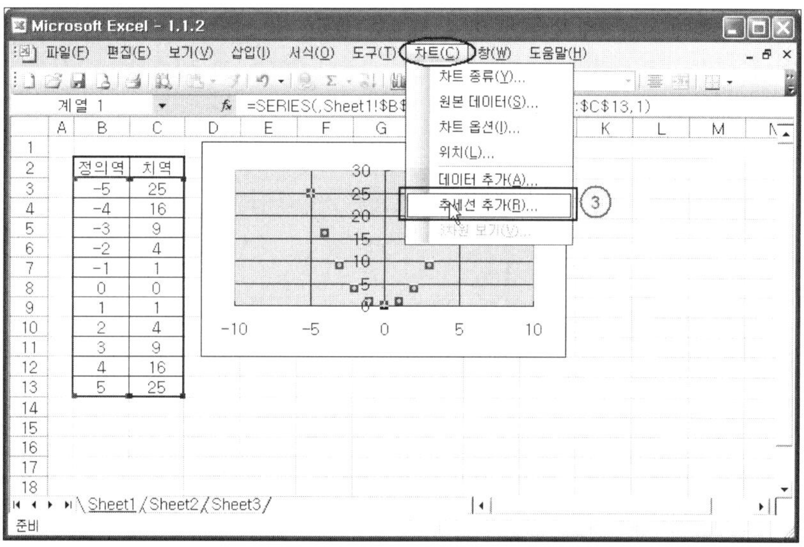

④ 추세선 대화상자에는 “종류”와 “옵션” 두 가지의 탭이 있으며 종류 탭에는 주어진 데이터의 종류가 무엇인지를 결정하는 것으로 여기서는 “다항식”에 차수는 “2”로 결정하겠다. 옵션 탭에서는 추세선에 관한 가장 기본적인 옵션을 결정할 수 있는데 여기서는 아무것도 지정하지 않겠다. (다항식 항목에서 차수는 2에서 6까지 지정할 수 있어 다항함수는 2차부터 6차 함수까지 차트에 나

타낼 수 있다.)

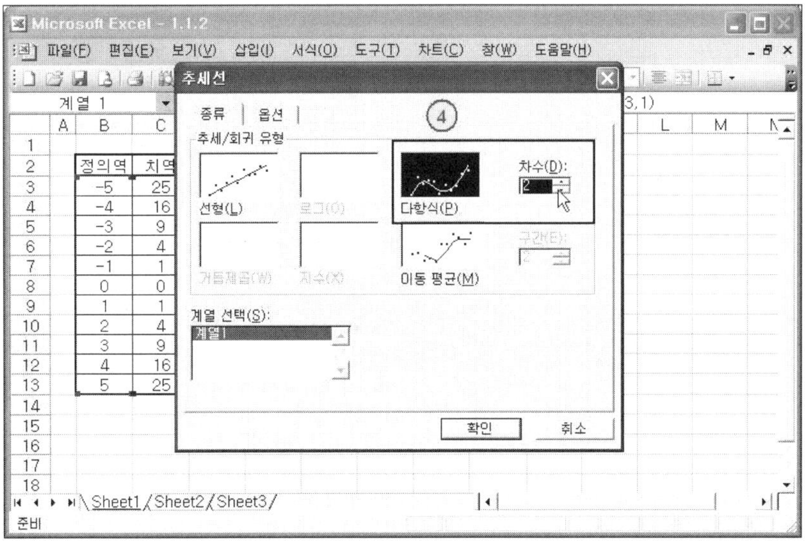

⑤ 추세선 대화상자에서 확인 버튼을 누르면 차트에 이차함수의 11개의 점의 좌표가 연결된 이차함수의 그래프가 나타난다.

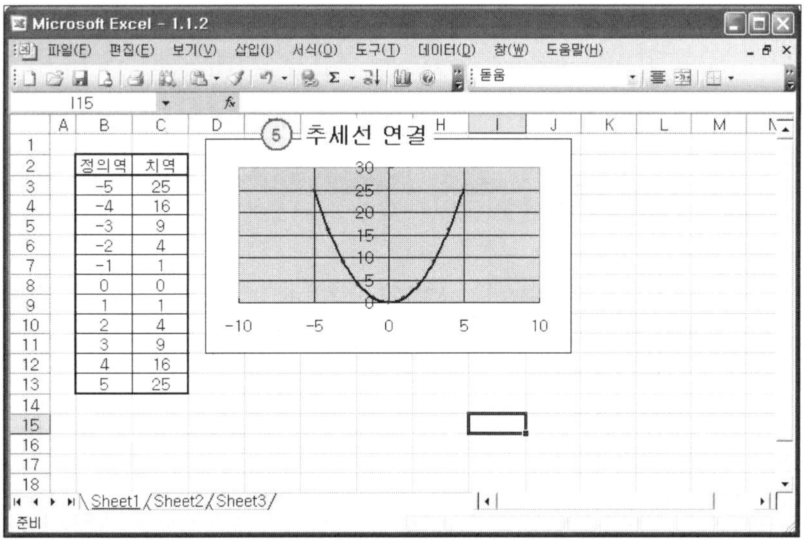

⑥ 추세선과 이차함수의 점의 색이 다르므로 추세선의 색 또한 빨강으로 바꾸어 주자. 좌표평면 위의 이차함수의 그래프를 선택한 뒤 메뉴의 【서식 ⇒ 선택한 추세선】을 선택하면 추세선 서식 대화상자가 나타난다.(메뉴를 이용하여도 상

관은 없으나 앞에서와 같이 오른쪽 마우스 버튼을 눌러 팝업 메뉴를 이용하여도 상관없다.)

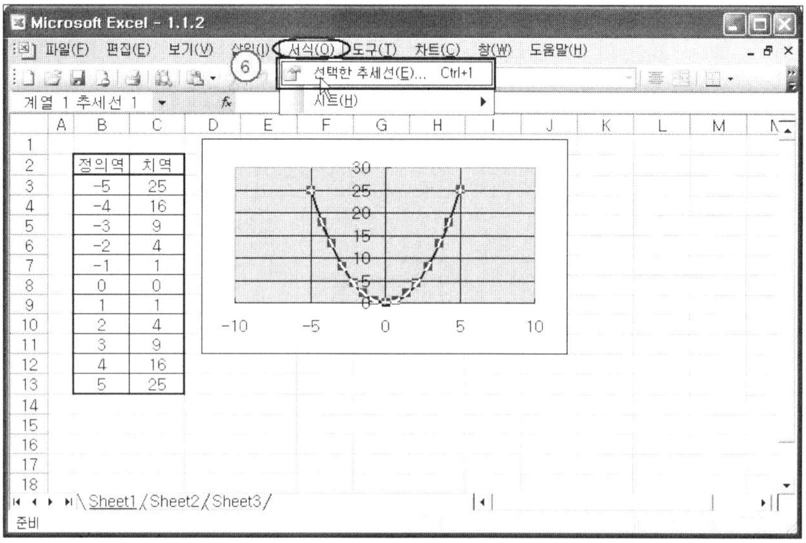

⑦ 추세선 서식 대화상자에서 추세선의 스타일, 색, 두께를 오른쪽 드롭다운 버튼을 이용하여 적절하게 지정하고 확인 버튼을 누르면 이차함수의 그래프에 서식까지 결정되어 완성된다.

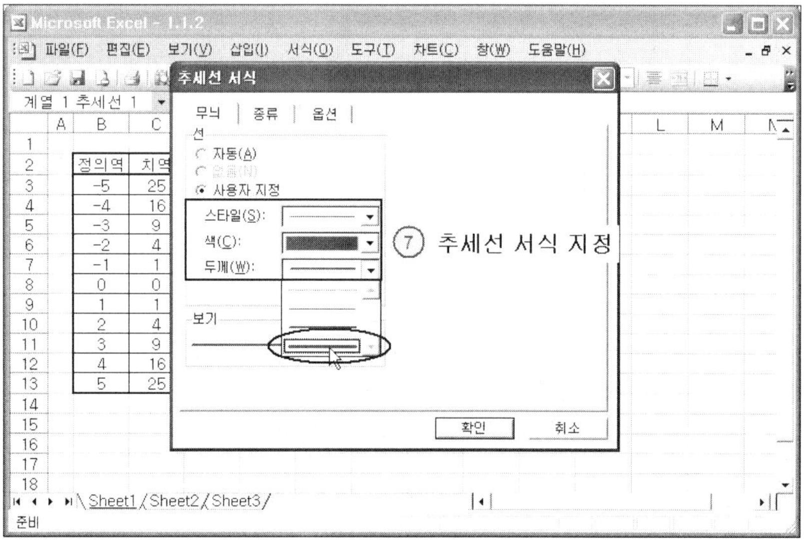

추세선으로 나타낼 수 있는 함수의 종류에는 선형(일차함수), 다항식(2차, 3차, …, 6차함수), 로그함수, 지수함수, 거듭제곱, 이동평균 등 총 6가지가 있으며 그 함수식은 다음과 같다.

추세선의 종류

- 선형 : $y = mx + n$라는 수식을 사용해서 추세선을 그린다.(일차함수)
- 다항식 : $y = a_6x^6 + a_5x^5 + a_4x^4 + a_3x^3 + a_2x^2 + a_1x + a_0$이라는 수식을 이용해서 추세선을 그린다.(2차함수부터 6차함수의 그래프)
- 로그 : $y = a\ln x + b$라는 수식을 이용해서 추세선을 그린다.(로그함수)
- 지수 : $y = ae^{bx}$라는 수식을 이용해서 추세선을 그린다.(지수함수)
- 거듭제곱 : $y = ax^b$라는 수식을 이용해서 추세선을 그린다.
- 이동평균 : 데이터의 이동평균을 그린다.

1.1.3 차트다듬기(좌표평면의 축, 눈금선, 그림영역의 색과 무늬 결정)

이차함수의 그래프를 추세선을 이용하여 연결하였으나 이차함수의 그래프의 x축과 y축의 비율이 맞지 않다. 축의 비율을 맞추고 또, 축의 두께와 색, 눈금선의 모양, 그림영역의 색과 무늬도 적절하게 지정하자.

① x축의 서식과 축의 범위를 지정하자. 먼저, x축을 선택한 뒤 팝업메뉴를 이용하여 축 서식 대화상자를 불러내자.

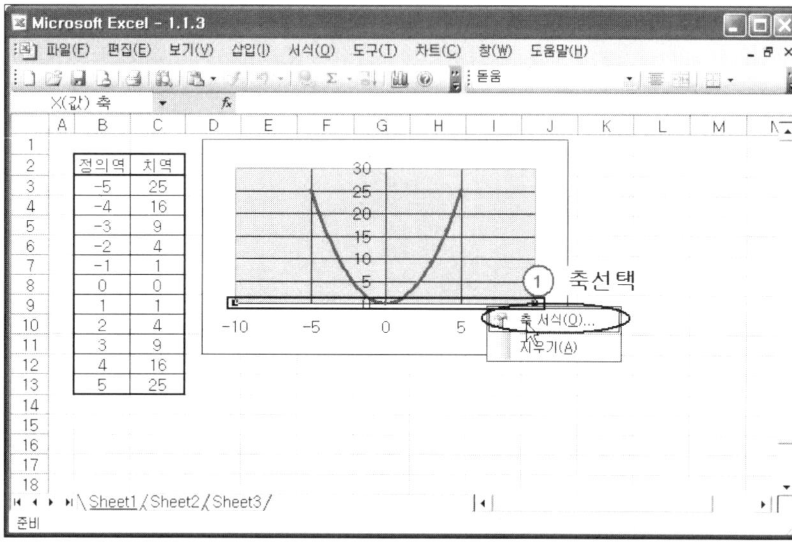

② 축서식 대화상자의 무늬 탭에서 선 항목에서 색은 검정, 두께는 굵게 지정하며 주 눈금의 항목은 "교차"로 선택하자.

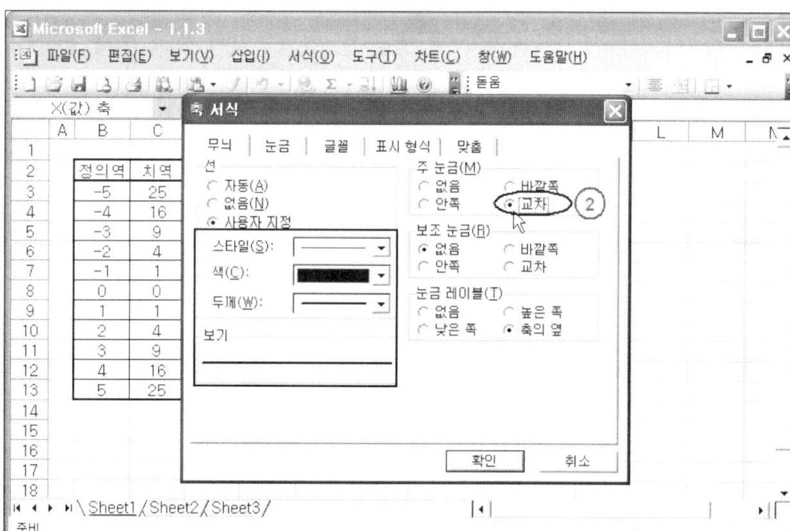

③ 축 서식 대화상자의 눈금 탭에서 최소값은 "-5", 최대값은 "5", 주 단위는 "1"으로 지정한다.(눈금 탭에서 최소값과 최대값은 좌표축의 나타내는 범위를 말하며, 주눈금은 좌표평면에서 격자점을 나타내기 위한 것이다.)

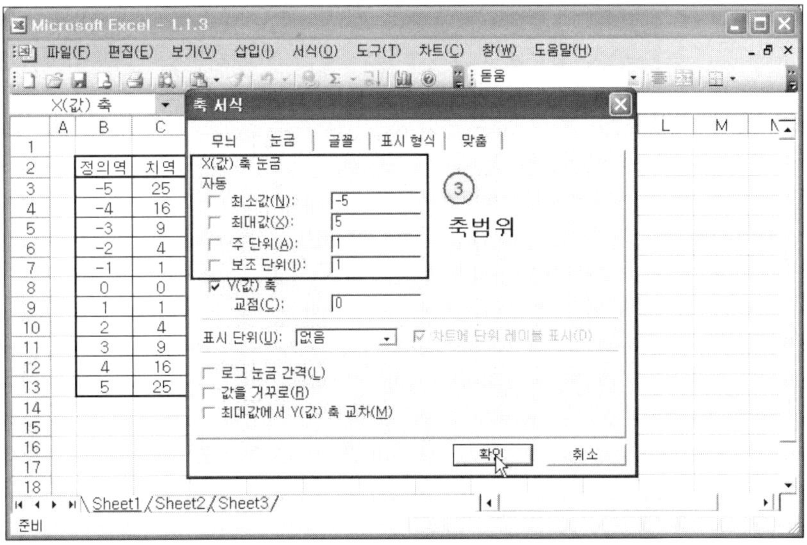

④ 다른 탭은 수정 없이 확인 버튼을 누르면 다음 그림과 같이 x축의 범위가 지정된다.

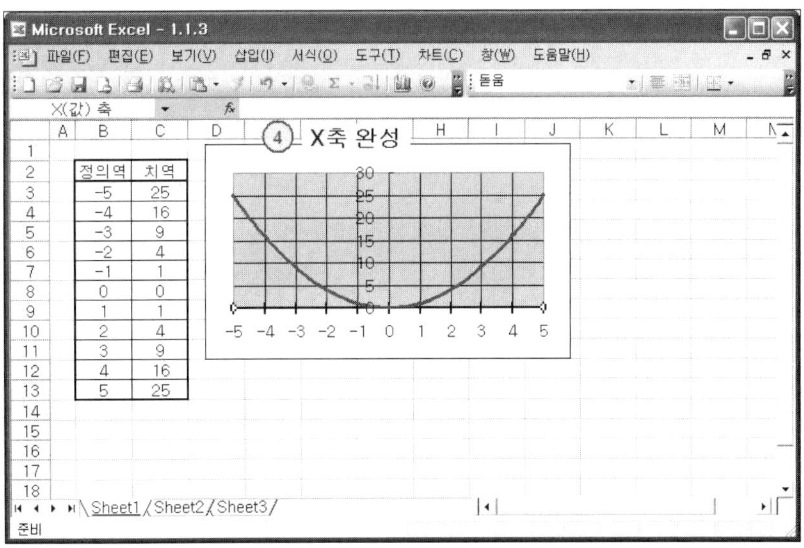

⑤ 같은 방법으로 y축의 서식과 범위도 지정하자. y축의 서식과 범위를 지정하면 다음 그림과 같이 나타난다.

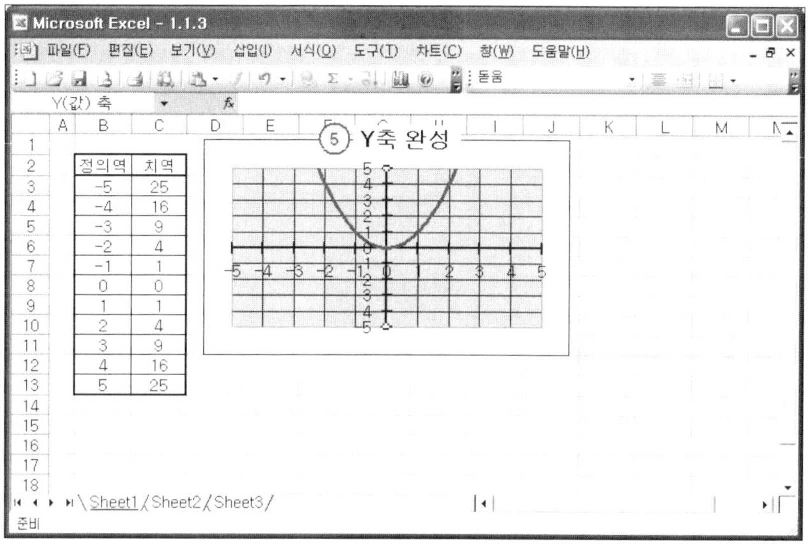

⑥ 축의 서식과 범위를 지정하더라도 엑셀에서는 Mathematica와 같은 수학전용 프로그램처럼 축의 비율을 맞추어주는 특별한 명령어가 없다. 축의 비율을 맞추어 주기 위해서는 도형의 크기를 조절하듯이 차트의 크기를 조정하여야 한다. 다음 그림과 같이 차트를 선택하면 여덟 개의 <u>사각조절점</u>이 생기며 이 사각조절점을 마우스로 드래그하여 차트의 크기를 적당하게 조정하여 축의 비율을 적절하게 조정한다.(마우스로 드래그 할 때 Alt 키를 누른 상태에서 드래그하면 차트를 셀의 경계선에 맞추어 줄 수 있다. Alt 키는 차트뿐만 아니라 다른 도형이나 컨트롤에서도 같은 역할을 한다.)

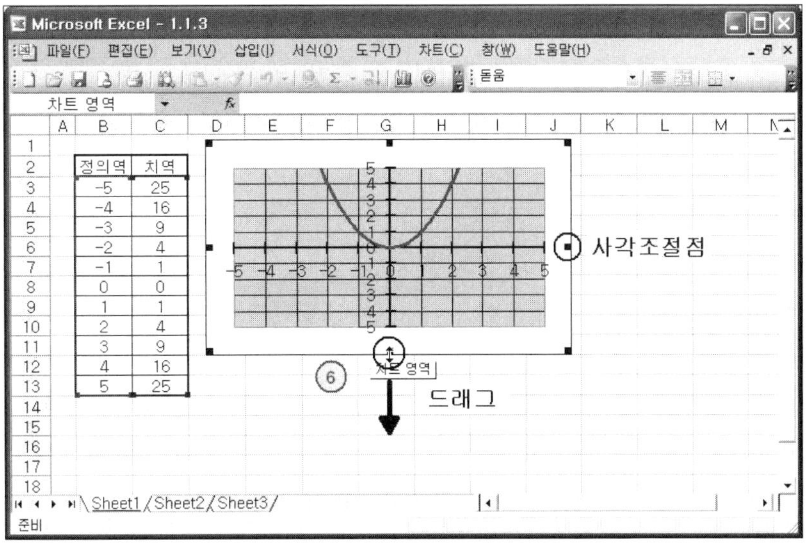

⑦ 주눈금선의 스타일, 색, 두께도 좌표축의 서식을 지정하듯 같은 방법으로 지정할 수 있다. 여기서는 스타일은 "점선", 색은 연하게 임의의 색을 지정하고, 두께는 가늘게 하면 다음 그림과 같이 나타낼 수 있다.(주눈금선이 X, Y축에 대하여 두 개가 있으므로 각각에 대하여 지정해야만 한다.)

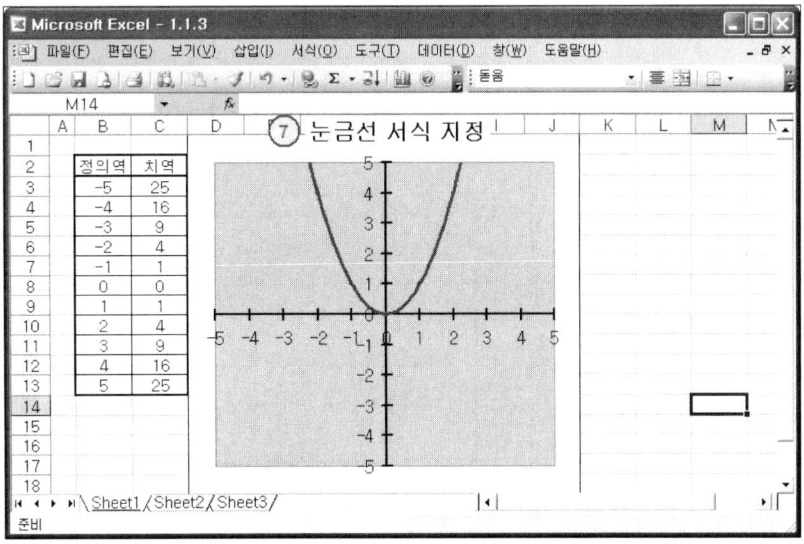

⑧ 그림영역의 색도 눈금선이나 축의 서식을 결정하듯이 지정할 수 있다. 그림영역을 선택한 뒤 팝업메뉴의 그림 영역 서식을 선택하면 다음 그림처럼 그림영역 대화상자가 나타나며 그림영역을 적당하게 지정하자.

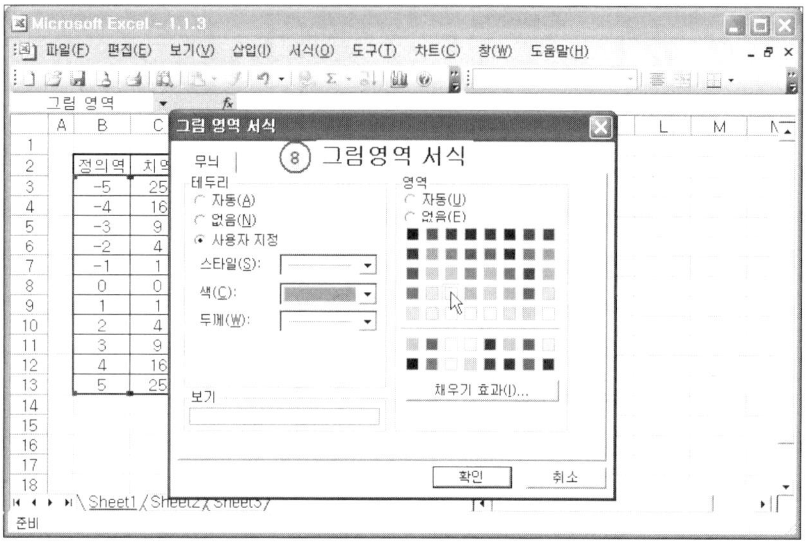

⑨ 확인 버튼을 누르면 다음 그림과 같이 이차함수의 그래프와 좌표평면이 완성된다.

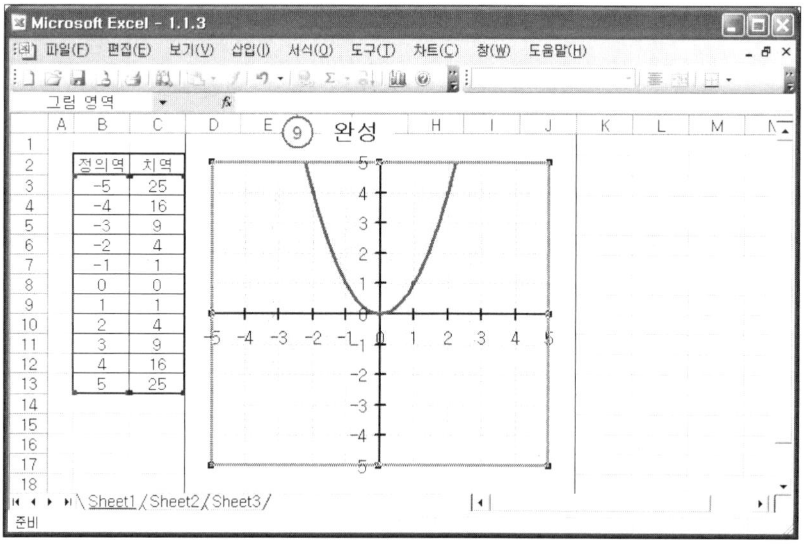

1.1.4 차트등록(차트 종류의 사용자 정의)

매번 함수의 그래프를 차트에 만들 때마다 차트마법사로 함수의 그래프를 만들고 추세선과, 축, 눈금선의 스타일등을 지정하려면 너무 복잡하다. 이미 만든 차트를 적당한 곳에 저장하였다가 필요에 따라 불러내어 사용하면 함수의 그래프를 만들기가 쉬울 것이다. 차트를 차트종류에 등록하여 보자.

① 차트를 선택한 뒤 팝업메뉴를 이용하여 차트 종류 항목을 선택하자.

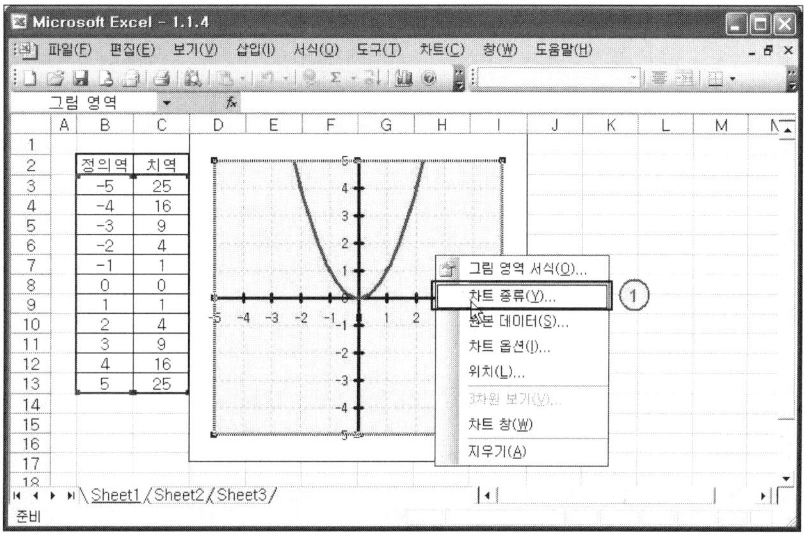

② 차트 종류 대화상자의 사용자 지정 종류 탭에서 왼쪽 아래에 있는 사용자 정의를 선택하면 선택 항목 바로 아래에 추가 버튼과 삭제 버튼이 나타난다. 또, 아무런 차트도 등록하지 않았을 때에는 왼쪽의 차트 종류에는 기본값( )만 나타난다.

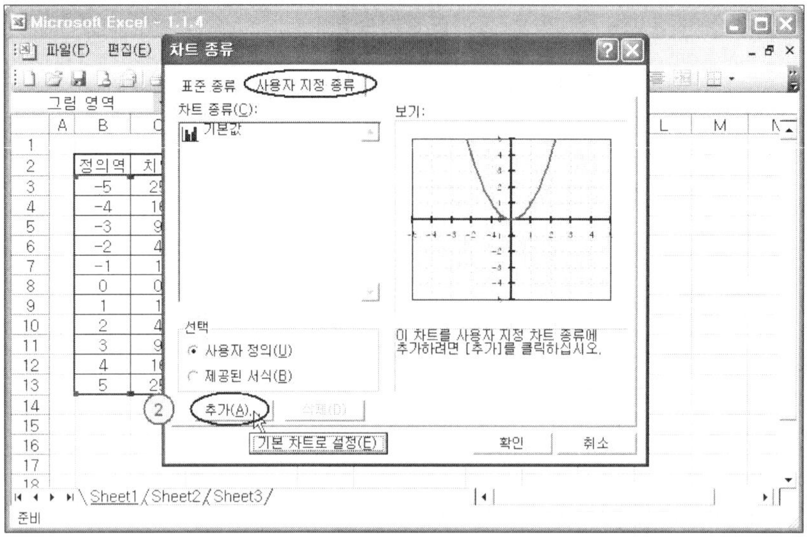

③ 추가 버튼을 누르면 사용자 지정 차트 종류 추가 대화상자가 나타나며 등록할 차트의 이름과 간단한 설명을 입력할 수 있다. 여기서는 차트의 이름을 "이차함수"라 지정하겠다.

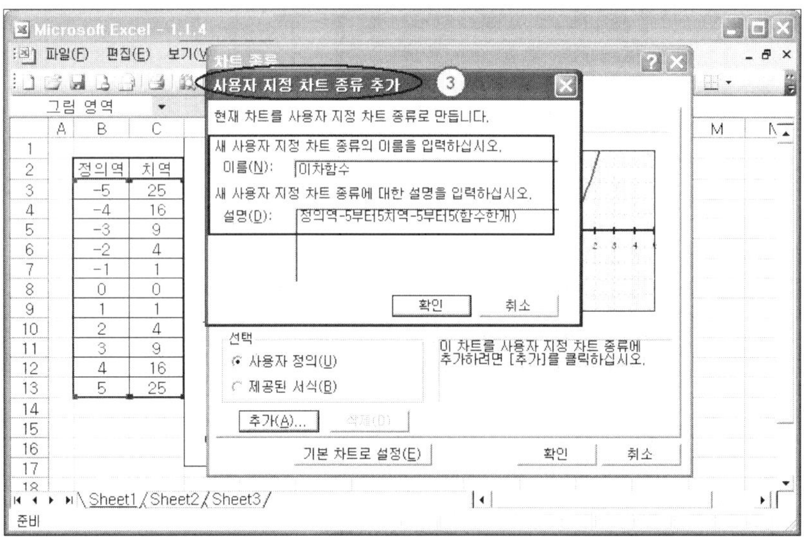

④ 확인 버튼을 누르면 차트 종류 대화상자에 새롭게 등록한 이차함수 차트가 있는 것을 확인할 수 있으며 오른쪽에는 이 차트에 대한 미리보기 화면과 차트에 대한 간단한 설명이 나타나는 것을 확인할 수 있다.

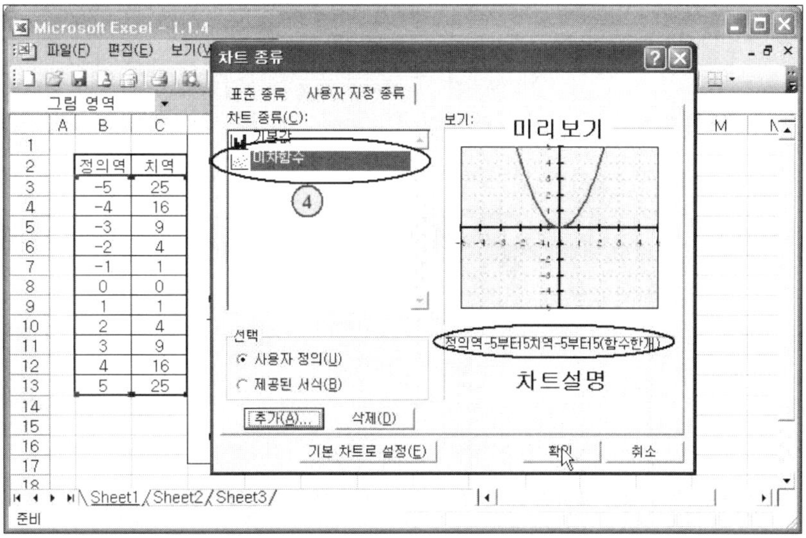

1.2 컨트롤 도구 상자(차트 종류의 사용자 정의 차트를 이용한 함수의 그래프)

컨트롤 도구 상자의 스핀단추와 스크롤 막대, 명령단추를 이용하여 변하는 함수의 그래프를 만들 수 있다. 함수의 그래프를 만들 때 등록된 사용자 정의 차트를 이용하여 함수의 그래프를 만들자. 또, 새로운 차트를 만들어 이를 차트 종류에 다시 등록하여 사용해 보자.

1.2.1 스핀단추(함수 $y=ax^2$의 그래프)

VB편집기의 사용자 정의 폼에서 컨트롤을 만드는 것과 같은 방법으로 워크시트에서도 컨트롤을 만들 수 있다. 워크시트에서 컨트롤을 만들기 위해서는 VB편집기에서와 같이 컨트롤 도구 상자가 있어야 한다. 컨트롤 도구 상자를 불러올 수 있는 방법은 메뉴의 【보기 ⇒ 도구모음 ⇒ 컨트롤 도구 상자】를 선택하거나 Visual Basic 도구 상자에서 컨트롤 도구 상자를 누르면 된다. 컨트롤 도구 상자에 있는 컨트롤은 사용자 정의 폼에 대한 컨트롤들과 같으며 단지, 디자인 모드( ), 속성( ), 코드보기( ) 항목이 더 있을 뿐이다. 먼저, 컨트롤 중 스핀단추와 명령단추를 이용하여 이차함수의 그래프를 나타내어 보자.

① 스핀단추와 명령단추를 다음 그림과 같이 임의의 셀에 만들자.(각각의 컨트롤을 마우스로 드래그하여 만들 때 Alt 키를 누르면서 만들면 셀의 경계선에 컨트롤의 크기를 맞추어 줄 수 있다.), 두 개의 컨트롤을 만드는 순간 컨트롤 도구 상자의 디자인 모드 단추는 디자인 모드 끝내기( ) 단추로 바뀐다.

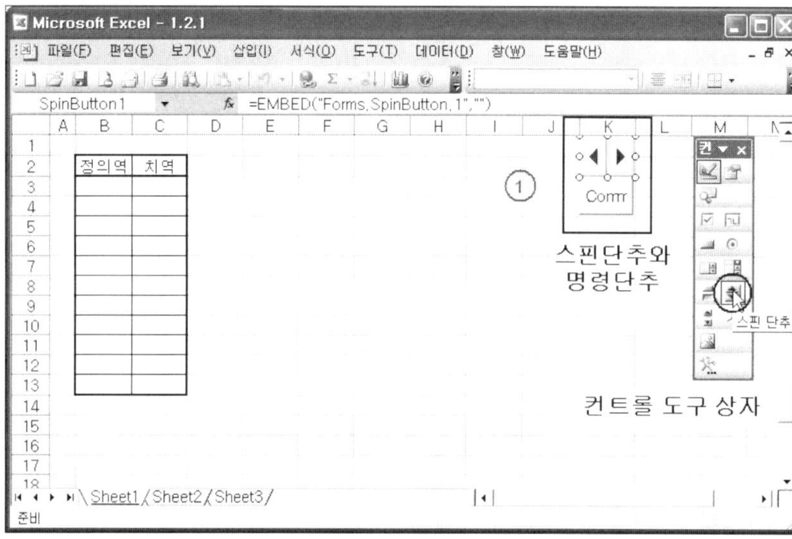

② 스핀단추의 속성을 지정하기 위해서는 컨트롤 도구 상자의 속성 단추를 누르거나 팝업메뉴의 속성을 선택하여 속성 대화상자를 불러내야 하며, 속성을 지정하는 방식은 사용자 정의 폼에서 속성을 지정하는 것과 같다. 스핀단추의 속성을 다음과 같이 지정하자.

속 성	Spinbutton1
이름	spin이차
SmallChange	1
Max	4
Min	−4
Value	1

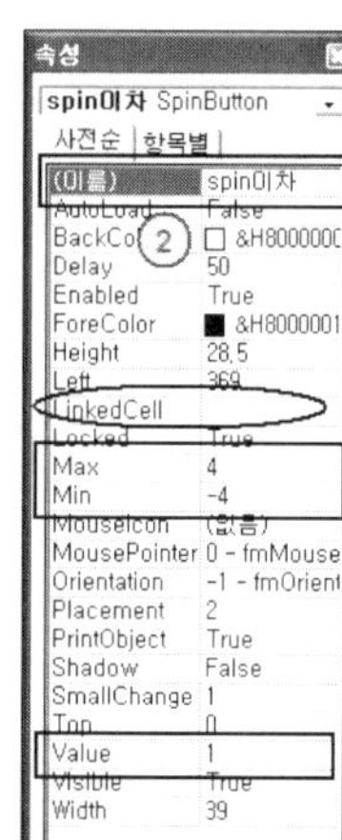

스핀단추의 속성 중 VB편집기의 사용자 정의 폼에서 만들 때에는 없지만 워크시트에서 만들 때 생기는 속성이 있다. LinkedCell이라는 속성이 있는데 이 속성은 스핀단추의 값을 나타내는 셀의 주소를 지정하는 것으로 셀의 주소를 입력하여 사용하지만 경우에 따라서는 셀의 주소를 입력하지 않아도 상관은 없다. 만약 LinkedCell에 A1이라는 셀 주소를 입력하면 이 셀에서 스핀단추의 값이 나타난다. 단, 셀 주소가 입력되었을 때 셀에서는 음의 값이 절대 나타나지 않는다. 이것은 생각하는 수학 시리즈의 "엑셀을 이용한 함수의 이해"라는 책을 참고하면 자세하게 설명되어 있다. 여기서는 LinkedCell에 셀의 주소를 입력하지는 않겠다. 명령단추의 속성은 Caption만 "지우기"로 지정하자.

③ 속성 대화상자를 닫은 후 스핀단추를 더블클릭을 하거나 컨트롤 도구 상자의 코드 보기 단추를 누르면 스핀단추에 대한 Sub 프로시저를 작성할 수 있도록 VB 편집기가 나타난다. 스핀단추에 대한 Sub 프로시저를 다음과 같이 작성하자.

```
Private Sub spin이차_Change()
    a = spin이차.Value / 2
    For n = 1 To 11
        x = n - 6
        Cells(n + 2, 2) = x
        Cells(n + 2, 3) = a * x ^ 2
    Next
End Sub
```

④ 명령단추에는 함수의 정의역과 치역을 없애는 Sub 프로시저를 작성하려면 먼저, 컨트롤 도구 상자에서 디자인 모드 단추를 누른 후 명령단추를 더블클릭하여야 한다. 명령단추에 대한 Sub 프로시저를 다음과 같이 작성하자.

```
Private Sub CommandButton1_Click()
    spin이차.Value = 1
    Range(Cells(3, 2), Cells(13, 3)).ClearContents
End Sub
```

⑤ 컨트롤 도구 상자에서 디자인 모드 끝내기 단추를 누른 후 스핀단추를 누르면 B, C열에 이차함수 $y = ax^2$의 정의역과 치역이 만들어지며, 명령단추를 누르면 B, C열의 정의역과 치역이 사라지는 것을 확인 할 수 있다.

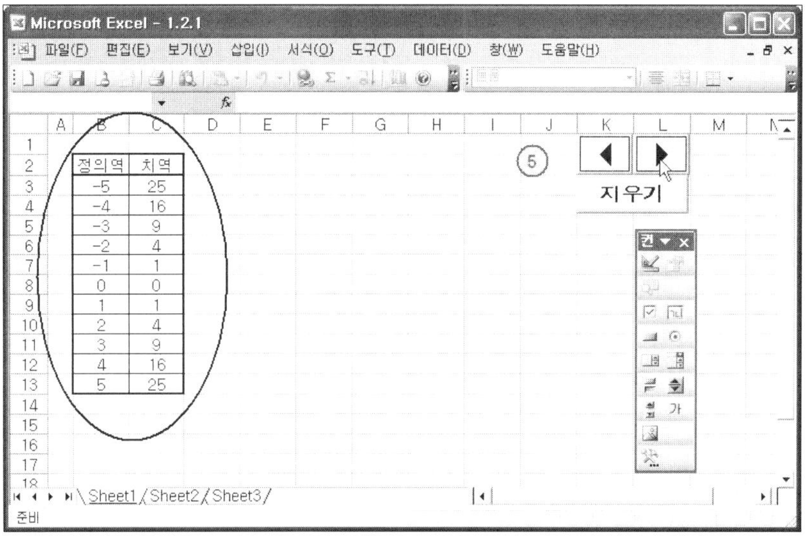

⑥ 이차함수의 지나는 점을 이용한 함수의 그래프를 차트에 나타내어 보자. 정의역과 치역을 드래그하여 선택한 뒤 표준도구모음의 차트마법사를 누르면 차트마법사가 실행된다. 1단계인 차트종류 대화상자의 사용자 지정 종류 탭을 보면 차트 종류에는 이미 등록한 "이차함수"차트가 있다.

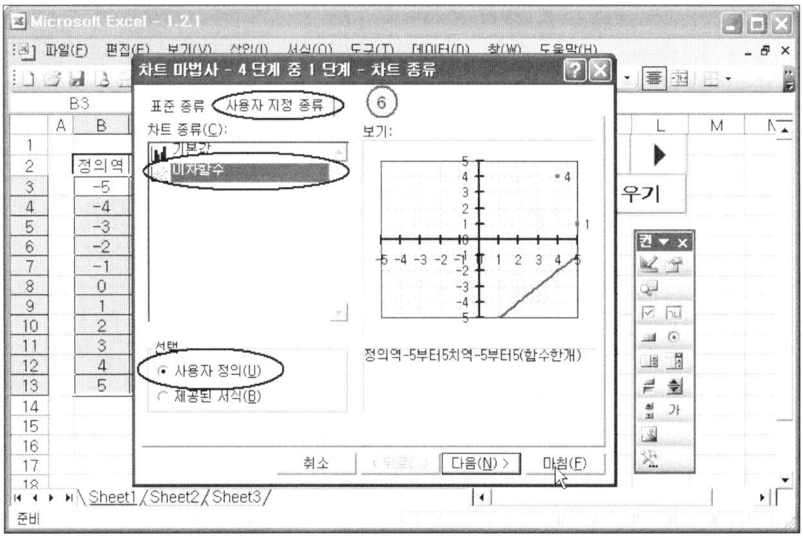

⑦ 차트마법사의 나머지 단계는 무시하고 마침 단추를 누르면 다음 그림과 같이 이차함수의 그래프를 좌표평면에 나타낼 수 있다.

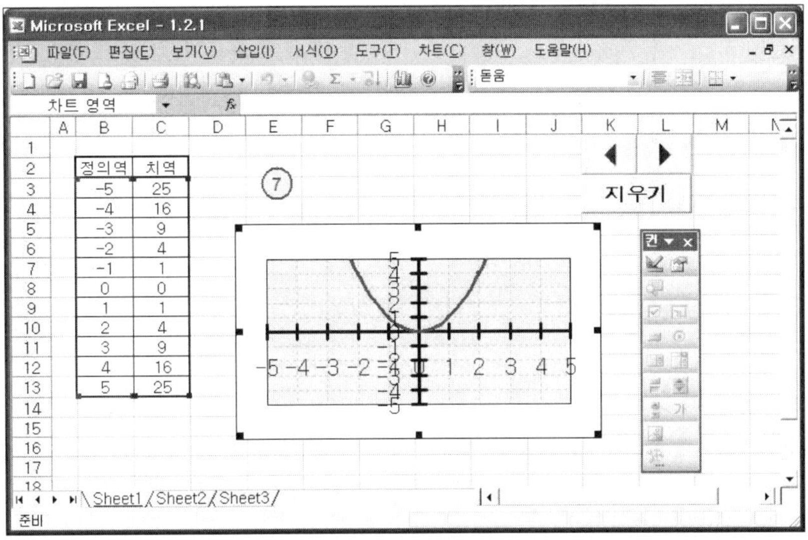

⑧ 등록된 차트를 이용하더라도 좌표평면의 축의 비율은 여전히 맞지 않다. 여덟 개의 사각조절점을 이용하여 차트의 크기만 적당하게 조정하면 완전한 이차함수의 그래프를 만들 수 있다.

1.2.2 스크롤막대(이차함수 $y=ax^2$, $y=a(x-p)^2$의 그래프)

스크롤막대를 이용하여 두 이차함수 $y=ax^2$, $y=a(x-p)^2$의 그래프를 만들어 보자. 스크롤 막대의 속성은 스핀단추와 같이 워크시트와 VB편집기의 사용자 정의 폼에서의 속성과 같지만, 워크시트에서는 LinkedCell이라는 속성이 더 있을 뿐이다. 스핀단추에서는 LinkedCell에 셀의 주소를 입력하지 않았지만 이번에는 LinkedCell 속성에 셀의 주소를 입력하여 a와 p의 값이 적당한 셀에 나타내어 값을 확인할 수 있도록 만들자.(단, a의 값은 -3부터 3까지 0.5씩, p의 값은 -3부터 3까지 0.25씩 변하게 만들자.)

① 다음 그림과 같이 두 개의 스크롤 막대와 한 개의 명령단추를 만들자.

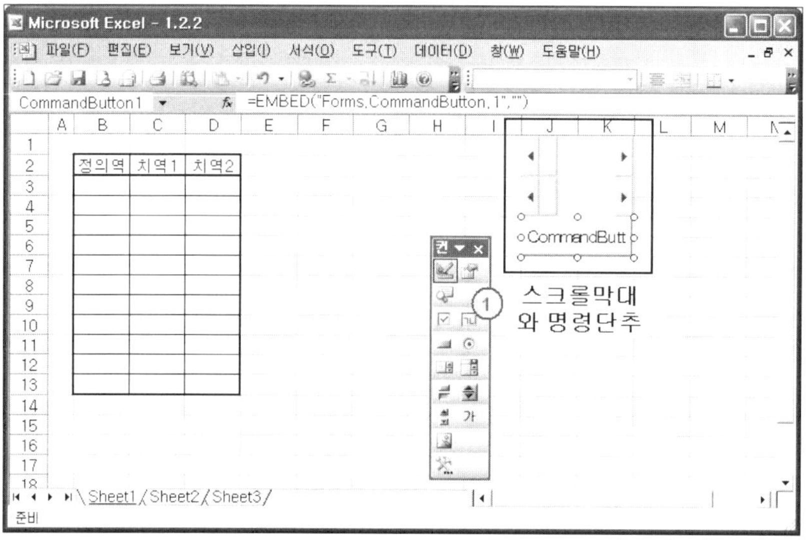

② 두 스크롤 막대에 대한 속성을 다음 표와 같이 지정하자.

속 성	Scrollbar1	Scrollbar1
이름	scr이차	scr이동
SmallChange	1	1
LargeChange	2	4
LinkedCell	L1	L3
Max	12	24
Min	0	0
Value	7	12

위의 표와 같이 스크롤 막대의 속성을 지정하면 셀 L1, L3에 "7", "6"이라는 값이 바로 나타난다. 또, 명령단추는 Caption만 "지우기"로 지정하고 Font 속성은 적당하게 맞추자.

③ 디자인 모드 끝내기 단추를 누른 후 스크롤 막대를 누르면 셀 L1, L3의 값이 변하는 것을 확인 할 수 있다. 스크롤 막대의 LinkedCell에 셀 주소를 입력하면 셀 주소에는 음의 값이 나타나지 않으며 또한 증가하는 값의 양을 소수로 결정하지 못한다. 따라서 이것을 해결하기 위해서는 스크롤 막대의 변하는 값

에 따라 사용자가 원하는 값으로 다시 변할 수 있게 하여야 되는데 이를 위해서는 적당한 셀에 수식을 입력하여 음의 값에서 양의 값으로 증가하는 양의 소수값으로 만들어 주어야 한다. 여기서는 셀 L2와 L3에 수식【=(L1-6)/2】, 【=(L3-12)/3】을 입력하면 두 함수에 사용될 a와 p값을 다음 그림과 같이 만들 수 있다.

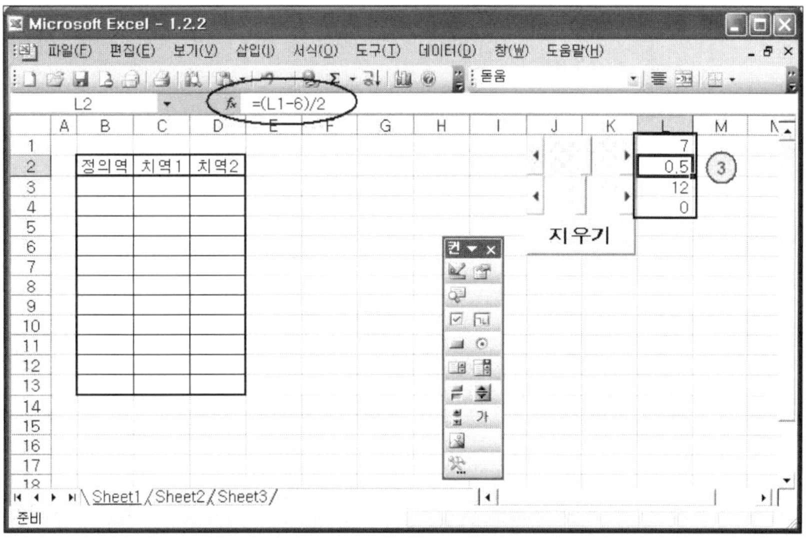

④ 두 개의 스크롤 막대와 한 개의 명령단추에 대한 Sub 프로시저를 다음과 같이 작성하자.

```
Private Sub CommandButton1_Click()
    scr이차.Value = 7
    scr이동.Value = 12
    Range(Cells(3, 2), Cells(12, 4)).ClearContents
End Sub
```

```
Private Sub scr이차_Change()
    a = (scr이차.Value - 6) / 2
    p = (scr이동.Value - 12) / 4

    For n = 1 To 11
        x = n - 6
        Cells(n + 2, 2) = x
        Cells(n + 2, 3) = a * x ^ 2
        Cells(n + 2, 4) = a * (x - p) ^ 2
    Next
End Sub
```

위의 For ~ Next문에는 하나의 정의역을 B열에 만들고, 이 정의역으로부터 C열과 D열에 두 이차함수의 치역을 만들었다.

⑤ 워크시트에서 디자인 모드 끝내기 단추를 누른 뒤 스크롤 막대와 명령단추를 누르면 두 이차함수의 정의역과 치역이 만들어지고 없어지는 것을 확인할 수 있다.

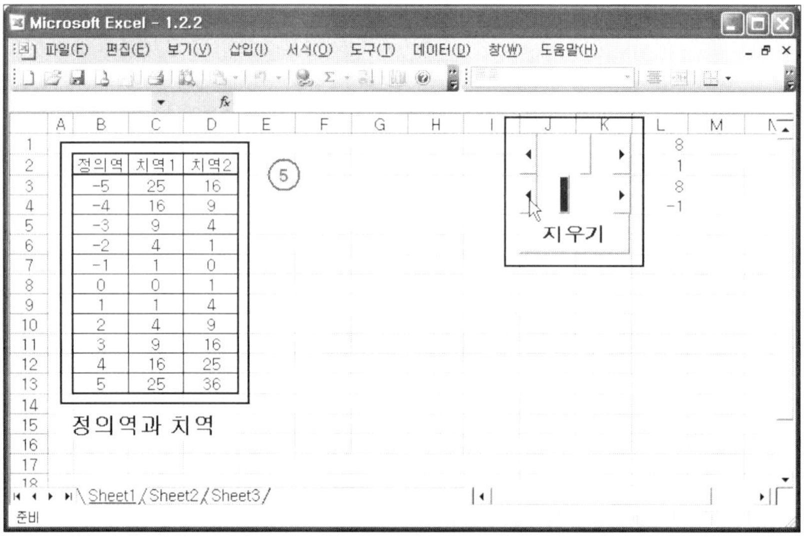

⑥ 두 이차함수의 정의역과 치역을 선택하여 차트마법사에 등록되어 있는 차트를 이용하여 차트에 함수의 그래프를 나타내면 다음 그림과 같아진다.

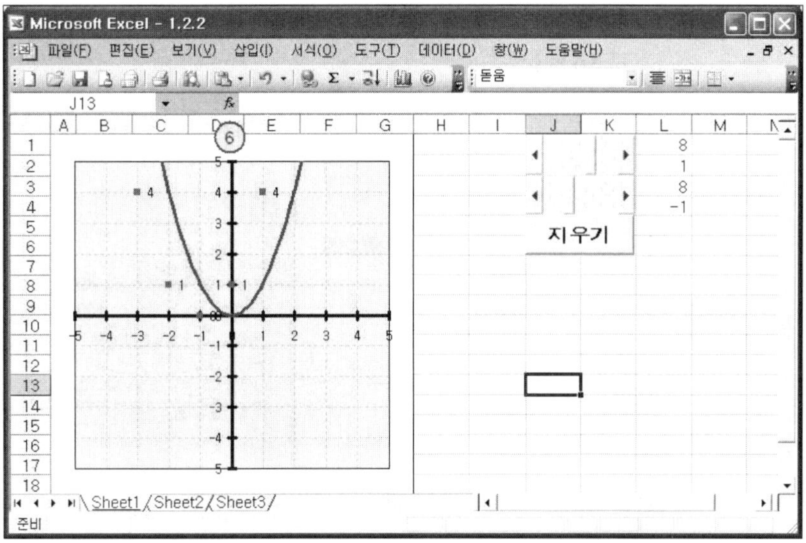

⑦ 위의 그림을 보면 좌표평면에 이차함수 $y = ax^2$의 그래프는 추세선으로 연결되어 있지만 함수 $y = a(x-p)^2$의 그래프는 추세선으로 연결되어 있지 않고 점의 좌표만 표시되어 있다. 이것은 하나의 함수에 추세선을 포함하는 차트를 등록하였기 때문이다. 두 번째 함수에 대해서는 앞에서와 같은 방법으로 점의 스타일과 전경, 배경 및 점의 크기를 지정하고 이 점들을 추세선을 이용하여 연결하면 다음 그림과 같아진다.

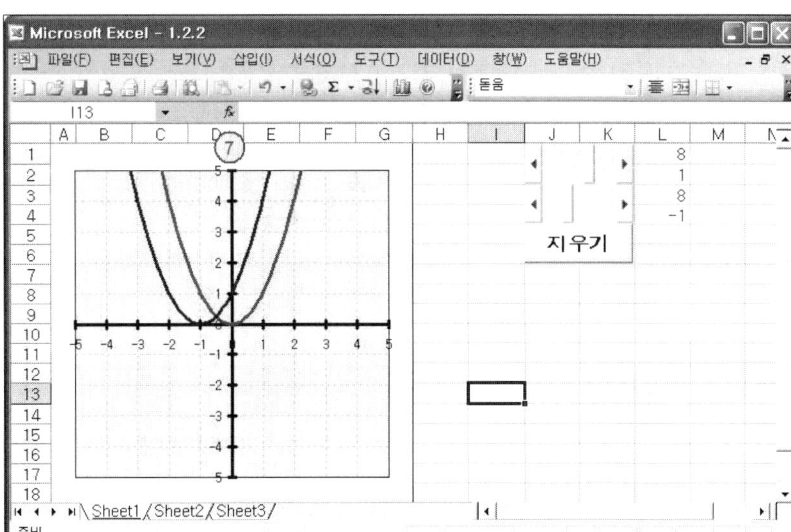

⑧ 새롭게 만든 좌표평면을 차트 종류에 등록하여 두 함수의 그래프를 동시에 나타낼 때 사용하자.

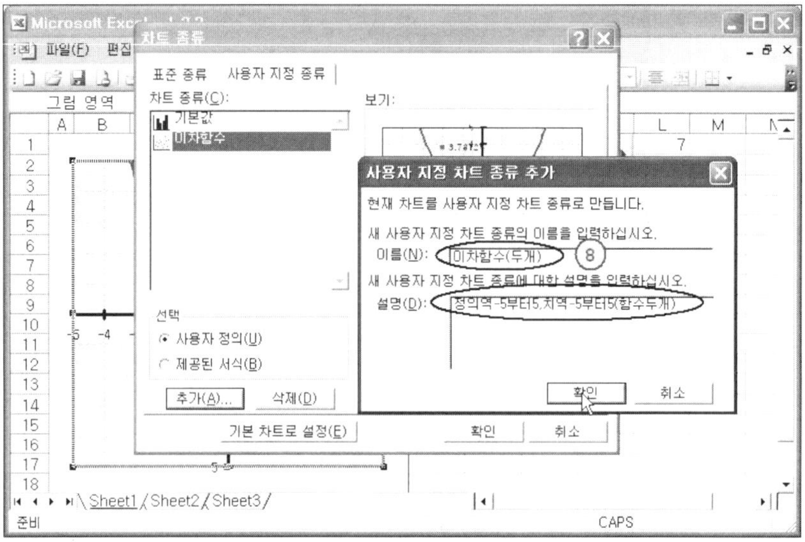

⑨ 스크롤 막대를 누르면 두 이차함수의 그래프가 변하는 것을 확인할 수 있으며 명령단추를 누르면 두 이차함수의 그래프가 없어지는 것을 확인할 수 있다.

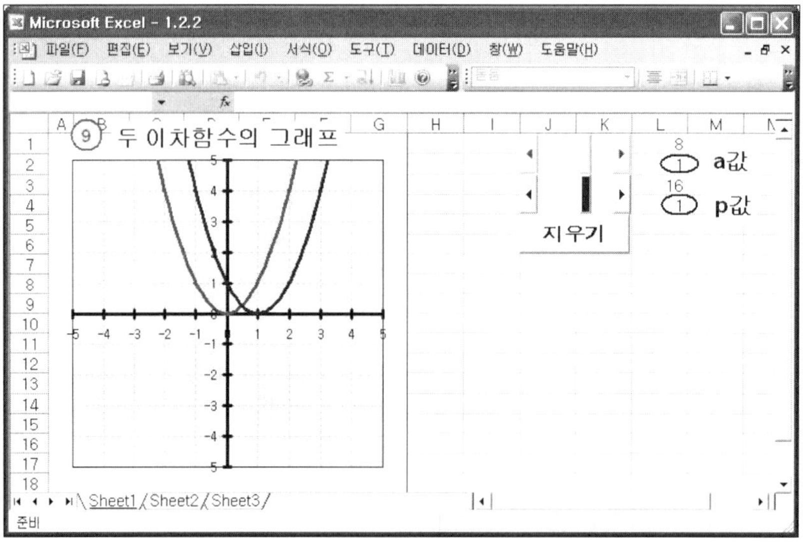

1.2.3 스핀단추와 스크롤 막대(이차함수 $y=ax^2$과 $y=a(x-p)^2+q$의 그래프)

스핀단추와 스크롤 막대를 같이 사용하여 두 이차함수의 그래프를 좌표평면에 나타내자. 단, 앞의 1.2.2절에서는 두 함수의 정의역을 동일한 셀에 만들었지만 여기서는 다른 셀에 각각의 정의역을 만들자.

① 다음 그림과 같이 한 개의 스핀단추와 두 개의 스크롤막대, 한 개의 명령버튼을 만들자.

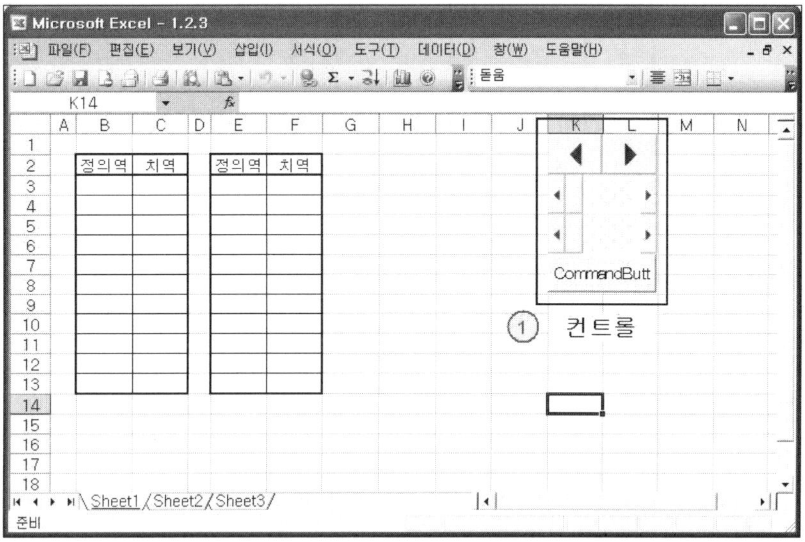

② 스핀단추와 두 개의 스크롤 막대에 다음과 같이 속성을 지정하자.

속 성	SpinButton1	Scrollbar1	Scrollbar1
이름	spin이차	scr이동1	scr이동2
SmallChange	1	1	1
LargeChange		2	2
LinkedCell	AA1	AA2	AA3
Max	4	12	12
Min	0	0	0
Value	2	6	6

스핀단추는 LargeChange속성이 없으며 명령단추는 Caption만 “지우기”로 지정하자.

③ 셀 M1과 M2, M3과 M4, M5와 M6을 셀 병합을 한 후 수식【=AA1-2】,【=(AA2-6)/2】,【=(AA3-6)/2】을 병합한 셀에 입력하면 모두 0으로 나타날 것이다.

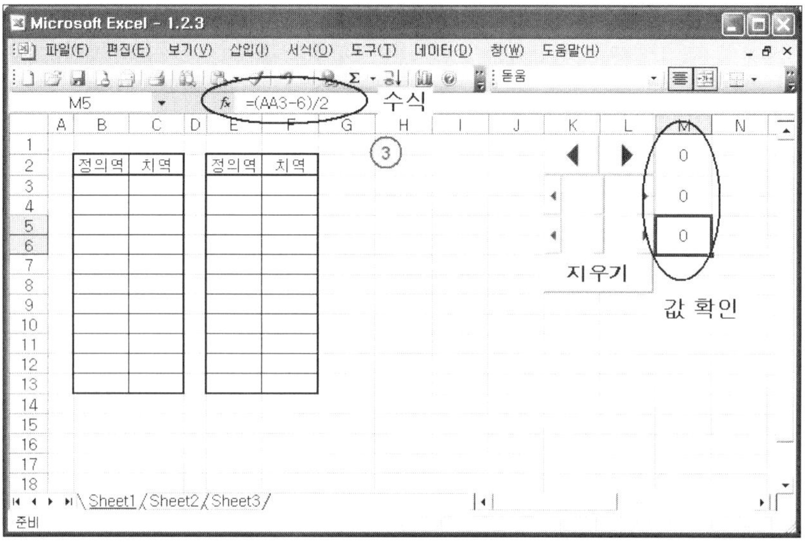

④ 스핀단추에 대한 Sub 프로시저를 다음과 같이 작성하자.

```
Private Sub scr이동1_Change()
    a = spin이차.Value - 2
    p = (scr이동1.Value - 6) / 2
    q = (scr이동2.Value - 6) / 2

    For n = 1 To 11
        x = n - 6
        Cells(n + 2, 2) = x
        Cells(n + 2, 3) = a * x ^ 2
        Cells(n + 2, 5) = x
        Cells(n + 2, 6) = a * (x - p) ^ 2 + q
    Next
End Sub
```

스크롤 막대도 동일한 Sub 프로시저를 작성하자. 또, 명령단추에 대한 Sub 프로시저를 다음과 같이 작성하자.

```
Private Sub CommandButton1_Click()
    spin이차.Value = 2
    scr이동1.Value = 6
    scr이동2.Value = 6
    Range(Cells(3, 2), Cells(13, 6)).ClearContents
End Sub
```

⑤ 워크시트에서 스크롤 막대와 스핀단추, 명령버튼을 누르면 다음 그림과 같이 두 이차함수의 정의역과 치역을 만들 수 있다.

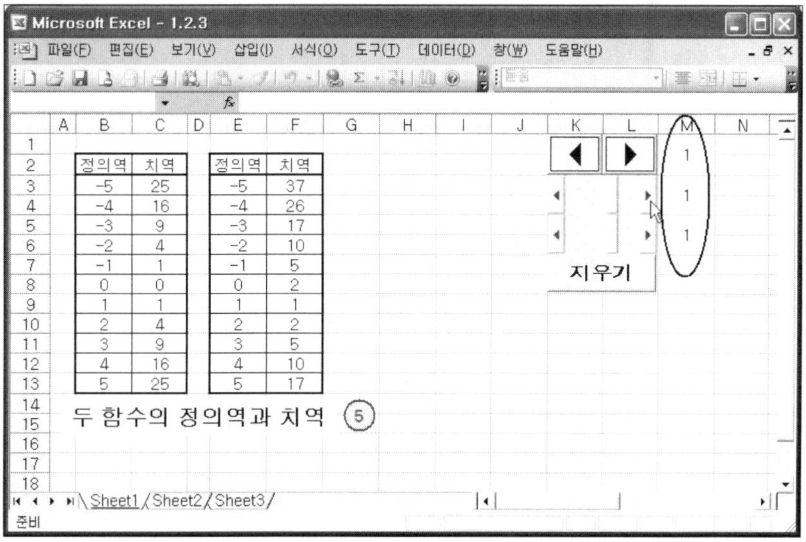

⑥ 두 함수 중 $y = ax^2$의 함수의 정의역(B열)과 치역(C열)을 선택하여 차트마법사에 등록된 차트 이차함수를 이용하여 좌표평면에 함수의 그래프를 다음과 같이 만들자. 만약, 예제8.2.2와 같은 방법으로 셀 B3부터 F13까지 모두 선택하여 차트에 함수의 그래프를 만들면 정의역은 B열만 되고 나머지 C열, E열, F열이 치역이 되므로 세 개의 함수의 그래프가 나타날 것이다.

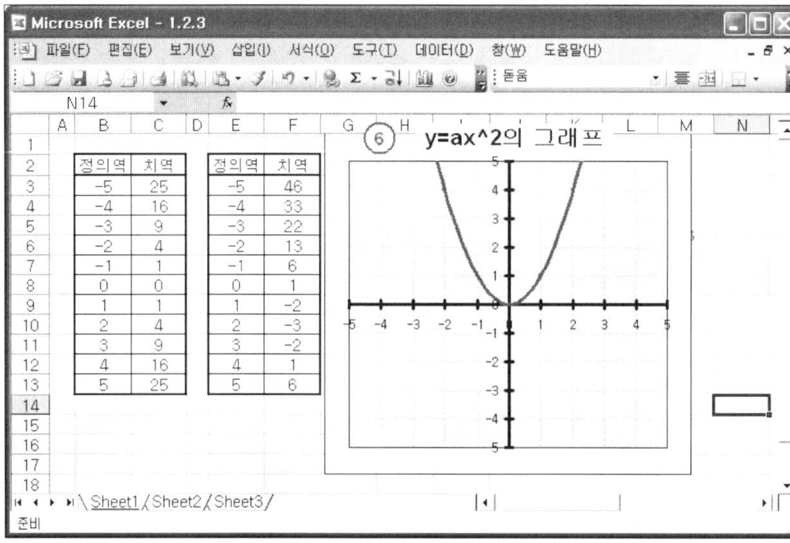

⑦ 차트에 함수 $y = a(x-p)^2 + q$의 그래프를 나타내기 위해서는 차트를 선택한 후 팝업 메뉴의 원본데이터를 선택하여 원본데이터 대화상자를 불러내고, 이 대화상자의 계열 탭의 왼쪽 아래에 있는 계열 항목에서 계열을 추가(ⓐ)하고 추가된 계열의 X값과 Y값의 범위, 즉 함수의 정의역과 치역(ⓑ)의 범위를 입력하자.

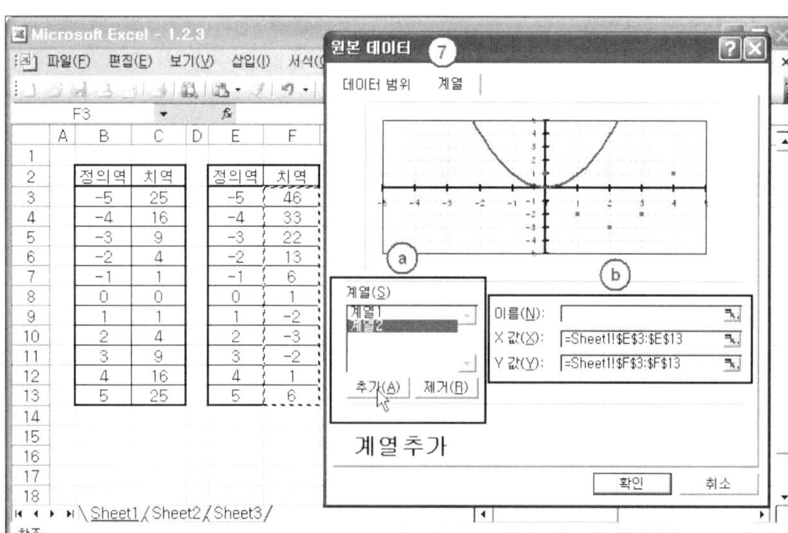

⑧ 확인 버튼을 누르면 다음 그림과 같이 추가된 계열의 점의 좌표가 차트에 나타나는 것을 확인 할 수 있다.

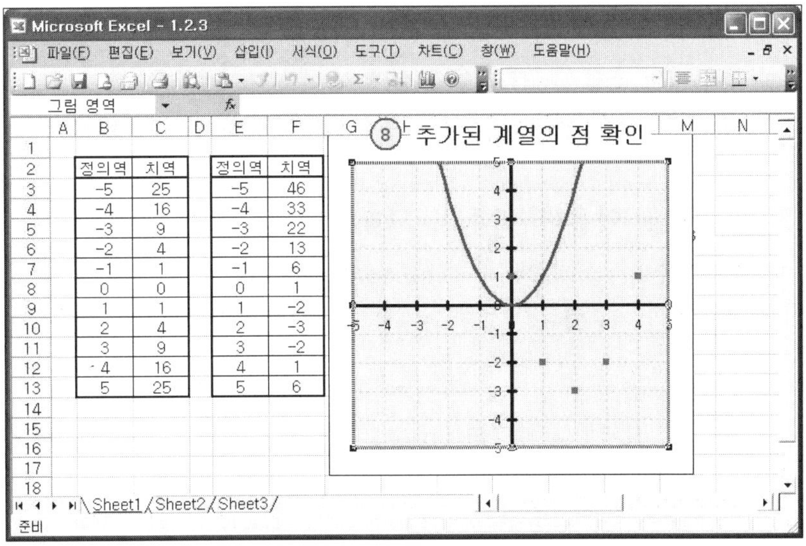

⑨ 추세선을 이용하여 추가된 함수의 점의 좌표를 연결하면 완전한 두 함수의 그래프를 한 좌표평면에 나타낼 수 있다.

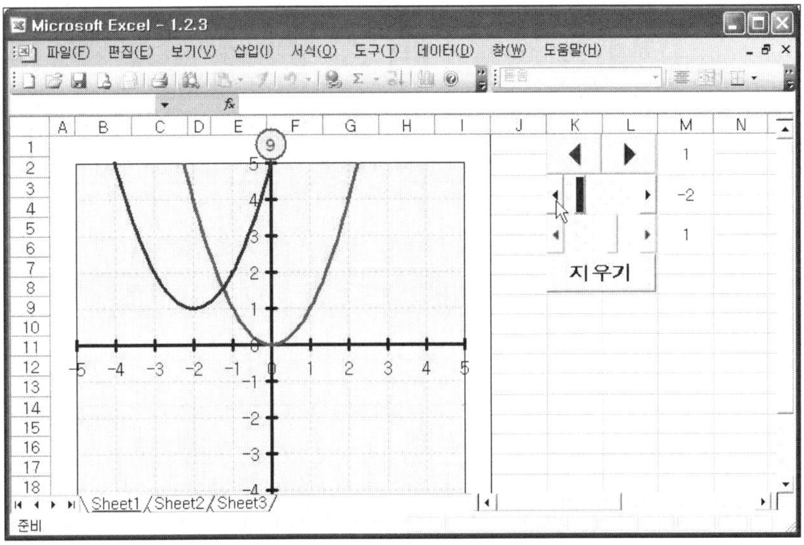

앞의 1.2.2절과 1.2.3절은 두 개 이상의 함수를 좌표평면에 나타내는 방법에 대하여 서로 다른 방법을 다루어 보았다. 어느 것을 사용하여도 상관은 없으나 1.2.2절과 같이 한 개의 정의역에 대해 각각의 함수값을 구하여 한 좌표평면에 나타내는 것이 조금은 더 효율적이지 않을까 싶다.

1.3 분산형을 이용한 함수의 그래프

(삼각함수 $y=\sin x$와 $y=a\sin bx$의 그래프)

다항함수와 지수함수, 로그함수는 추세선을 이용하면 매우 정확한 그래프를 만들 수 있으나 이와 같은 함수를 제외한 함수의 그래프는 약간의 편법으로 그래프를 나타낸다. 함수의 정의역과 치역을 조금 많이 만들어서 이것들을 부드러운 곡선으로 연결하면 함수의 그래프를 만들 수 있다.

1.3.1 분산형(삼각함수 $y=\sin x$와 $y=a\sin bx$의 그래프)

① 워크시트의 임의의 셀에 두 개의 스핀단추와 한 개 명령단추를 만들고 스핀단추의 속성을 다음과 같이 지정하자. 또, 명령단추는 Caption만 "다시"로 지정하자. 또, 스핀단추 옆의 셀은 병합하자.

속 성	SpinButton1	SpinButton2
이름	spin폭	spin주기
SmallChange	1	1
LinkedCell	AA1	AA2
Max	6	8
Min	1	1
Value	1	1

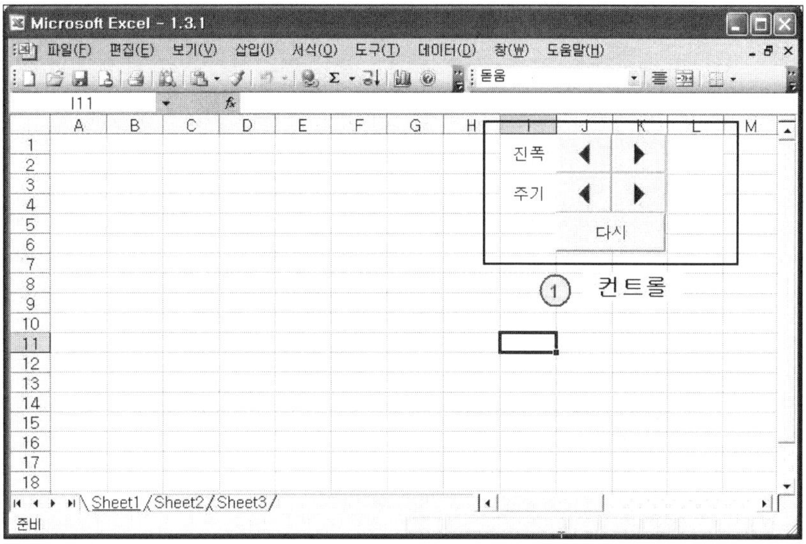

병합된 셀에 수식 【=AA1/2】, 【=AA2/2】를 입력하면 Sub 프로시저에서 사용하는 값과 일치한다.

② 진폭과 주기 스핀단추에 대하여 다음과 같이 동일한 Sub 프로시저를 작성하고 명령단추도 Sub 프로시저를 작성하자.

```
Private Sub spin주기_Change()
    a = spin진폭.Value
    b = spin주기.Value
    p = Application.WorksheetFunction.Pi / 180

    For n = 0 To 360
        x = n * p
        Cells(n + 1, 1) = x
        Cells(n + 1, 2) = Sin(x)
        Cells(n + 1, 3) = a * Sin(b * x)
    Next n
End Sub
```

```
Private Sub CommandButton1_Click()
    spin진폭.Value = 1
    spin주기.Value = 1
    Columns("A:C").ClearContents
End Sub
```

③ 스핀단추와 명령단추를 번갈아 누르면 A, B, C열에 삼각함수의 정의역과 치역이 만들어지고 없어지는 것을 확인할 수 있다.

④ 차트마법사에는 추세선을 이용한 이차함수의 그래프만 등록되어 있어서 삼각함수의 그래프를 나타낼 수 있는 차트를 등록하지 못하였다. 일단 삼각함수의 정의역과 치역을 마우스로 선택한 후 차트마법사를 실행하자. 차트 마법사 1단계의 표준 종류 탭에서 분산형, 차트 하위 종류는 아래 그림과 같이 데이터 표식 없이 곡선으로 연결된 분산형을 선택하자.

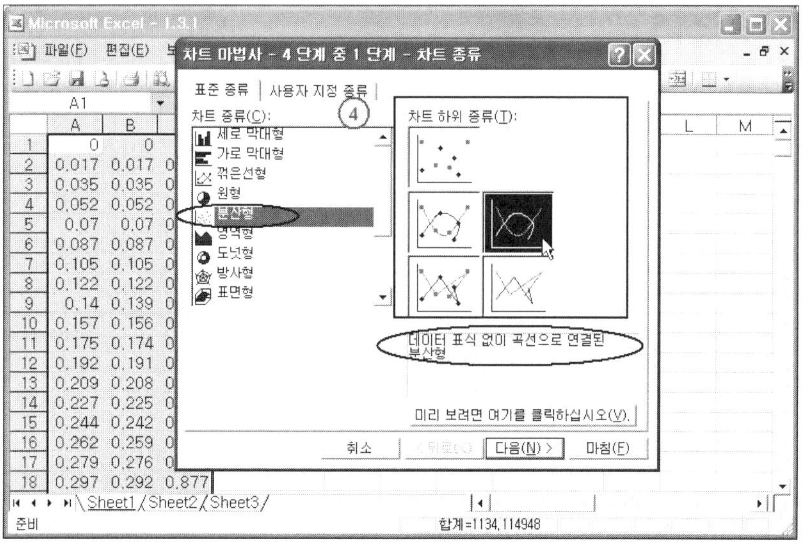

⑤ 차트마법사 2, 3, 4단계로 넘어가지 않고 마침 버튼을 누르면 다음 그림과 같이 삼각함수의 그래프가 나타나는 차트를 만들 수 있다.

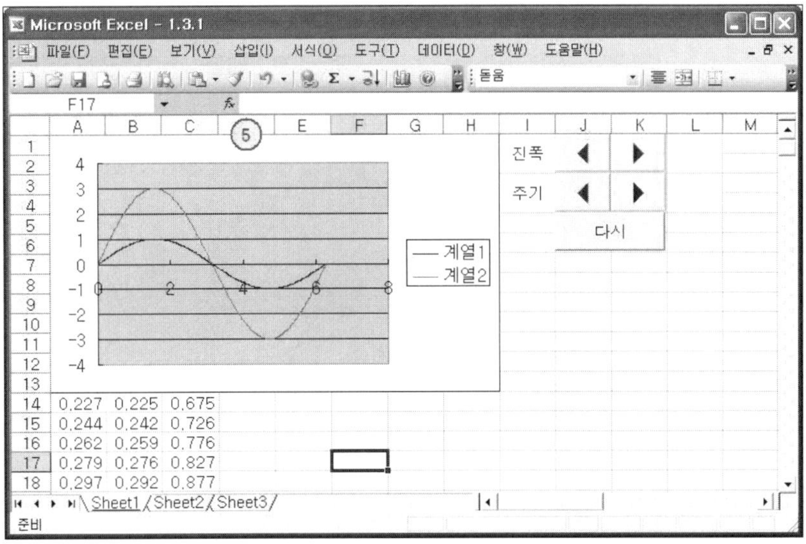

⑥ 삼각함수의 그래프는 주기가 정확하게 밝혀져야 하므로 축의 범위를 적절하게 조정되어야 한다. X축의 서식에서 축의 범위를 다음 그림과 같이 지정하자. 축의 최소값은 "0", 최대값은 "6.28", 주 단위는 "3.14"라 지정하였다. 주 단위를 3.14라 지정하여 삼각함수의 주기 2π를 근사적으로 좌표평면에 나타낼 수 있다.

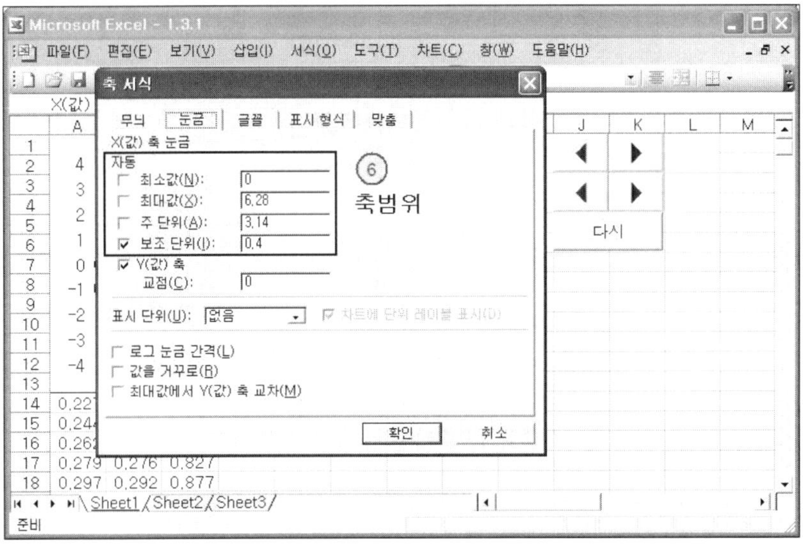

⑦ Y축의 범위도 -4부터 4까지 지정하고, 눈금선과 그림영역의 무늬와 색을 적절하게 조정한 후 스핀단추와 명령단추를 누르면 삼각함수의 그래프를 다음 그림과 같이 나타낼 수 있다. (단, 범례는 생략하자.)

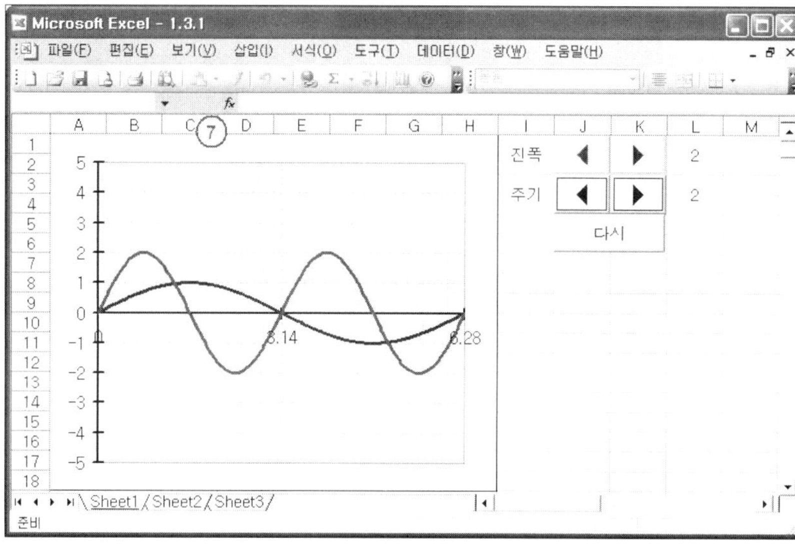

⑧ 만들어진 차트를 차트종류의 사용자 정의에 등록하면 삼각함수의 그래프를 만들 때 활용할 수 있을 것이다.

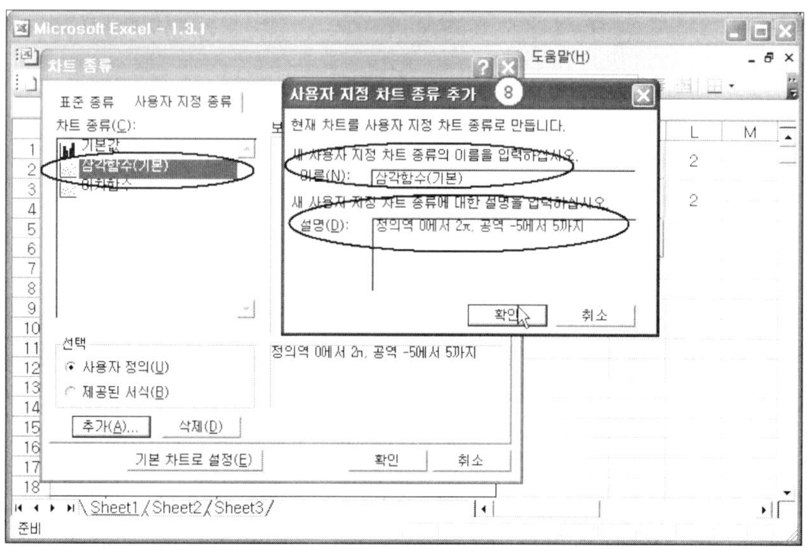

Appendix 02

부록 2 VBA 내장함수

VBA 내장함수 중에는 수학에서 자주 사용되는 내장함수를 정리하여 보자.

함수	설명
Sin(x)	x의 사인함수의 값
Cos(x)	x의 코사인함수의 값
Tan(x)	x의 탄젠트함수의 값
Sqr(x)	x의 제곱근의 값
Hex(x)	x를 16진수의 값으로 변환
Sgn(x)	x가 양수이면 1, 음수이면 -1, 0이면 0
Rnd()	0과 1 사이의 임의의 값(난수)
Int(x)	x보다 크지 않은 최대의 정수(가우스값)
Fix(x)	x의 정수부분
Abs(x)	x의 절대값
Exp(x)	x의 지수값(e^x)
Log(x)	자연로그의 값

x는 숫자 또는 변수로서 모든 함수의 필수인수이지만 난수를 발생하는 Rnd함수만 x 없이 함수자체로 사용하여야 한다. VBA에서 이와 같은 내장함수를 제외한 워크시트에서 사용하는 내장함수를 사용할 때에는 다음과 같이 사용하여야 한다.

```
Application.WorkSheetFunction.내장함수
```

Appendix

부록 3 확률과 통계

3.1 확률과 통계학의 역사

3.1.1 확률의 역사

확률의 역사는 중세 시대 도박에서 유래하였다고 볼 수 있다. 이탈리아의 파촐리(Pacioli, L.; 1450~1520)는 그의 저서 [Summa de arithmetica, geometrio, proportionie proportionalita(1494)]에서 'Problem of points'라고 불리는 도박 문제를 소개하여 확률의 시초로서 평가받고 있다. 이 문제는 능력이 같은 두 도박사가 도박 경기 도중에 경기를 중단해야 할 경우 두 도박사가 건 돈을 어떻게 분배해야 하는가에 대한 문제이다. 이러한 문제는 여러 사람들에 의하여 오랫동안 연구되어 왔지만 해결에 큰 발전을 가져온 사람은 프랑스의 파스칼(Pascal, B.; 1623~1662)과 페르마(Fermat, P.; 1601~1665)에 의해서이다. 이들로부터 시작된 확률론의 연구는 스위스의 베르누이(Bernoulli, J.; 1644~1705), 프랑스의 드 무아브르(De Moivre, A.; 1667~1754)에 의하여 급속한 발전이 이루어졌다.

19세기 초기에 프랑스의 라플라스(Laplace, P.L.; 1749~1827)는 확률에 관한 저서 [확률의 해석적 이론]를 통하여 고전적인 확률론의 체계를 확립하였다.
라플라스는 다음과 같이 확률을 정의하였다.

"어떤 시행에서 일어날 수 있는 경우의 수가 n가지이고 어느 두 경우도 동시에 일어나지 않으며 각 경우가 일어나는 정도가 동등할 때, 사건 A가 일어나는 경우의

수를 r가지라고 하면, 사건 A가 일어날 확률은 $P(A)=\frac{r}{n}$이다."

이와 같이, 확률을 엄밀하게 수학적으로 정의함으로써 그 당시에 상대도수의 극한으로 정의된 확률의 개념과 많은 논쟁을 일으켰다. 또한 라플라스의 확률의 정의는 같은 정도로 확실한 근원사건으로 이루어진 표본공간에서만 계산이 가능한 단점을 갖고 있었다.

따라서 이 정의에 대하여 많은 비판이 제기 되었다.

첫 번째, 일어날 수 있는 모든 경우의 수가 무한인 경우에도 확률을 생각해야 되는 경우가 있는데 이 경우 위의 정의를 적용할 수 없다.

두 번째, 각 경우가 일어나는 정도가 동등하다는 것은 확률이 같다는 뜻인데 아직 정의되지 않은 이러한 용어를 확률의 정의에서 사용하는 것은 적합하지 않다는 것이다.

이 선험적 확률(수학적 확률)에 대하여 경험적 확률(통계적 확률)이 논쟁을 벌이며 20세기에 이르게 된다.

1) 수학적 확률의 정의

19세기 초 라플라스가 정의한 수학적 확률의 정의는 다음과 같다.

표본공간이 n개의 원소로 이루어져 있고, 각 원소가 같은 정도로 일어날 것이 기대될 때, 사건 A가 r개의 원소로 이루어져 있으면 A가 일어날 확률은 $P(A)=\frac{r}{n}$이다.

예를 들면 한 개의 주사위를 던질 때 표본공간의 원소의 수는 6개로 유한이고, 각 원소는 같은 정도로 일어날 것이 기대된다. 따라서 짝수의 눈이 나올 사건을 A라고 하면 A의 집합의 원소는 3개이므로 수학적 확률의 정의에 따라 $P(A)=\frac{3}{6}$이다.

2) 통계적 확률의 정의

수학적 확률은 표본공간의 각 원소가 같은 정도로 일어날 것이 기대된다는 가정 아래에서 정의된 확률이다. 그러나 자연현상이나 사회현상 중에는 각 원소가 같을 정도로 일어날 것이라고 기대될 수 없는 경우가 흔히 있다.

예를 들면 압정을 던질 때 표본공간의 각 원소는 같은 정도로 일어날 것으로 기대되지 않으므로 어떤 사건, 이를 테면 윗면이 나타날 사건에 대한 확률은 수학적 확률로 구할 수 없다.

이와 같은 경우에는 실제로 시행을 여러 번 반복하여 어떤 사건에 대한 상대도수를 그 사건의 확률로 정의한다. 즉, 같은 시행을 n번 반복할 때, 어떤 사건 A가 일어난 횟수를 r_n이라고 할 때, $\lim_{n \to \infty} \frac{r_n}{n} = p$이면 p를 사건 A의 통계적 확률 또는 경험적 확률이라고 한다.

통계적 확률에서는 실제로 시행횟수 n을 무한히 크게 할 수는 없으므로 극한값이 존재하는지를 알 수 없다는 단점을 가지고 있다. 따라서 실제로는 통계적 확률을 구할 때, n이 적당한 크기일 때의 $\frac{r_n}{n}$의 값을 통계적 확률의 근사값으로 본다.

통계적 확률은 표본공간의 각 근원사건이 같은 정도로 일어날 것이 기대될 때에도 정의된다. 이 경우에 수학적 확률과 통계적 확률이 같아지는 것은 베르누이의 큰수의 법칙에 의해서 증명된다.

3) 공리적 확률의 정의

전구의 수명, 사람들의 키가 취하는 값은 실수이다. 이때, 전구의 수명이 10시간 보다 클 확률 또는 키가 179㎝보다 작을 확률은 어떻게 구하는가? 이와 같은 확률은 수학적 확률 또는 통계적 확률로 구할 수 없다. 따라서 이와 같은 경우에도 확률을 정의하기 위해서 콜모고로프는 확률을 어떤 공리를 만족하는 것으로 정의하였다.

표본공간 S의 부분집합의 집합족 F에 대하여

(1) $S \in F$

(2) $A \in F$ 이면 $A^c \in F$

(3) $A_i \in F \ (i = 1, 2, 3, \cdots)$이면

$A_1 \cup A_2 \cup \cdots \cup A_n \cup \cdots \in F$

를 만족할 때, 집합족F를 $\sigma - algebra$ 라 한다.

$\sigma - algebra$ F위에 정의되는 집합 함수 P가

(1) 임의의 $A \in F$ 에 대하여 $0 \leq P(A) \leq 1$

(2) $P(S) = 1$

(3) 임의의 $A_i, A_j \in F$ 에 대하여 $A_i \cap A_j = \phi\,(i \neq j)$ 이고

$$P(A_1 \cup A_2 \cup \cdots \cup A_n \cup \cdots) = \sum_{i=1}^{\infty} P(A_i)$$

를 만족할 때, P를 확률 또는 확률측도라 하고 (S, F, P)를 확률공간이라고 한다.

공리적 확률을 이해하려면 측도론과 적분론을 이해해야한다. 콜모고로프의 공리적 확률은 전체공간의 확률이 1인 특정한 르베그 측도(Lebesque measure)로 정의되며, 이 정의는 수학적 확률 또는 통계적 확률과 같이 구체적인 식으로 확률을 정의하는 것이 아니라 확률이 가지고 있어야 할 수학적 기본 성질을 형식적으로 나타내어 확률을 정의한 것이다.

따라서 공리적 확률로는 확률의 값을 구할 수 없다. 표본공간이 유한이거나 셀 수 있는 경우, 즉 이산인 경우에 각 원소가 같은 정도로 일어날 것이 기대되면 그 경우에는 수학적 확률이 위의 공리를 만족하게 되므로 수학적 확률로 확률을 구하고, 표본공간이 이산이고 각 원소가 같은 정도로 일어날 것이 기대되지 않으면 통계적 확률이 위의 공리를 만족하게 되므로 통계적 확률로 확률을 구하면 된다. 또, 표본공간이 연속이면 길이, 넓이, 부피 등의 기하적 측도가 위의 공리를 만족하게 되므로 적분으로 도입하여 확률을 구하면 된다.

공리적 확률은 르베그 적분으로 정의되기 때문에, 무한의 경우에도 적용할 수 있고 대수의 법칙 또는 그 일반화 법칙 등이 이론적으로 매우 간단하게 증명된다.

3.1.2 통계학의 역사

통계학의 기원은 인구 조사로부터 시작되었다고 할 수 있다. 기록상 인류 최초의 인구 조사는 구약성서에 나타난 것으로 모세가 애굽 땅에서 나온 유태인을 대상으로 20세 이상의 성인의 수를 조사한 것이다. 그러나 실제로 인구 조사는 훨씬 더 이전인 기원전 3000년 전 고대 바빌로니아, 중국, 이집트에서 징병과 세금 징수를 목적

으로 실시되었다고 한다.

인구조사는 영어로 census라고 하는 것은 과세한다는 뜻의 라틴어인 censere로부터 유래된 것이다. 로마 시대에는 국가의 조직이 발달되면서 과세의 목적과 군사적인 징병 목적을 위해 로마의 6대 왕 투리우스(534~378 B.C.) 시대부터 서기 74년까지 5주년 주기의 센서스가 실시되었다.

그 후 17세기부터 현대에 이르기까지 대략 300여년에 걸쳐 발달된 통계학은 크게 통계학의 성립기, 기술 통계 및 추측 통계의 발전기를 거쳐 왔다.

17세기 중반 독일에서는 콘링(Corning, H.; 1606~1681)이 국토, 군사, 인구 및 행정에 관하여 강의한 이래 이에 영향을 받은 괴팅겐 대학의 교수 아헨발(Achenwall. G.; 1719~1772)이 처음으로 국상학(staatenkunde)이란 용어를 사용하였다. 국상학은 국가의 중요 사항인 토지, 주민, 지리, 산물, 역사, 행정조직 등을 통계 수치 없이 문장으로 기술한 것으로 통계학의 모체하고 할 수 있다.

독일과 거의 같은 시기에 영국에서는 흑사병으로 많은 사상자가 발생하자 1603년부터 출생과 사망에 관한 통계를 매주 발표하기 시작하였는데, 이를 토대로 영국 상인 그랜트(Grant, J.; 1620~1674)는 1662년에 '사망표에 관한 자연적, 정치적 관찰'이라는 저서를 발표하였다. 그는 그 당시 출생과 사망에 관한 수량 자료를 근거로 인구, 사망, 출생에 관한 법칙성을 규명하고 인구의 측정, 연령계층별 인구, 인구의 증가율 등을 추정하였다.

이에 영향을 받은 그 당시 영국의 석학 페티(Petty, W.;1623~1687)는 영국, 프랑스, 네덜란드 등 각 국의 인구 및 주택 문제를 연구하였고, 그 결과를 '정치적 산술'이라는 제목으로 1690년에 출판하였다. 그는 정치 산술이란 관찰 결과 얻어진 수량적 자료를 근거로 사회 현상의 법칙성을 규명하는 방법론이라고 정의하였다.

그랜트에서 비롯된 인구 문제는 페티에게 그리고 100년 후 맬서스(Mathus, T.; 1776~1834)에게까지 영향을 주어 그의 '인구론'의 저술에 큰 영향을 끼쳤다.

1) 정규분포의 역사

정규분포를 최초로 발견한 사람은 드 무아브르(De Moivre, A.; 1667~1754)이다. 1733년 그가 라틴어로 쓴 논문은 「이항식$(a+b)^n$을 급수로 전개하여 이 항들의 합을 근사하는 방법」에는 이항분포의 확률 $nC_xP^xq^{n-x}$은 n과 x가 클 때 계산하기가 매우 곤란하므로 그 근사값을 정규분포를 이용하여 구한 내용이 들어있다.

한편, 가우스(Gauss, K.; 1777~1855)는 이항분포의 극한분포가 아니라 '오차분포'로서 정규분포를 제시하였다. 1809년 그의 유명한 논문「Theoria motus corporum coelestium in sectionibus conicis colum ambientium」(The theory of the motion of heavenly bodies moving about the sun in conic sections)에서는 오차의 중요성을 다음과 같이 언급하고 있다.

"'우주가 태엽이 감겨진 시계와 같이 자동으로 움직여 간다'라는 역학적 자연관이 가장 성공한 것은 천체 역학 분야이다. 우주의 체계는 수학적으로 엄밀한 모형으로 기술할 수 있고, 초기 조건과 모수의 참값을 알면 미래도 과거와 마찬가지로 기계론적으로 결정할 수 있다고 생각된다. 그러나 관측에는 오차가 수반된다. 만약 참값과 편차가 있는 관측 값을 사용하여 유성의 궤도 추적 계산을 하면 잘못된 궤도를 계산하게 된다. 관측 값은 모두 참값의 근사값에 지나지 않는데, 가능한 한 참값에 가까운 관측 값을 얻기 위해서는 하나의 관측값이 아니라 몇 개의 관측값을 결합하여 우연오차를 서로 상쇄해야 할 것이다"라고 하였다.

우생학의 창시자 골턴(Galton, F.; 1822~1911)은「자연유전」(1889)에서 다음과 같이 정규 분포를 찬미하였다.

"나는 오차의 법칙으로 나타내어지는 우주 질서의 놀라운 형식만큼 감명을 주는 것은 아무 것도 없다고 생각한다. 만약 고대 그리스인이 이 법칙을 알고 있었다면 그것은 의인화되고 신격화되었을 것이다. 이 법칙은 매우 무질서한 가운데서 조용히 그리고 전혀 표면에 나오지 않으면서 군림하고 있다. 집단이 클수록 또, 외견상 무질서가 심할수록 이 법칙의 지배력은 완전하다. 무질서한 집단에서 대표본을 추출하여 크기순으로 나열하면 생각지도 않은 매우 아름다운 질서의 형식이 숨어 있는 것이 분명해진다."고 하였다.

2) 상관도와 상관관계의 정리

두 변량을 좌표평면에 나타낸 것을 상관도라 하고, 좌표평면위의 점들이 x 값이 커짐에 따라 y 값도 대체로 커지는 관계를 양의 상관관계라 한다. 예를 들면 핸드폰요

금과 사용시간, 자동차 통행량과 오염도, 키와 몸무게 등이 있다.

좌표평면위의 점들이 x 값이 커짐에 따라 y 값이 대체로 작아지는 관계를 음의 상관관계라 한다. 예를 들면 산의 높이와 온도, 생산량과 가격, 몸무게와 매달리기 시간 등이 있다.

다양한 종류의 두 자료를 좌표평면 위에 나타내어 보면 아래와 같은 여러 가지의 상관도를 얻을 수 있다.

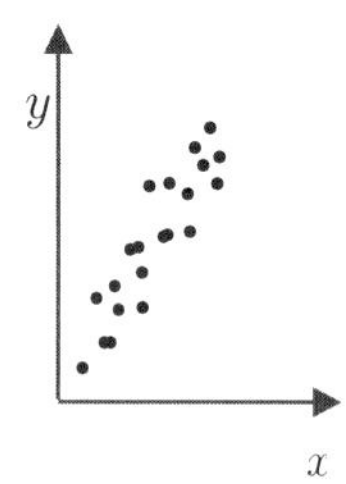

(강한 양의 상관관계)

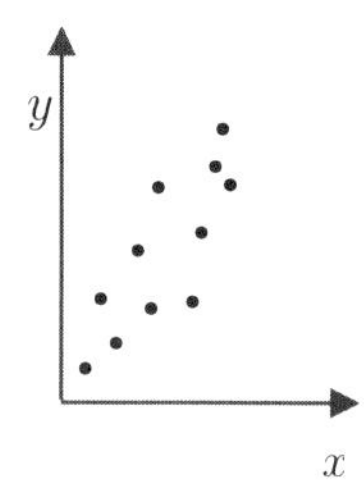

(약한 양의 상관관계)

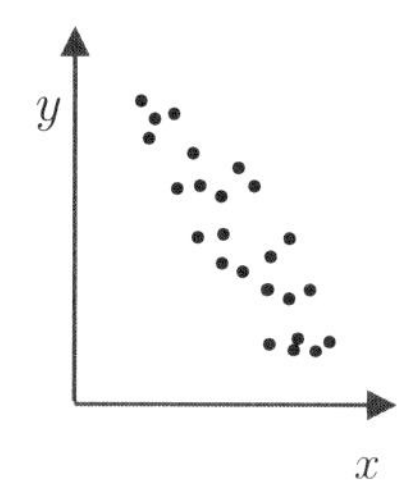

(강한 음의 상관관계)

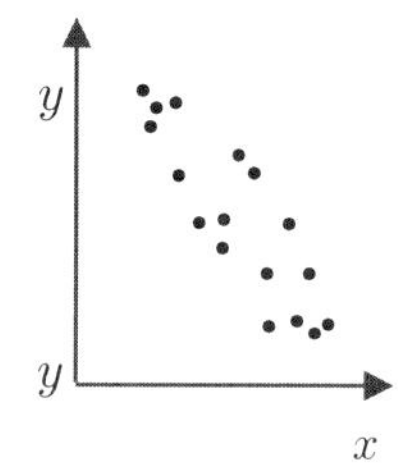

(약한 음의 상관관계)

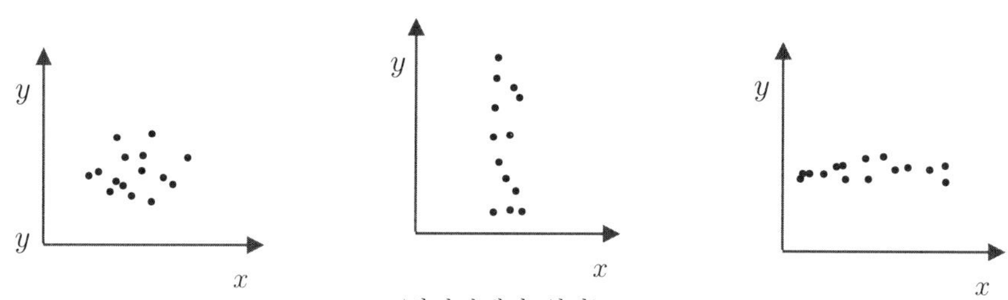

(상관관계가 없다)

상관도와 상관관계

상관도 : 두 변량 사이의 관계를 알아보기 위해 좌표평면위에 나타낸 그래프
양의 상관관계 : 점들이 대체로 기울기가 양인 직선을 중심으로 분포
음의 상관관계 : 점들이 대체로 기울기가 음인 직선을 중심으로 분포
상관관계가 없다 : 점들이 대체로 평행하거나 여러 방향으로 흩어져 분포

3) 공분산과 상관계수의 중요한 의미

우리는 보통 분산의 개념을 '자료의 평균값을 중심으로 하여 흩어진 정도가 평균적으로 어느 정도인지를 알려 주는 수치'라고 말한다. 여기서 우리가 주목할 점이 있

다. 이러한 자료의 흩어진(퍼진) 정도를 가지고 두 변수들 간의 관계를 알 수 있을 뿐만 아니라, 향후 미래의 값도 예측할 수 있다는 것이다.

그럼 이에 대해서 살펴보겠다.

우선 공분산(Covariance)이란, X와 Y의 선형적 상관관계를 측정할 수 있는 기본 척도라고 할 수 있다. 즉, 공분산은 두 확률변수 X와 Y가 각각의 평균을 중심으로 하여 같은 방향으로 변화하는 정도를 나타낸다. 이것을 수학적으로 표현하면, X가 기대치 E[X]에서 멀어질 때 동시에 Y도 기대치 E[Y]로부터 멀어질 경우, 두 변수 X와 Y간에는 상관관계가 있다고 말할 수 있으며, 이때 공분산 Cov[X, Y]값은 커지게 된다. 반대로 X가 E[X]에서 멀어짐에도 불구하고 Y는 E[Y]의 근처에 머물 경우 X와 Y는 서로 상관관계가 없다고 할 수 있으며, 이 때 공분산은 0에 가까운 값을 갖게 될 것이다. 공분산 식을 수학적인 식으로 표현하면 다음과 같다.

$$\sigma_{xy} = Cov[X, Y] = E[(X - E[X])(Y - E[Y])] = E[XY - E[X]E[Y]$$

한편, X와 Y에 대하여 n쌍의 데이터 (X_i, Y_i), $i = 1, 2, \cdots, n$이 있을 때, 공분산 σ_{xy}는 아래와 같은 표본공분산으로 추정할 수 있다.

$$S_{xy} = \frac{1}{n-1}\sum(X_i - \overline{X})(Y_i - \overline{Y}) = \frac{1}{n-1}(\sum X_i Y_i - n\overline{XY})$$

여기서 주의할 점은, 공분산은 두 확률변수에 대한 상관관계를 나타내는 척도로 사용할 수 있지만 공분산 값의 크기가 단위 등에 따라 달라지므로 실제 사용하기는 곤란하다는 것이다. 예를 들어, 어떤 집단의 키와 몸무게와의 상관관계를 조사하는데 각각의 단위를 cm와 kg으로 사용할 때와 m과 kg으로 환산하여 사용할 때의 공분산 값이 서로 다를 것이다. 즉, 키의 단위가 cm이고 몸무게의 단위가 kg일때의 공분산을 σ_{xy}라고 하면, 키의 단위를 m로 사용할 경우의 공분산은 $\frac{\sigma_{xy}}{100}$로 줄어든다. 이와 같이 공분산의 크기로 두 변수의 상관 정도를 정하기는 어렵다. 따라서 상관관계를 나타내는 척도는 단위와 무관한 것이어야 하는데 이를 위해 다음과 같이 각 변수의 표준편차로 표준화시킨 상관관계를 고려하게 된다. 즉, X와 Y의 상관계수 (Correlation coefficient)는 아래와 같이 정의된다.

$$\rho_{xy} = \frac{Cov[X, Y]}{\sqrt{Var[X]}\sqrt{Var[Y]}} = \frac{\sigma_{xy}}{\sigma_x \sigma_y}$$

이때, 상관계수 ρ_{xy}는 -1에서 1사이의 값을 가진다. 즉, 표본상관계수가 1일 때에는 완전한 양의 선형관계를, -1일 때에는 완전한 음의 선형관계를 의미한다. 다시 말하자면, ±1에 가까우면 X와 Y사이의 선형관계가 있음을 의미하고 반면에 0에 가까우면 선형적인 상관관계가 없음을 의미하는 것이다.

위에서 정리한 내용들은 중학생들에게 설명하기에는 매우 어려운 내용이다. 그러나 위의 식까지는 알지 못해도 상관계수가 나오게 된 배경을 다음처럼 설명하면 이해에 도움이 될 거라 생각한다. 우선 데이터의 산점도를 살펴보고 공분산(X와 Y 데이터의 분포를 통해 계산됨)을 구한 후, 만일 X와 Y가 서로 다른 단위를 사용했다면 이러한 단위를 일치시켜 주기 위해서 상관계수를 구하는 것이라고 설명해 준다면 좋을 것 같다.

그리고 우리가 더욱 주의해야 하는 사항이 있다. 상관관계가 있다고 해서 반드시 인과관계가 있는 것은 아니다. 필자가 외부 기업에 가서 통계를 설명하다 보면, 상당수의 사람들이 상관관계를 인과관계로 이해하고 있었다. 그럴 때마다 항상 주의를 주고 있는데, 여기에서는 키와 몸무게의 관계를 예로 들어 생각해보겠다. 보통 키가 큰 사람이 작은 사람보다 몸무게가 더 나간다. 그러나 이러한 상관관계가 있다고 해서 반드시 한 변수가 다른 변수의 원인이 된다고 볼 수 없다. 즉, 배후에 있는 공통의 요인에 의해 두 변수 사이에 상관관계가 생기는 경우도 자주 있다. 또 다른 예를 들면, 형제자매의 키, 휘발유와 난방용 유류의 가격이 그렇다. 이러한 경우에 나타나는 상관관계는 변수들 사이의 인과관계라기보다는 배후에 있는 날씨나 경제상황과 같은 공통된 원인과 변수들 사이에 놓은 인과관계에서 나온 것이다. 따라서 상관관계가 있다고 해서 인과관계가 있다고 말하는 것은 잘못된 것이다.

그리고 상관계수란 두 변수의 관계가 아니라 두 변수의 직선관계의 유무를 나타내는 측도이다. 다시 말해 상관계수가 0이라면 두 변수 간에 전혀 관계가 없다고 오해하지만, 두 변수 간에 완벽한 함수 관계가 있음에도 불구하고 상관계수가 0이 되는 경우도 있다. 즉, 상관계수가 0에 가깝다는 것은 두 변수 간에 선형관계가 약하다는 것이며 다른 형태의 함수관계는 존재할 수도 있다. 아래와 같은 함수를 예로 들어보자.

X와 Y가 포물선(이차함수)관계를 갖고 있으나 표본상관계수는 0인 경우가 있다.
그러면 "영향을 주는 변수와 영향을 받는 변수 간의 관계를 함수식으로 표현할 수 있을까?" 또는 "예측까지도 할 수 있을까?"라는 질문이 자연스럽게 떠오를 것이다. 이를 해결해준 것이 회귀분석이라는 것이다. 회귀분석에서 원인의 역할을 하는 변수를 독립변수(independent variable), 결과를 관측하는 변수를 종속변수(dependent variable)라고 한다. 회귀분석중 가장 간단한 형태인 단순선형회귀모형에 대해 알아보겠다. 여기서 선형회귀는 변수간의 관계가 선형이고 관련 회귀계수에 대해서도 선형식으로 표현되는 것을 의미한다. 단순회귀모형은 다음과 같다.

$$Y_i = \beta_0 + \beta_1 X_i + \epsilon_i, i = 1, 2, \cdots, n$$

위의 식에서 β_0와 β_1은 추정해야할 회귀계수이다. 참고로 회귀식에서 β_0, β_1을 자료로부터 추정하고 주어진 식을 검증하는 데는, (단순회귀)모형에 대한 몇 가지 가정이 전제된다. 여기서는 이러한 가정들이 모두 성립한다고 가정하겠다.
여기서 말하고자 하는 것은 두 회귀계수 중, X_i의 영향도를 나타내는 β_1을 추정할 때 상관계수가 사용된다는 것이다. 즉, 아래와 같은 식에 의해서 β_1을 추정할 수 있다.

$$\widehat{\beta_0} = \frac{\sum_{i=1}^{n}(X_i-\overline{X})(Y_i-\overline{Y})}{\sum_{i=1}^{n}(X_i-\overline{X})^2} = \frac{\sum_{i=1}^{n}X_iY_i - n\overline{XY}}{\sum_{i=1}^{n}X_i^2 - \overline{X^2}} = \frac{S_{xy}}{S_x}\left[= \frac{\dfrac{\sum_{i=1}^{n}(X_i-\overline{X})(Y_i-\overline{Y})}{n-1}}{\dfrac{\sum_{i=1}^{n}(X_i-\overline{X})^2}{n-1}} \right]$$

$$\widehat{\beta_0} = \overline{Y} - \widehat{\beta_1}\overline{X}$$

위 식에서 β_0 과 β_1이 의미하는 것은 X와 Y에 대한 데이터를 산점도로 나타내었을 때, 여기에 가장 알맞은 직선식이 $Y_i = \widehat{\beta_0} + \widehat{\beta_1}X_i$라는 것이다. 즉, 이 식은 향후 X값에 대해 Y값이 어떻게 산출될지에 대한 예측 값을 제공해주는 식이 된다.

다음의 간단한 예제 그림을 살펴보겠다.

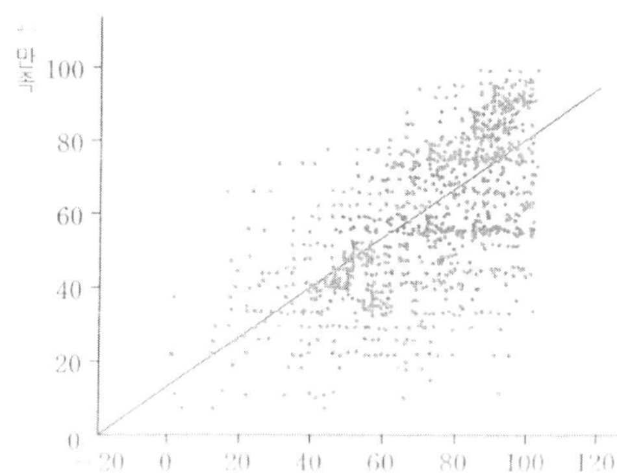

그림은 학교 시설(X)에 대한 학교 만족도 (Y)의 점수를 산점도와 회귀직선으로 함께 나타낸 것이며, SPSS 통계 툴을 이용하여 작성하였다. 또한 다음과 같이 회귀식을 한꺼번에 구할 수도 있다.

Model	Unstandardized Coefficients		Standardized Coefficients	t	Sig
	B	Std.Error	Beta		
학교 시설	14.668	1.063	.671	13.803	.000
	.667	.014		48.182	.000

〈회귀 계수〉

앞의 예제의 단순회귀분석식은 Y = 0.667X +14.668이라고 쓸 수 있으며, 이 의미는 학교 시설에 대한 점수가 1점 상승할 때, 학교에 대한 만족도는 0.667점 상승하는 것을 의미한다.

여기서 더 발전한 것이 다중회귀분석인데, 이것은 독립변수가 두 개 이상인 회귀모형에 대한 분석을 말한다. 즉, 이들 독립변수의 계수(영향도)를 구하기 위해서는 공분산 및 상관계수가 꼭 필요하다. 덧붙여 말하면 통계에서 어떠한 예측 식을 만들기 위해서는 데이터의 퍼진 정도, 즉 각 변수들의 흩어진 정도(분산 및 공분산)를 이용하여 식을 만든다. 만일 이러한 식을 구하기가 복잡해질 경우에는 행렬을 이용하면 분산과 공분산 및 독립변수의 계수까지 한 번에 구할 수 있다.

3.2 생활 속에서 확률과 통계 다시보기

(1) 도박에서 확률을 발견한 파스칼

'인간은 생각하는 갈대이다', '클레오파트라의 코가 조금만 낮았더라면 세계의 역사는 달라졌을지도 모른다.
오늘날까지도 유명한 이 말을 남긴 사람은 프랑스의 수학자 파스칼이다.

어린 시절부터 몸이 너무 약했기 때문에 그의 아버지는 파스칼이 수학에 관심을 가질까 몹시 두려워하기도 했다고 한다. 하지만 파스칼은 12세가 되던 해부터 스스로 기하학을 공부하여 '삼각형의 내각의 합은 180°'라는 사실을 발견 했다. 크게 놀란 아버지는 그 때부터 파스칼의 수학 공부를 본격적으로 도와주게 되었다. 그러나 너무 연구에 몰두한 나머지 평생 소화불량과 불면증으로 큰 고통을 겪어야 했다.
그는 카르다노와 같이 도박 때문에 빚을 진 수학자로 알려져 있다. 어느 날 파스칼은 도박사로 일하던 드 메레라는 친구로부터 도박에서 이기는 방법에 관한 질문을 받았다.

이 일을 계기로 파스칼은 당시 유명한 수학자였던 페르마와 편지를 주고받으며 도박에서 승리하는 방법에 대해 대화를 나누게 되었다. 그러던 중 파스칼은 도박에서의 확률을 새로운 수학적 개념으로 탄생시킬 수 있다는 생각이 미치게 되었다.

확률은 17세기에 프랑스의 수학자 파스칼(Pascal, B.;1623~1662)과 페르마(Fermat,p>;1601~1665)와의 확률 문제에 관한 편지 왕래를 한 것에서 비롯되었다고 한다. 파스칼과 페르마가 도박을 연구하면서 시작된 확률론은 그 뒤 베르누이와 드 무아브르라는 수학자에 의해 많은 발전을 이루게 된다. 그리고 19세기 초에 이르러 프랑스 수학자이자 천문학자인 라플라스에 의해 하나의 수학적 체계로 발전하게 되었다. 도박처럼 쓸모없는 짓도 수학의 발전에 당당히 한 몫을 했던 경우라고나 할까? 그는 '파스칼의 원리', '파스칼의 삼각형', '확률론', '수학적 귀납법' 등 불멸의 업적을 남긴 채 39세의 젊은 나이로 세상을 떠나고 말았다.

출처:수학만화(우리기획)

생각해 볼 문제 1

편지 내용:「같은 실력을 가진 A,B 두 사람이 32피스톨(옛날의 스페인 금화)씩을 걸고 내기를 하고 있었다. 시합에서 1번 이기면 1점을 얻고, 먼저 3점을 얻는 사람이 내기돈 64피스톨을 모두 가지기로 했다. 그런데 A가 2점, B가 1점을 얻은 시점에서 부득이한 사정으로 시합을 중지하게 되었다. 이 때, 내기 돈 64피스톨을 어떻게 분배하는 것이 가장 합리적일까?」

시합을 한 번 더 해서 A가 이긴다면, A는 3번이긴 것이 되므로 돈을 모두 가지게 된다. 그러나 만약 B가 이긴다면 A가 2번, B도 2번 이기게 되는 것이므로 각각 32피스톨씩 나누어 가져야 한다. 즉, A는 네 번째 시합을 이기든 지든 최소한 32피스톨을 가져야 한다. 나머지 32피스톨은 A나 B중에서 이기는 사람의 몫이 되겠지만 누가 이길지는 모르는 것이므로 이길 가능성은 반반으로 보아야 한다. 그러므로 A에게 32피스톨을 먼저 주고 남은 32피스톨을 둘이 똑같이 16피스톨씩 나누어 가지면 된다. 결국 A는 32+16=48(피스톨), B는 16(피스톨)을 가지는 것이 가장 합리적이다.

(앞의 내용을 쉽게 설명한 문제)
어느 날 파스칼은 위와 같은 편지를 받고 고민하고 있었다.
그렇다면 64개의 금화를 어떻게 나누어 갖는 것이 가장 합리적일까?

1. 승부가 나려면 앞으로 게임은 최대 몇 판까지 할 수 있는가?

2. A가 이길 확률을 구하여라.

3. B가 이길 확률을 구하여라.

4. 2,3의 결과에 따라 64개의 금화를 A, B 두 사람에게 합리적으로 분배하여라.

(2) 혈액형의 비밀

사람의 주요 혈액형에는 A형, B형, O형이 있다. A형에는 AA 인자형과 AO 인자형이 있고, B형에는 BB 인자형과 BO 인자형이 있다고 한다. 또, 인자간의 우열 관계를 살펴보면 A, B 두 인자의 우열관계는 같고, A, B 인자는 O 인자보다 강하다고 한다. 예를 들면 AA 인자형과 BO 인자형을 가진 사람이 결혼하여 그 사이에 태어난 자녀는 각 인자들이 다시 결합하여 다음의 그림과 같이 인자가 만들어진다.
따라서 이 두 사람의 자녀 중에는 B형이나 O형은 나올 수 없고 태어난 자녀는 A형이거나 AB형이 된다.
그러므로 자녀가 B형일 확률과 O형일 확률은 각각 0이고 A형일 확률과 AB형일 확률은 각각 $\frac{2}{4}=\frac{1}{2}$임을 알 수 있다.

	부	모	A형	B형	O형	AB형
1	AA	BB				◐
2	AA	BO	◐			◐
3	AO	BB		◐		◐
4	AO	BO	◐	◐	◐	◐
5	AA	OO	◐			
6	AO	OO	◐		◐	
7	AA	AB	◐			◐
8	AO	AB	◐	◐		◐
9	BB	OO		◐		
10	BO	OO		◐	◐	
11	BB	AB		◐		◐
12	BO	AB	◐	◐		◐
13	AB	OO	◐	◐		

1. 부모의 혈액형이 AB형과 O형일 때, 혈액형이 O형인 자녀가 태어날 확률을 구하여라.

2. 부모의 혈액형이 AO 인자형과 BO 인자형일 때, 혈액형이 AB형인 자녀가 태어날 확률을 구하여라.

3. 부모의 혈액형이 AO 인자형과 AB 인자형일 때, 혈액형이 A형인 자녀가 태어날 확률을 구하여라.

4. 부모의 혈액형이 BO 인자형과 뮤 인자형일 때, 혈액형이 B형인 자녀가 태어날 확률을 구하여라.

생각해 볼 문제 2

1. O형의 자녀를 둔 부모님의 혈액형은 세 가지 유형만 있다. 어떤 것일까?

2. 자녀의 혈액형이 단 한가지로만 태어나는 부모님의 혈액형을 나열해 보아라.

3. 태어날 자녀의 혈액형이 모든 경우(A형, B형, O형, AB형)가 되는 경우의 부모님의 혈액형은?

(3) 주차위반 사건을 확률로 판단한다?

어떤 사건이 발생했을 때, 그것이 우연에 의한 것인지 아닌지를 확률로 판단할 수 있다. 다음은 스위스의 어느 법정에서 일어난 주차 위반에 관한 판결 내용이다.

일정 시간 이상을 주차할 수 없는 도로변 주차장에서 주차 감시원이 주차 위반 차량을 판별하기 위해서 아래 그림과 같이 자동차의 오른쪽 앞바퀴와 뒷바퀴의 공기 주입 밸브에 표식을 하였다. 이때 표식은 12:30~1:30이면 1시 방향, 4:30~5:30이면 5시 방향등 시침으로만 기록하였다

주차 감시원은 어느 자동차가 일정 시간이 지났는데도 동일한 주차 위치가 동일한 밸브 방향을 가리키고 있어서 주차 위반으로 간주하고 범칙금 스티커를 발부하였다. 그러나 이 자동차의 운전자는 분명히 다른 곳에 갔다가 다시 이 자리에 주차하였다고 하면서 밸브가 동일한 방향을 가리킨 것은 우연의 일치라고 주장하고, 법원에 이의 제기를 신청하였다.

재판관은 판결을 내리기 위해서 전문가에게 의뢰하여 운전자의 주장이 옳을 확률을 계산한 결과, 각 바퀴의 밸브가 같은 발향을 가리킬 확률은 $\frac{1}{12}$이고, 두 바퀴는 독립적으로 굴러가므로(평탄한 직선 도로를 달리면 독립이라고 할 수는 없지만 곡선 도로와 오르막, 내리막길도 달리므로 독립이라고 할 수 있다.) 두 바퀴의 밸브가 모두 같은 방향을 가리킬 확률은 $\frac{1}{12}\times\frac{1}{12}=\frac{1}{144}=0.0007$임을 알게 되었다.

이것은 10,000대의 주차차량 중에서 7대가 우연히 같은 방향을 가리킬 수 있다는 뜻이므로 재판관은 운전자의 주장이 충분히 근거가 있다고 하면서 무죄를 선고하였다. 그러나 주차 감시원이 네 바퀴에 모두 표식을 했더라면 밸브가 동일한 방향을 가리킬 확률은 $\frac{1}{12}\times\frac{1}{12}\times\frac{1}{12}\times\frac{1}{12}=0.00005$로 너무 작기 때문에 운전자의 주장은 충분한 근거가 없다고 판결을 내릴 것이라고 하였다.

(4) 일기예보와 확률의 경제학

일기 예보를 통하여 비 올 확률을 미리 알면 우리는 여러 가지 경제적 이익을 얻을 수 있다. “비올 확률이 80%”라는 일기 예보에 대하여, 대비하는 비용이 200만 원 소요되고, 일기 예보를 무시하고 공사를 계속할 때 생기는 손해가 700만 원이라면 두 가지 경우에 대한 경제적인 손실 차이를 알아보자.

비가 오는 데도 공사를 계속할 경우
비 피해 손실액 : 700만원 * 80% = 560만원

우천에 대비하여 공사를 중단할 경우
대비 비용 200만원 소요

참고

일기 예보대로 비가 오면 손실액은 700만 원이 아니라
700(만 원)×80% = 560(만 원)
이다. 따라서 예방조치를 했을 때, 360만 원의 이익이 생긴다.

그렇다면, 비올 확률이 몇 %일 때, 공사를 중단하는 것이 옳을까?

참고

700만원 * X % < 200만 원 으로 계산하면 X=28.8……. 그러므로 29%정도 이하의 비올 확률이면 공사를 계속하는 것이 이익이다고 본다.
하지만, 비올 확률이 29% 이면 대비하는 비용도 줄어 들것이여 공사를 강행해서 생기는 손해액도 많이 줄어들므로 굳이 경제적 손실 기준으로 비올 확률을 측정 할 수는 없다고 본다.

(5) 목동은 공주와 결혼할 수 있을까?

옛날에 욕심쟁이 왕과 어여쁜 공주가 살았다.
공주는 한 목동과 사랑에 빠지고 왕의 반대에도 불구하고 결혼을 하겠다고 하여 왕은 몹시 화가 나 목동을 죽일 방법을 생각한다.
삶과 죽음이 적혀있는 두 장의 종이가 들어 있는 작은 상자에서 목동이 어느 하나를 선택하느냐에 따라서 결혼 승낙과 죽음의 운명이 갈리게 되었다.
하지만 욕심 많은 왕은 목동을 살리고 싶지 않아 종이 두 장 모두에 죽음이라고 써 놓았다.

1. 목동이 종이 한 장을 선택했을 때, 살 확률을 구하여라.

2. 목동이 종이 한 장을 선택했을 때, 죽을 확률을 구하여라.

3. 다음 내용을 읽고 목동이 살 확률과 죽을 확률이 어떻게 바뀌었는지 말해보자.

"목동은 왕의 교활한 술수를 예상하고 종이 한 장을 선택하자마자 삼켜 버렸습니다. 남은 종이 한 장에는 '죽음'이라고 적혀 있었고, 목동이 삼킨 종이에는 '삶'이 적혀 있었던 것이 인정되어 목동과 공주는 결혼하여 행복하게 살았습니다."

(6) 확률의 허구성 : 야구 경기에서의 확률

어느 야구팀에는 20번의 타석에서 7번 안타를 쳐서 타율이 3할 5푼인 나신인 선수와 500번의 타석에서 150번 안타를 쳐서 타율이 3할인 우안타 선수가 있다. 이 때 나신인 선수가 더 훌륭한 선수라고 할 수 있을까?
한국프로야구에는 규정타석제도가 있다. 예를 들면, 한 시즌 경기수가 133 경기였을 때 $3.1 \times 133 \fallingdotseq 412$, 즉, 412 타석 이상 나와야 시즌 종료 후 타율 순위에 이름을 올릴 수 있다. 왜 이런 제도가 필요할까?

20타수 7안타를 기록한 나신인 선수의 타율
총도수 20, 도수 7, 상대도수 0.35, 타율 3할 5푼

500 타수 150 안타를 기록한 우안타 선수의 타율
총도수 500, 도수 150, 상대도수 0.3, 타율 3할

(7) 상관표

확률의 개념은 수학에서만 다루는 것이 아니다. 우리 주변에서 발견할 수 있는 흔한 이야기이다. 확률과 통계를 우리 주변에서 자주 일어나는 현상과 관련지어 보자.

생각해 볼 문제 3

조선왕조의 역대 임금의 즉위 시 나이와 재위기간을 조사하였다.
물음에 답하여라.

(단위 : 세, 연)

대	왕	나이	재위기간	대	왕	나이	재위기간
1	태조	57	7	15	광해군	34	15
2	정종	42	2	16	인조	28	27
3	태종	34	18	17	효종	31	10
4	세종	22	32	18	현종	19	15
5	문종	37	2	19	숙종	14	46
6	단종	12	3	20	경종	33	4
7	세조	39	13	21	영조	31	52
8	예종	19	1	22	정조	25	24
9	성종	13	25	23	순조	11	35
10	연산군	18	12	24	헌종	7	15
11	중종	19	38	25	철종	19	14
12	인종	30	0.8	26	고종	11	43
13	명종	12	22	27	순종	13	3
14	선조	16	41				

〈재위 기간〉

1. 두 자료(즉위시 나이와 재위기간)에서 계급의 크기를 5로 하여 도수분포표를 만들어 보고 물음에 답하여라.

나이(세)	도수(명)	상대도수	누적도수
0.8 ~ 5	7		
6 ~ 10	2		
11 ~ 15	6		
16 ~ 20	1		
21 ~ 25	3		
26 ~ 30	1		
1 ~ 35	2		
36 ~ 40	1		
41 ~ 45	2		
46~52	2		
합계	27		

〈즉위시 나이의 도수분포표 〉

기간(년)	도수(명)	상대도수	누적도수
7 ~ 12	5		
13 ~ 17	4		
18 ~ 22	6		
23 ~ 27	1		
28 ~ 32	4		
33 ~ 37	4		
38 ~ 42	2		
43 ~ 47	0		
48 ~ 52	0		
53 ~ 57	1		
합계	27		

〈재위기간의 도수분포표 〉

(1) 즉위 시 나이가 30세 이하인 왕의 수를 구하여라.

(2) 재위기간이 32년 이하인 왕의 수를 구하여라.

(3) 즉위 시 나이가 25세 이하이고 재위기간이 17년 이하인 왕의 수를 구하여라.

앞의 도수분포표를 이용하여 (1), (2)는 구할 수 있으나. (3)을 구하기는 쉽지 않다. 따라서 두 자료의 관계를 구하려면 하나의 도수분포표에 두 자료를 함께 나타낸 표를 이용하면 편리하다.

2. 즉위 시 나이와 재위 기간을 나타낸 <재위 기간>표를 보고, 두 자료를 함께 나타내는 표를 만들려고 한다. 다음 물음에 답하여라.

(1) 두 자료에서 계급의 크기를 5 로 하여 계급을 정하여라.

(2) 가로줄은 왼쪽에서 오른쪽 방향으로 낮은 계급부터 나타내고, 세로줄은 아래쪽에서 위쪽 방향으로 낮은 계급부터 나타내어라.

(3) 가로줄과 세로줄 각각의 구간에 속하는 도수를 해당 칸에 써 넣어라.

즉위나이 / 재위기간	0.8 ~5	6 ~10	11 ~15	16 ~20	21 ~25	26 ~30	31 ~35	36 ~40	41 ~45	46 ~52	합 계
7 ~ 12											
13 ~ 17											
18 ~ 22											
23 ~ 27											
28 ~ 32											
33 ~ 37											
38 ~ 42											
43 ~ 47											
48 ~ 52											
53 ~ 57											
합 계											

(각 구간에 속한 도수를 ///로 표시 후 수로 적으면 편리하다)

(4) 위 표는 즉위 시 나이와 재임기간의 도수분포를 나타내므로 상관도와 같이 상관관계를 알 수 있다. 위의 표에서 도수는 기울기가 (양, 음)인 직선을 중심으로 쓰여 있으므로 즉위 시 나이와 재임기간 사이에는 (양, 음)의 상관관계가 있음을 알 수 있다.

왼쪽과 같이 한 집단 내에서 두 자료의 도수분포표를 함께 나타낸 표를 상관표라고 한다. 그리고 상관표를 만들어 보면 두 자료의 분포 상태와 상관관계를 알 수 있다.

상관표

두 변량의 도수분포표를 함께 나타내어 상관관계를 알 수 있도록 나타낸 표를 상관표라 하고, 한 변량을 고정시키면 다른 변량의 도수분포표가 된다.

(8) 샤플리의 권력지수

효숙, 민지, 성철, 성진이는 어느 주식회사의 주주이다.

성진이는 10%, 성철이는 20%, 민지는 30%, 효숙이는 40%의 주식을 가지고 있다.

질문1. 4명중에 누가 투자한 것 보다 많은 영향력을 누릴 수가 있는지 조사하여라.

질문2. 4명중에 누가 투자한 것 보다 적은 영향력으로 손해를 보고 있는지를 알아보라.

질문3. 성철이는 성진이보다 몇배의 영향력을 갖고 있을까?

해석

주주 총회에서 50%가 넘는 방법은 다음 7가지이다.

A : 효숙(40)+민지(30)+성철(20)+성진(10)

B : 효숙(40)+민지(30)+성철(20)

C : 효숙(40)+민지(30)+성진(10)

D : 효숙(40)+성철(20)+성진(10)

E : 효숙(40)+민지(30)

F : 효숙(40)+성철(20)

G : 민지(30)+성철(20)+성진(10)

방법	효숙(40%)	민지(30%)	성철(20%)	성진(10%)	총%
A	40	30	20	10	100
B	40	30	20		90
C	40	30		10	80
D	40		20	10	70
E	40	30			70
F	40		20		60
G		30	20	10	60

따라서 한사람이 빠지면 50%를 넘지 못하는 경우는 다음과 같다.

성진이가 빠지면 50%를 못 넘는 경우	G	1가지
성철이가 빠지면 50%를 못 넘는 경우	D, F, G	3가지
민지가 빠지면 50%를 못 넘는 경우	C, E, G	3가지
효숙이가 빠지면 50%를 못 넘는 경우	B, C, D, E, F	5가지

따라서 효숙이는 성진이의 5배, 성철이와 민지는 성진이의 3배의 영향력이 있는 셈이다. 이를 사플리의 권력지수라고 부르는데, 성진, 성철, 민지, 효숙이의 권력지수를 구한 후, 투자 비율과 비교하면 다음과 같다.

	성진	성철	민지	효숙
권력 지수	$\frac{1}{12}$	$\frac{1}{4}$	$\frac{1}{4}$	$\frac{5}{12}$
투자 비율	0.1	0.2	0.3	0.4

위의 표를 분석해 보면,

성진이는 10%를 투자하고 권력지수를 0.8%정도의 권력을 가질 수 있으므로 투자한 만큼의 영향력을 누릴 수가 없다.

성철이는 20%를 투자하고 권력지수를 25%정도의 권력을 가질 수 있으므로 투자한 것보다 많은 영향력을 누릴 수가 있다.

민지는 30%를 투자하고 권력지수를 25%정도의 권력을 가질 수 있으므로 투자한 만큼의 영향력을 누릴 수가 없다.

효숙이는 40%를 투자하고 권력지수를 42%정도의 권력을 가질 수 있으므로 투자한 것보다 많은 영향력을 누릴 수가 있다

따라서 성진이와 민지는 투자한 만큼의 영향력이 없고, 성철이와 효숙이는 투자한 것보다 많은 영향력을 누릴 수가 있다.

(9) 상관관계를 찾을 수 있는 예제들

예제 1 1981년부터 2001년까지의 남녀 평균수명을 조사하였다.

평균수명(세)				평균수명(세)			
연도	전체	남자	여자	연도	전체	남자	여자
1981	66.19	62.28	70.54	1993	72.81	68.76	76.80
1983	67.14	63.21	71.47	1995	73.53	69.57	77.41
1985	68.44	64.45	72.82	1997	74.39	70.56	78.12
1987	69.76	65.78	74.04	1999	75.55	71.71	79.22
1989	70.82	66.84	75.08	2001	76.53	72.84	80.01

예제 2 태양계에 있는 각 행성의 태양까지의 거리와 공전주기를 조사하였다.

(단위 : au)

행성	수성	금성	지구	화성	목성	토성	천왕성	해왕성	명왕성
태양에서의 거리	0.39	0.72	1	1.52	5.2	9.52	19.27	30.21	39.7
공전주기	88일	225일	365일	687일	11.9년	29.5년	84년	164.8년	248.5년

예제 3 이탈리아 로마와 미국 뉴욕의 월별 평균기온을 조사하였다.

(단위 :℃)

월	1월	2월	3월	4월	5월	6월	7월	8월	9월	10월	11월	12월
로마	8.0	8.8	10.6	13.4	17.3	21.0	23.6	23.8	21.0	16.8	12.4	9.1
뉴욕	-0.2	0.7	5.3	10.8	16.6	21.7	24.7	24.1	20.1	10.1	5.6	2.5

예제 4 전국 16개 도시의 아황산가스와 오존오염도를 조사하였다.

(단위 :PPB)

아황산가스	7	11	14	9	8	8	11	8	11	6	7	6	12	11	10	3
오존	9	14	12	12	10	14	16	8	11	12	9	15	16	16	10	20

예제 5 스타들의 추측한 나이와 실제나이를 조사하였다.

(2002년 기준, 단위 만-세)

이 름	추측한 나이	실제 나이	이 름	추측한 나이	실제 나이
박찬호	28	29	김정은	24	26
박세리	24	25	미달이	11	11
홍명보	30	33	바티스투타	32	33
히딩크	54	56	오웬	25	23
윤정환	27	29	타이거 우즈	26	23
차두리	25	22	스필버그	54	55
송광호	33	35	맥 라이언	33	41
설경구	35	34	니콜 키드먼	33	35
한석규	36	38	톰 크루즈	38	40
차인표	32	35	맥컬리 컬킨	17	22
신애라	31	33	찰스 황태자	46	54
장나라	20	21	클링턴	50	56

예제 6 다음은 1931년부터 1980년까지 50년 동안 전 세계적으로 강도 7의 지진이 발생한 빈도를 나타낸 표이다.

연도	횟수	연도	횟수	연도	횟수	연도	횟수	연도	횟수
1931	26	1941	24	1951	21	1961	18	1971	23
1932	13	1942	27	1952	17	1962	15	1972	20
1933	14	1943	41	1953	22	1963	20	1973	16
1934	22	1944	31	1954	17	1964	15	1974	21
1935	24	1945	27	1955	16	1965	22	1975	21
1936	21	1946	35	1956	15	1966	19	1976	25
1937	22	1947	26	1957	34	1967	16	1977	16
1938	26	1948	28	1958	10	1968	30	1978	18
1939	21	1949	36	1959	15	1969	27	1979	15
1940	23	1950	39	1960	22	1970	29	1980	18

(10) 여러 가지 문제 유형의 예

Q 문제 1 Cross Word

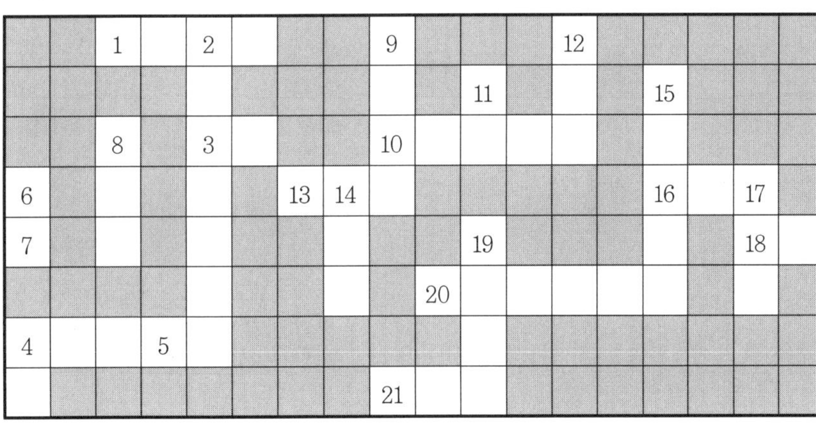

가로열쇠	세로열쇠
	2. 히스토그램에서 각 직사각형의 윗변의 중점을 차례로 선분으로 연결한 그래프
1. 도수분포표에서 계급의 작은 쪽의 도수에서 차례로 어떤 계급까지의 도수를 더한 합	4. {(계급값)×(도수)}의 총합÷(도수의 총합)
3. 분수 또는 분수식에서 가로줄 아래에 적은 수 또는 식	5. 자료를 나타낸 수량
4. 서로 마주 보는 두 쌍의 변이 각각 평행한 사각형	6. 어떤 집단에 대한 자료의 분포나 그 분포의 특징을 나타내는 수치
7. 계급을 대표하는 값. 계급의 중간값	8. 함수 $y=f(x)$에서 정해진 x의 값에 대한 $f(x)$의 값
10. 자료를 몇 개의 계급으로 나누고, 각 계급의 도수를 조사하여 만든 표	9. 도수분포표에서 도수의 총합에 대한 각 계급의 도수의 비율
13. 분자가 분모보다 큰 수	11. 분모가 다른 둘 이상의 분수를 값을 바꾸지 않고 분모가 같은 분수로 만드는 일
16. 일요일의 전날	12. 학생들의 학업이나 시험의 결과를 기록한 표
18. 항에 포함되어 있는 어떤 문자의 곱해진 개수	14. 분수를 포함한 유리식
20. 집합을 그림으로 나타낸 것	15. 도수분포표를 각 계급을 가로로 하고, 그 계급의 도수를 세로로 하는 직사각형으로 나타낸 그림
21. 호와 호의 양 끝점을 지나는 두 반지름으로 이루어진 도형	
	17. 차수가 1차인 다항식
	19. 한 쌍의 대변이 평행한 사각형

Q 문제 2 낱말 맞히기

가로, 세로, 대각선으로 숨어 있는 용어를 찾아서, 해당 용어의 설명을 표시하여라.

	상									도	
우	주	대							수	학	통
리	능	신	도	시			화	분	은	하	계
집	선	배	실	수	계	목	포	물	선	늘	우
다	람	쥐	수	준	급	다	적	상	허	피	변
소	리	누	추	관	각	온	도	계	수	서	량
카	평	균	적	형	광	등	상	대	사	철	
	행	누	리	적	토	계	미	도	수		
			적	도	자	급	소	로			
				도	연	값					
					수						

- 자료를 수량으로 나타낸 것
- 변량을 일정한 간격으로 나눈 구간
- 계급을 대표하는 값으로서, 그 계급의 중간값
- 각 계급에 속하는 자료의 개수
- 히스토그램에서 각 계급의 직사각형의 윗변의 중점을 차례로 선분으로 연결하여 그린 그래프
- (자료의 총합) ÷ (자료의 총개수) 로 구한 값
- 전체 도수에 대한 각 계급의 도수의 비율
- 계급이 가장 작은 쪽의 도수에서 차례로 어떤 계급까지의 도수를 더한 합

Q 문제 3 퀴즈문제

어느 탐험가가 아프리카 밀림 속을 탐험하다가 길을 잃었다. 며칠을 고생하며 방황하던 중에 그는 세 사람의 토인을 만났다. 이 밀림 속에는 항상 거짓말만 하는 '거짓족'과 항상 참말만 하는 '정직족'이 살고 있는데, 이 세 명 중에서 적어도한 사람은 꼭 '정직족'이다.

그래서 탐험가가 오른쪽 토인에게 "가운데 토인은 정직족인가?" 하였더니, "거짓족이야."하였다

가운데 토인에게 "양쪽 토인은 무슨족인가?" 하였더니, "둘 다 나와 같은 족이다."라고

답하였다.

왼쪽 토인에게 "가운데 토인은 정직족인가?"하고 물었더니, "그렇다."라고 대답하였다. 이 말을 듣고 탐험가는 누가 정직족인지를 가려내고, 그에게 길을 물어 무사히 돌아올 수 있었다. 누가 정직족인가?

(11) 영어 책 속의 단어의 출현 빈도

19세기 말 경 프랑스의 언어학자들은 책이나 논문 등에 나오는 단어들의 상대적인 분포를 연구한 결과 그 빈도와 순위에 놀랄만한 규칙성이 있음을 발견하였다. 대부분의 영어책에서 of와 같은 단어는 가장 많이 나타나는 단어이고, conundrum 같은 단어는 거의 나타나지 않는 등 특정 단어의 출현 빈도는 책마다 상당한 차이가 있다. 그러나 어떤 책을 임의로 골라 그 책에서 단어들이 나타나는 빈도를 크기 순서로 나타내면 대체로 동일하지 않은 단어의 총 수의 약 $\frac{1}{2}$은 단 한 번밖에 나타나지 않으며, 약 $\frac{1}{6}$은 약 2번, 약 $\frac{1}{12}$은 3번 나타난다고 한다.

일반적으로 출현 순위·빈도 크기의 법칙에 의하여 n번 나타나는 단어의 순위는 $\frac{1}{n}$에 비례한다고 한다. 이때, 이 순위를 $\frac{K}{n}$(단, K는 책 속에 있는 동일하지 않은 총 단어의 수)라고 하면 n번 이상 나타나는 단어의 수는 $\frac{K}{n}$이다. 마찬가지로 $(n+1)$번 이상 나타나는 단어의 수는 $\frac{K}{n+1}$이므로 정확하게 n번 나타나는 단어의 수는 $\frac{K}{n}-\frac{K}{n+1}=\frac{K}{n(n+1)}$이다.

출현횟수(n)	단어의 수(개)	
	실제	예상
1	16432	14949
2	4776	4983
3	2194	2491
4	1285	1495
5	906	997
6	637	712
7	483	534
8	371	415
9	298	332
10	222	272

제임스 조이스(James Joyce)의 율리시즈(Ulysses)에서도 약간의 오차는 있지만 이와 같은 출현 순위·빈도 크기의 법칙이 성립함을 오른쪽의 도수분포표에서 알 수 있다.

((예상단어의수) $= \frac{K}{n(n+1)}$ 에서 K=9899는 율리시즈에 나오는 모든 동일하지 않은 단어의수)

이와 같은 출현 순위·빈도 크기의 법칙은 작가가 글을 쓸 때, 자기 기억 속에 들어있는 단어들을 선택하여 쓰거나 자기가 읽은 다른 책 속에 있는 단어들을 선택하여 쓰게 된다는 가정을 전제하여 얻어진 것이다.

전자를 연상, 후자를 모방이라고 하는데 이 두 가지 과정을 통해 작가가 글을 쓰게 되면 어느 책이고 상관없이 단어의 출현 빈도는 위와 같은 법칙을 만족한다고 할 수 있다.

(출처:이재창외 5인 편역(1988), 쉽게 읽는 생활속의 통계학, 세경사)

(12) 통계의 바른 이해

우리는 주변에 있는 복잡한 자료를 잘 분류·정리하여 나타내고, 경향을 파악하여 그것을 바탕으로 장래의 계획을 세우고, 전체에 대한 추측도 하고, 그 추측이 얼마나 믿을만한지 검증하기 위해서 통계를 배운다. 그러나 통계를 단지 어떤 도구로서만 이해할 뿐 그것에 대한 소양이 제대로 갖추어져 있지 않다면 여러 가지 패러독스가 생길 수 있다.

이야기 하나!

한 햄버거 가게는 소비자들이 다른 패스트푸드 가게에서 만든 햄버거와 자회사에서 만든 햄버거 중 어느 것을 더 좋아하는지 알아보기 위해 어느 리서치 회사에 의뢰하였다. 이 가게의 햄버거 맛은 두꺼운 종이를 오븐에 구운 것과 같은 맛이다. 임의로 고른 응답자에게 나누어 준 질문지에는 다음과 같은 질문이 있었다. '기름에 지글지글 많이 튀긴' 햄버거와 '오븐에 구운' 햄버거 중 어느 것을 더 좋아하는가? 응답자의 80%가 기름에 튀긴 것보다는 구운 햄버거를 좋아한다고 대답하였다. 이 회사는 자기 회사 햄버거 선전 광고에 이러한 조사 결과를 사용하였다.

어느 곳에 문제가 있는가?

이 이야기는 단어에 내포된 뜻이 응답에 영향을 줄 수 있음을 나타낸 것이다 기름, 지글지글, 튀긴 등은 부정적인 뜻을 내포하고 있다. 이 이야기는 실제로 어느 햄버거 가게에서 '불에 구운' 햄버거와 '튀긴' 햄버거 중 어느 것을 더 좋아하는지를 조사하였던 것과

유사하다.

이야기 둘!
엉뚱 박사는 사람들이 입는 옷의 양과 기온 사이에는 의미 있는 음의 상관관계가 있다는 연구를 했다. 그가 자료를 조사한 지역은 지난 몇 주간 뜨거운 햇볕이 내리쬐었다. 그곳에서 그는 해답을 찾았다고 생각했다. 그가 생각한 답은 입는 옷의 양과 기온 사이에는 강한 상관관계가 있고, 그것 때문에 사람들은 추워지면 점점 두꺼운 겨울옷을 입는다는 것이다.

어느 곳에 문제가 있는가?
A와 B사이의 상관관계가 반드시 A가 B의 원인이 된다는 것을 증명하는 것은 아니다. B가 A의 원인이 될 수도 있고, C가 A와 B 모두에 영향을 끼칠 수도 있다. 때때로 이런 관계가 그럴싸해 보일 때도 있다. 이 이야기에서 날씨는 옷 입는 양에 영향을 끼치지만 옷 입는 양이 날씨에 영향을 끼치지 않는다는 것은 분명하다.

(출처:http://masta.com.ne.kr)

(13) 평균이 사람 잡는다

평균은 전체적인 모양을 나타내는 좋은 방법이다. 그러나 평균만으로는 전체를 다 나타낼 수 없는 경우가 많다.

1920년대 중국은 내전으로 전운이 감돌고 있었다. 이 때 병사들을 이끌고 적진을 향해 진격하고자 했던 한 장수가 눈앞에 큰 강을 만나게 된다. 장수는 참모에게 강의 평균 수심이 얼마냐고 물었다.
참모의 답변은 평균수심이 1.4m라고 한다. 병사의 평균 키가 1.65m이므로 걸어서 행군이 가능하다고 판단, 진격을 명한다.

그런데 이게 웬일인가?
병사들은 모두 강 한가운데에서 꼬르륵…….

(14) 여론 조사의 허와 실

여론 조사는 지난 수십 년 동안 우리 생활의 한 부분이 되어 왔다. TV 드라마의 시청률에서부터 정부 정책에 대한 찬반조사, 선거에서의 후보별 지지도조사에 이르기까지 다양한 여론 조사의 결과는 신문 등의 대중 매체를 통해서 자연스럽게 접할 수 있다. 이러한 여론 조사의 결과가 신문지상에 보도될 때 그 영향은 적지 않다고 한다. 특히 선거가 있기 전에 시행되는 후보자 지지도에 대한 여론 조사는 투표에 지대한 영향을 미친다고 한다. 될 사람을 밀어준다는 강자(bandwagon)효과, 약자를 동정한다는 약자(underdog)효과, 두 효과가 상호 작용하여 아무런 효과도 없다는 제로(null) 효과가 모두 거론되지만 그중에서도 강자 효과가 가장 크다는 것이 일반론이다.

요즈음 우리나라도 선거가 있을 때마다 후보자에 대한 지지도를 조사하여 발표한다. 그러나 많은 사람들은 보도된 수치에 대하여 그 신빙성과 공정성에 의문을 제기하고 있고, 심지어는 조작이 아닌가 하는 우려도 있다. 이러한 의문과 우려가 계속 꼬리를 무는 이유는 각 언론사마다 보도하는 조사 결과가 너무 차이가 크다는 데 있다.

일반적으로 인구 비례에 따른 임의추출 표본에 의거한 여론 조사가 표본의 크기만 크게 한 조사보다 우월하다는 것이 1936년 미국의 대통령 선거에서 입증되었다. 그 당시 오랜 역사와 최고의 발행 부수를 자랑하는 다이제스트(Literary Digerst)라는 잡지사는 약

2백 36만 명을 대상으로 엽서 조사한 결과, 공화당의 랜든 후보 지지율이 57%, 민주당의 루스벨트 지지율이 43%가 될 것이라고 예측하였다. 그러나 선거 결과는 랜든 후보 37.5%, 루스벨트 후보 62.5%로 루스벨트가 과반수 이상을 획득하여 승리하였다. 19% 이상이나 틀린 것은 여론 조사 사상 최대의 오차였다. 이와 같이 오차가 크게 난 것은 표본 추출 방법이 잘못되었기 때문이었다. 다이제스트 잡지사는 투표자의 표본을 전화번호부와 자동차 소유자 명부로부터 추출하였는데, 만일 고소득과 중산층의 정당지지 성향이 서민층과 같았다면 예측의 결과는 정확했을 것이다. 그러나 그 당시는 뉴딜 정책의 등장으로 선거양상이 소득 계층별로 양분되어 중산층 이상은 공화당을 지지하고 서민층은 민주당을 지지하고 있었다. 그 당시만 해도 자동차와 전화를 소유한 계층은 주로 중산층 이상이었으므로 공화당의 지지 세력을 과대평가하게 된 것이다.

반면에 갤럽이 주도한 여론 조사 기관에서는 비례할당이라는 새로운 무작위 표본 추출 기법을 적용하여 각 소득 계층별로 소수의 표본만으로 실제 결과와 거의 비슷한 예측값을 제시하였다. 이 사건은 그 때까지의 대량 표본에 대한 맹신을 무너뜨리고 표본의 선정 방법에 대한 이론적재검토를 촉구한 점에서 특기할 만한 사건이었다.

(15) 그래프의 허구성: 계급의 크기가 우리를 즐겁게 한다?

규 현 : 규정아! 왜 그래?

규 정 : 형! 수학 시간에 배운 상관도를 이용하여 내 키와 몸무게의 변화를 보니 키는 아주 조금씩 자라고, 몸무게는 많이 늘고 있어서 걱정이야.

월	3	4	5	6	7	8
키(cm)	161	163	165.4	167.1	169.7	170.6
몸무게(kg)	54	54.7	56.4	58.1	59.4	60.3

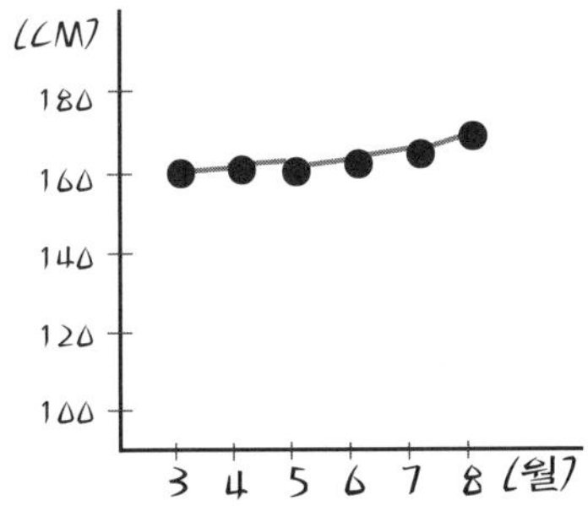

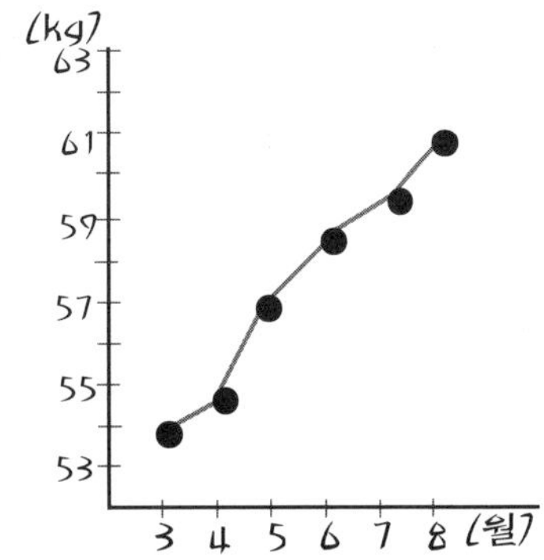

규 현 : 음…. 어디보자. 규정아 잠깐만 기다려봐.

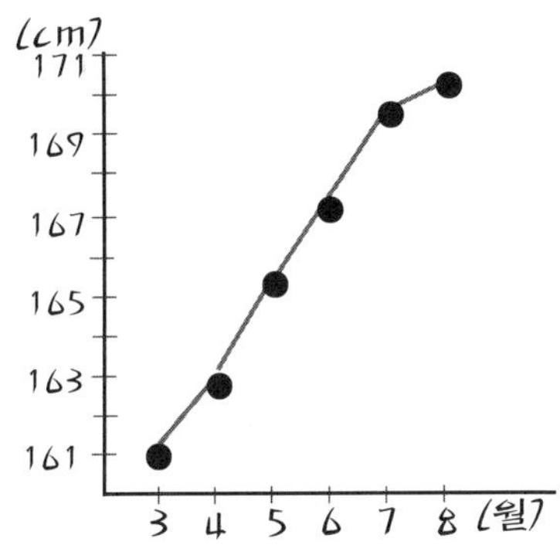

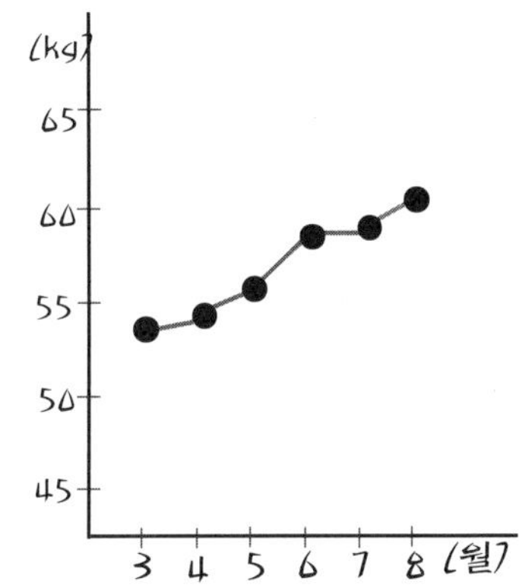

규 정 : 같은 자료인데 전혀 다르게 느껴지네! 왜 그럴까?

규 현 : 같은 자료이지만 계급의 크기를 작게 잡느냐 크게 잡느냐에 따라 그래프의 모양이 달라지므로 잘못 분석할 수 있어.

규 정 : 이런 것도 다 알다니, 역시 형은 멋지단 말이야.

(16) 통계 자료의 속임수

어떤 자료가 있을 때, 그것을 정리하지 않으면 아무런 소용이 없다. 자료를 분류하고 정리하는 것은 그 자료를 조사한 목적에 따라 이루어지므로, 한 가지 자료의 정리 결과는 다양한 방법으로 표현할 수 있다. 표로 정리할 수도 있고, 자료의 움직이는 경향을 알아보거나 다가올 일을 예측할 수 있도록 그래프로 나타낼 수도 있다. 특히, 그래프는 표보다 매우 시각적이고 비교하기 쉽기 때문에 많이 사용되고 있다. 그러나 이러한 그래프는 유용하기는 하지만 이목을 끄는 힘, 즉 시각적인 호소력이 자연스럽고 우화적이어서 남을 속이는 도구로 활용될 수도 있다.

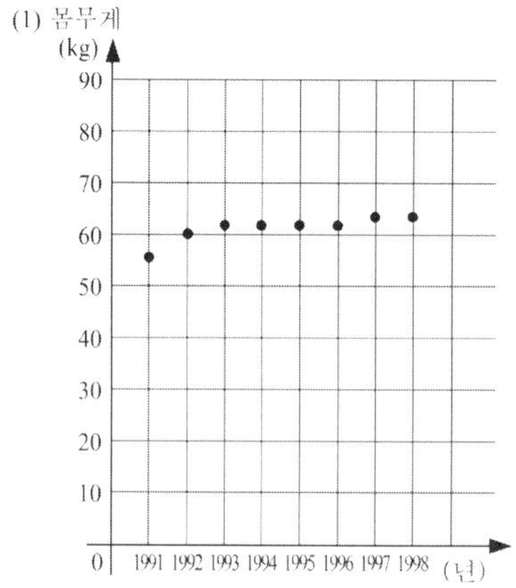

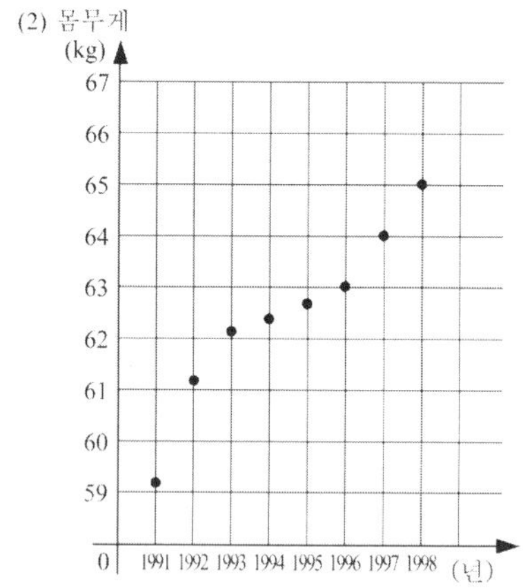

위의 두 그래프는 같은 그래프일까, 아니면 다른 그래프일까?

그래프 (1), (2)는 지난 10년간 중학교 1학년 남학생의 평균 몸무게를 나타낸 것인데, 두 그래프는 전혀 다른 그래프처럼 보인다. 그래프 (1)은 몸무게의 변화가 거의 없는 것처럼 보이고, 그래프 (2)는 몸무게가 크게 증가한 것처럼 보인다. 그러나 주의 깊게 살펴보면, 그래프 (1)은 세로축의 간격을 10kg으로 잡았고, 그래프 (2)는 세로축의 간격을 1kg으로 잡았기 때문에 보는 사람으로 하여금 착각하게 만든 것뿐이다.

이와 같이, 같은 자료를 가지고 전혀 다른 모양의 그래프를 만들어 사람들의 눈을 속일 수 있다. 따라서 같은 그래프라도 그 그래프를 만든 사람의 목적에 따라 달라질 수 있다. 우리가 그래프를 보고 무엇인가를 결정해야 한다면, 그래프의 속임수에 빠지지 않도록 주의해야 할 것이다.(출처:경기도교육정보연구원, 창의적 재량 활동 자료)

(17) 전수조사와 표본조사의 경제적 가치

상대적으로 작은 표본에 의한 표본조사가 전수조사와 거의 동일한 좋은 결과를 얻을 수 있다는 사실을 쉽게 인정하기는 어렵다. 그러나 실제로 표본조사에 의한 오차가 그리 크지 않고, 전수조사에 의한 비용과 시간을 고려하면 표본조사의 경제적 가치는 훨씬 크다는 사실을 여러 연구에서 입증될 수 있다.

미국의 철도는 우리나라의 철도와는 달리 지역과 노선에 따라 철도의 소유주가 다르기 때문에 어떤 화물을 여러 노선을 경유하여 운송하게 되면 총 화물 운임을 각 노선을 소유한 철도 회사가 배분하여 가진다. 이 때, 각 회사의 수익액을 화물의 경로, 운임, 품목 등이 자세하게 기록된 화물 운임장으로 계산한다. 그러나 모든 화물 운임장으로부터 각 회사의 수익액을 계산한다는 것은 비용도 많이 들고 매우 번거롭기 때문에 표본을 추출하여 그에 따라 수익액을 배분한다.

C철도 회사에서는 표본에 의해서도 수익액이 정확히 배분되는지를 분석하기로 하고, 화물 운송에 따른 수익액을 표본조사와 전수조사로부터 모두 계산하여 그 결과를 서로 비교 분석하였다.

6개월 동안 총 화물 운임장인 23,000장에서 2,072장을 임의 추출하여 이 표본으로부터 계산한 C회사의 수익액 배분액과 전체 23,000장의 화물 운임장으로 계산한 수익액 배분액을 비교한 결과는 아래의 표와 같다.

전수조사에 의한 C 회사의 배분액	\$ 64,651
표본조사에 의한 C 회사의 배분액	\$ 64,568
차액	\$ 83

위의 표에서 보면 전체 운임장의 약 9% 정도의 표본에 의한 수익액 추정액과 전수조사에 의한 수익액과의 차이는 불과 \$ 83 이다. 이 때, 표본 조사에서 소요된 비용은 \$ 1,000 미만이었고, 전수조사에 소요된 비용은 약 \$ 5,000 이었다고 한다. \$ 83 의 오차를 줄이기 위해 약 \$ 4,000의 비용을 추가로 지출할 필요가 있을까? 또한, C회사의 경우에는 표본조사로 \$ 83을 손해 봤지만 다음 표본조사에서는 이익 보는 경우도 있을 수 있으므로 표본조사로 인해 입게 되는 손해 또는 이익은 크게 없을 것이다.

따라서 전수조사보다는 표본조사에 의한 수익액 배분이 경제적 측면에서 훨씬 가치 있는 방법이라고 할 수 있다.

<출처:이재창 외 5인 편역(1988), 쉽게 읽는 생활 속의 통계학, 세경사>

참고문헌

1. 김향숙 외, 수학교육에서의 엑셀활용(생각하는 수학 3), 경문사, 2005
2. 김향숙 외, 엑셀을 이용한 함수의 이해(생각하는 수학 8), 경문사, 2006
3. 김향숙 외, 수학교육에서의 엑셀활용 Ⅱ(생각하는 수학 13), 경문사, 2007
4. 류재구, 한글 Excel 2000 Using Bible, Compeople, 2004
5. 장미희, 엑셀 2000VBA, 정일, 2001
6. 허혜자, 엑셀과 함께 하는 수학, 경문사, 2005
7. 신봉섭, OA 및 통계학을 위한 엑셀 비주얼베이직, 도서출판 그린, 2004
8. 이연범, 엑셀 함수활용&VBA 고수따라잡기, 가메출판사, 2006
9. 최용준, 신현성, 고등학교10-나, (주) 천재교육 2003

10, 최용준, 신현성, 고등학교 수학Ⅰ, (주) 천재교육 2003

찾아보기

생각하는 수학 16

수학교육에서의

엑셀활용 III

매크로와 VBA

지은이 김향숙 · 정성곤 · 이세룡 · 정주영
박진석 · 도석수 · 강승희 · 박혜정
펴낸이 박문규
펴낸곳 KM 경문사
펴낸날 2007년 3월 30일 1판 1쇄
등 록 1979년 11월 9일 제9-9호
주 소 121-818, 서울특별시 마포구 동교동 184-17
전 화 (02)332-2004 팩스 (02)336-5193
E-mail kms2004@kyungmoon.com

값 15,000원

ISBN 978-89-6105-007-4
89-7282-735-5(세트)

★ 경문사 홈페이지에 오시면 즐거운 일이 생깁니다.
http://www.kyungmoon.com